시작된 미래, 새로운 학교
스쿨 메타버스

초판 1쇄 발행 2022년 3월 24일
2쇄 발행 2022년 5월 26일

지은이 김상균 · 박기현
기획자 송은정

펴낸이 이형세
펴낸곳 테크빌교육㈜
테크빌교육 출판 서울시 강남구 언주로 551, 5층 | **전화** (02)3442-7783 (333)

편집 한아정 | **디자인** 어수미 | **교정교열** 옥귀희 | **제작** 제이오엘앤피

ISBN 979-11-6346-147-0 03370
책값은 뒤표지에 있습니다.

테크빌교육 채널에서 교육 정보와 다양한 영상 자료, 이벤트를 만나세요!

블로그 blog.naver.com/njoyschoolbooks   **페이스북** facebook.com/teacherville
티처빌 teacherville.co.kr   **클래스메이커** classmaker.teacherville.co.kr
쌤동네 ssam.teacherville.co.kr   **티처몰** shop.teacherville.co.kr

시작된 미래, 새로운 학교

스쿨 메타버스

김상균 · 박기현 지음 | 송은정 기획

테크빌교육

팬데믹으로 인한 디지털 대전환으로 수많은 상상이 현실이 되었다. 가상세계와 현실세계의 경계는 사라졌다. 일부 마니아의 전유물이었던 원격수업은 모든 교사의 전유물이 되었고 일상이 되었다. 이제 그 중심에 메타버스가 있다. 메타버스는 교사와 학생이 같은 가상공간에서 함께 활동할 수 있게 하여, 따분해질 수 있는 원격수업에 활기를 주고, 친밀감과 유대감을 느끼게 한다. 이 책은 메타버스의 이론과 실제를 모두 다루고 있다. 특히 미래를 준비하는 선생님에게 이 책은 탐구의 실마리와 생각을 발전시켜 나가는 데 유용한 팁들을 섬세하게 제공할 것이다. 자! 떠나 보자. 메타버스를 타고 미래교육의 현장으로.

전주교육대학교 컴퓨터교육과 교수
정영식

우리 교육자들을 만나 보면, 학생들이 시공간을 초월하여 온 세상을 통해 배우는 메타버스 학교를 구축해 나가 볼까 하는 의욕과 조심성 모두를 이미 가지고 있다. 그런데 이 의욕과 비판적 우려를 모두 풀어 주는 믿음직한 읽을거리는 현격히 부족했다. 이 오랜 아쉬움을 해소해 주는 책이 나와 추천한다. 메타버스 학교를 짓기 위한 첫 삽을 떠 보기를 제안하는 이 책은 교육자들에게 생소하게 느껴질 수 있는 메타버스 기술 개념과 디바이스 등을 쉽게 서술하여 걸림돌을 제거해 주고 메타버스 환경 속 교사와 학교의 역할, 수업 설계법 등을 제시하여 교육자들의 궁금증을 제대로 해소해 준다.

이노베이션아카데미 학장
이민석

미래교육이라면 우리가 오랫동안 꿈꿔 온 몇 가지 장면이 있다. 성적뿐만 아니라 학생의 모든 행동이 데이터화되어서, 학교에서 학생들의 적성까지 고려한 맞춤형 교육을 진행하게 되는 장면이 그중 하나다. 이런 학교에서 자신의 적성을 신나게 키워 나가는 학생들은 학습의 즐거움을 따로 가르치지 않아도 이미 알고 스스로 성장해 나갈 것이다. 이 책에 따르면 교실에 메타버스를 구축할 때 이런 미래학교가 성큼 가까워진다. 이 책은 우리가 꿈꾸던 미래학교의 원리, 방법, 태도를 안내하면서 미래교육자의 기본기를 튼튼히 다져 준다.

계성초등학교 교사, 스마트교육학회 회장

조기성

메타버스 열풍이 도래하면서 메타버스는 온라인 교육의 새로운 트렌드로 떠올랐다. 이 책은 메타버스의 교육적 적용에 관한 이론, 사례, 에듀테크 지식 등 교육자에게 필요한 많은 요소를 아울러 한 권으로 엮은 책이다. 교실의 벽을 허물고 새로운 교실, 새로운 학교를 교사의 손으로 직접 만들어 나가 보자. 그간 한계로 지적된 부분들을 해소해 주는 내용이 이 책에 담겨 있다. 새로운 교실 유니버스를 구축하는 데 이 책은 아주 유용한 지침서가 될 것이다.

대구진월초등학교 교사, 교육부 교육빅데이터위원회 위원

신민철

"과연 메타버스가 교육에 던지고 있는 질문은 무엇인가?"라는 근원적 질문에 대한 해답이 이 책 곳곳에 담겨 있다. 메타버스 시대에 이제 학교는 지식을 전달하는 공간이 아니라 학생들로 하여금 초연결사회를 건강하게 살아갈 원동력을, 즉 미래사회 생존능력을 길러 주는 공간으로 확실히 자리매김하게 될 것이다. 이 책을 읽는 독자들은 이미 시작된 메타버스 시대의 미래학교를 준비해 나가기 위한, 파도 위의 바람을 보는 먼눈을 갖게 되는 셈이다.

인천광역시교육청 장학사
정영찬

이 책은 두 아이의 부모로서뿐만 아니라 항상 뛰어난 인재를 찾고 있는 기업인으로서 메타버스가 일으키는 교육의 혁신에 대해 긴장보다는 기대를 하게 만든다. 김상균 교수님은 이 책에서도 학생들과 직장인들이 메타버스라는 도구를 통해 자신의 창의력과 잠재력을 끌어올릴 수 있도록 그 방법을 알려 주는 멘토가 되어 주고 있다. 메타버스의 개념과 기술에 관한 박기현 박사님의 설명은 이보다 간명하고 친절할 수 없다.

아마존 웹서비스(AWS) 스타트업 생태계팀 Principal
김우진

디지털 대혁명의 정점에 있는 메타버스, 이 거대한 기회의 공간이 교육에서는 어떤 혁신적 기회를 만들어 낼까? 책상과 의자, 칠판이 있는 오래된 교실을 벗어난 메타버스 교육공간에서는 학습하고자 하는 인간의 본능이 자연스럽게 극대화된다. 인간이 게임에 빠져드는 건 인간 본연의 소통, 탐험, 성취 욕망 때문인데 이 욕망을 메타버스 교수학습 과정에서 어떻게 잘 자극하고 발현시킬 수 있을까? 메타버스 교육혁명, 그 원리와 사례 그리고 에듀테크의 기본까지 모두 담은 이 책은 메타버스 교육혁명의 베이직 매뉴얼이다.

마이크로소프트 글로벌 인플루언서팀 아시아 리전 매니저
이소영

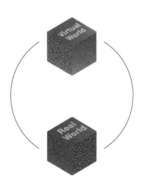

우리는 왜 존재해야 하는가?

김상균

인지과학자, 경희대 경영대학원 교수

"김 교수, 내가 30년을 지내 봤는데, 바뀐 것 없어. 앞으로도 그럴 테니, 너무 그렇게…"

제가 대학에 처음 부임했던 2007년, 은퇴를 삼사 년 앞둔 선배 교수가 제게 해 준 말입니다. 그 후로 15년, 대학에서 지내 온 시간 동안 이 말은 제게 화두와 같았습니다.

2007년 5달러 정도였던 애플의 주가는 2022년 170달러를 넘어섰습니다. 2010년에 설립된 카카오는 10년 동안 기업 가치를 10배가량 키웠습니다. 세상에는 늘 변화가 있었고, 지금도 그런 변화는 가속되고 있습니다. 그러나 선배 교수의 말처럼 학교는, 적어도 제가 몸담은 대학 사회의 교육환경은 늘 그대로였습니다.

"우리는 왜 존재해야 하는가?"

"무엇이 우리를 존재하게 하는가?"

모든 교육 기관은 이 질문을 자신에게 던져야 합니다. 그저 30년 전에도 있었기에 오늘, 내일도 우리 존재가 당연하지는 않습니다. 배움을 갈망하는 인류를 위해 우리는 존재합니다. 그 갈망을 온전히 채워 주지 못한다면, 우리는 그저 우리 존재만을 위해 존재하는 것일 뿐입니다.

학교라는 존재가 사라지는 꿈

이럴 바에야 학교가 사라지면 좋겠습니다. 넓은 운동장, 거대한 도서관, 수많은 교실 등이 모두 사라지면 좋겠습니다. 이럴 바에야 수업 시간표가 사라지면 좋겠습니다. 날짜와 시간별로 빼곡하게 짜인 수업 목록이 사라지면 좋겠습니다.

학교 안에서만 무언가를 배우는 것이 아닌데, 학교라는 물리적 공간은 그 속에 들어가 있으면 우리의 배움이 완성된다는 착각을 일으킵니다. 수업 시간에만 무언가를 배우는 것이 아닌데, 시간표는 그 시간만으로 우리의 배움이 끝난다는 착각을 일으킵니다. 우리는 온 세상을 통해 배웁니다. 학교 밖 세상에서 내가 마주치는 모든 이들로부터, 모든 공간에서 우리는 배웁니다. 우리의 배움은 저녁에도 휴일에도 이어집니다.

학교를 졸업할지언정 배움에는 졸업이 없습니다.

메타버스 시대, 교수자와 학교

교수자는 교실, 연구실에만 머무르지 말고, 메타버스를 통해 온 세상을 휘젓고 다녀야 합니다. 무한히 연결된 메타버스 속에서 살아 있는 지식을 건져 내서 학습자에게 선물해야 합니다. 학교는 어디에도 존재하지 않아야 합니다. 그와 동시에 어디에나 존재해야 합니다. 학습자가 있는 곳이면, 그곳이 어디이건 학교가 되어야 합니다.

교수자가 갇혀 있지 않는 학교, 어디에도 존재하지 않으나 어디에나 존재하는 학교를 꿈꿉니다. 그게 제가 바라는 메타버스 시대의 교수자, 학교의 모습입니다.

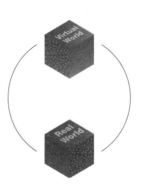

저자 서문

실재하는 기술, 공존하는 교육

박기현

테크빌교육㈜ 에듀테크부문 대표

메타버스는 기술용어입니다. 메타버스에는 현실세계와 가상세계를 연결하는 수많은 첨단 기술들과, 블록체인 및 NFT 등의 경제 시스템이 있고 여기에 보안, 법, 윤리, 가치관 문제까지 포함되니 메타버스는 그야 말로 메타적인 초월적 용어입니다. 이러한 이유로 "이것이 바로 메타버 스다."라고 할 수 있는 전형적인 예는 세상에 없습니다. 이 책에서는 대 표적인 예를 들어 메타버스를 이해해 보고자 했습니다.

두 가지 배움의 모습이 있습니다. 과거에는 큰 배움을 얻기 위해 스승 의 집 마당에 무릎을 꿇고 허락을 기다리고 3년 나무하고, 3년 물긷고, 3 년 밥을 한 후에야 비로소 가르침을 받기 시작했습니다. 이에 반해 영화 〈매트릭스〉에서는 주인공이 컴퓨터와의 링크 케이블을 머리 뒤편에 꽂 고 지식과 경험을 다운받아 자기 것으로 체화합니다.

예전에는 사회의 변화주기가 한 사람의 일생보다 길어서 한번 잘 배워 놓으면 평생 활용하며 살 수가 있었습니다. 그러나 요즘에는 한 사람의 일생에서도 사회변화가 여러 번 일어날 정도로 변화의 주기가 빨라졌습니다. 기술이 이러한 변화를 촉발하고 있습니다. 그래서 기술도 배워야 하고 기술을 활용하기도 해야 합니다. 인공지능에 대해서 교육을 받기도 하고 인공지능을 활용하여 교육을 하기도 하는 것처럼 말입니다. 코로나 팬데믹 이후 메타버스가 중심용어로 떠오르며 사회 곳곳에서 변화를 촉발하고 있습니다. 그래서 메타버스에 대해서 공부하고 메타버스를 활용하여 교육을 하여야 할 것입니다. 이를 위한 내용을 이 책에 담고자 했습니다.

앞에서 말씀드린 두 가지 배움의 모습은 극단적인 비교이지만 교육은 '효과'와 '효율'에 대해 쉽게 얘기할 수 없습니다. 무엇이든 궁금한 것이 생기면 바로바로 그 내용에 대해 알려 주는 시스템이 좋은 것일까요, 스스로 궁금한 것에 대한 대답을 찾아보고 생각해 보며 이러한 과정을 통해 자신을 성장시켜 나갈 수 있도록 유도해 주는 것이 좋은 것일까요.

"기술과 교육의 경주"*라는 말이 있습니다. 이는 두 분야의 시점과 속도가 다른 탓에 벌어지는 사회적 현상들을 묘사하기 위한 표현이지 기술과 교육이 서로 속도의 경쟁을 한다는 것은 아닙니다. 기술이 뒤에서 교육을 지원하며 밀어주고, 교육 본연의 목적을 위해 서로가 이해하고 협력해야 할 것입니다.

특히 가상세계를 현실에 실재(presence)하게 하는 기술은 학교 공간을 무한히 확장시킵니다. 학생들이 시간적, 공간적 제약을 벗어나 전에 없이 자유롭게 학습할 수 있도록 하는 이 메타버스 기술과 교육이 공존해 나가면 나갈수록 학교 교육의 가능성 또한 더욱 무한해지는 셈입니다.

저는 기술을 전공하고 교육회사인 테크빌교육㈜에 와서 오랫동안 이러한 작업을 하고 있습니다. 학교라는 중요한 교육현장에서 의미 있는

---

* Claudia Goldin and Lawrence F. Katz. (2009). "The Race Between Education and Technology". Harvard University Press.

결과들을 만들어 내고 있어 보람을 느낍니다.

제가 10년 넘게 몸담고 있는 테크빌교육은 20년 넘게 초중고 학교와 선생님들을 지원해 온 교육기업이자, 2003년부터 에듀테크연구소를 운영해 온 에듀테크 전문기업입니다. 초중고 선생님을 위한 원격연수원 브랜드 '티처빌'로 잘 알려져 있는데 티처빌은 교원 연수원 최초로 교육부장관상을 2017년, 2019년, 2021년 3회 연속수상하는 쾌거를 거두기도 하였습니다. 제가 대표를 맡고 있는 에듀테크부문에서는 교과용 콘텐츠, 안전교육, 기술훈련 등의 분야에서 활용할 수 있는 가상현실(VR), 증강현실(AR) 콘텐츠를 2011년부터 계속 개발해 왔고, 여기에 AI를 활용하여 온라인 교육과 오프라인 교육의 장점을 결합한 메타버스 교육 플랫폼 개발을 준비하고 있습니다.

책을 쓰는 것은 이제까지 저의 경험에 없던 일인데, 새로운 기회를 만들어 주신 테크빌교육의 대표 이형세 님에게 감사드리며, 티처빌 교원연수원을 맡아 여러 가지 지원과 응원을 해 준 김지혜 님에게도 감사드립니다. 도저히 끝날 것 같지 않던 집필과정 중간중간에서 저를 끌어 주며 놀라운 편집 능력을 보여 준 한아정 님에게 특별히 감사를 드리고 싶습니다.

세월의 굽이굽이마다 항상 같이해 준 저의 가족에게 무한한 사랑과 감사의 마음을 전합니다.

차 례

추천사 4

저자 서문
우리는 왜 존재해야 하는가? _ 김상균 9
실재하는 기술, 공존하는 교육 _ 박기현 13

_ 박기현

메타버스 이해하기
: 메타버스에 관한 가장 친절하고 정확한 설명

메타 유니버스 25
연결의 시작 | 1+1= 3 | 미사여구를 분별하는 눈을 기르는 법

메타버스 네 가지 시나리오, 그리고 알파와 베타 30
: 가상세계, 증강현실, 미러월드, 라이프로깅 + α, β
네 가지 시나리오 | 두 세계의 경계에 인터페이스를 구축한다 | 네 가지
시나리오 플러스 알파 | 네 가지 시나리오 플러스 베타

익숙한 개념과 비교하기 40
왜 유독 3D VR인가? | VR, AR, MR 그리고 XR | 4차 산업혁명과의
연관성

이제, 메타버스로 상상해 보자 46

_ 김상균

메타버스로 학교하자!

: 메타버스 기반 교실 만들기의 기본

왜 교육에도 메타버스인가 51

인간의 세 가지 욕망과 메타버스 | 메타버스 그리고 게이미피케이션과 VR | 팬데믹 이후에도 2019년으로 돌아가면 안 되는 이유

스쿨 메타버스 60

: 새로운 학습자, 새로운 교육자

메타버스 네이티브 학습자 특성 | 메타버스 시대, 교사의 조건

메타버스 활용수업의 기초 71

메타버스 교실 설계의 기본, 그리고 3가지 유의점 | AI + 메타버스 수업 설계 체크리스트

메타버스 교육콘텐츠 구성의 유의점 83

현재 시점 콘텐츠 문제 | 콘텐츠 기획, 구성에 대한 3가지 제안 | 교육용 메타버스 플랫폼을 따로 만드는 시도는 타당한가

메타버스 교육 이슈 94

학습부진 in 메타버스 | 디지털 소외 in 메타버스 | 윤리적 문제상황 대처법

스쿨 메타버스 성패를 좌우할 조건들 104

교사들의 전문적 학습공동체 | 메타버스 시대, 학부모에게 권하는 관점은 | 메타버스 활용 교육을 시도하는 학교를 위한 제언 | 바람직한 그린 스마트 스쿨: 메타버스 시대 학교 공간

_ 김상균

메타버스 클래스룸 교실설계 가이드
: 게이미피케이션

메타버스 클래스룸에 왜 게이미피케이션인가? 117
: 필요와 효과

교실 게이미피케이션의 기본 원리 122
게이미피케이션의 네 가지 구성요소 | 4F : 교실 게이미피케이션 4단계
프로세스

메타버스 게이미피케이션 수업설계 핵심 사항 131
핵심! 퀘스트, 피드백, 규칙 만들기 | 게이미피케이션은 '피드백 사이언스'
다 | 퀘스트의 조건 | 규칙서 작성하기

메타버스 전후 게이미피케이션 차이 137
: 강점과 한계
메타버스 게이미피케이션의 강점 | 메타버스 게이미피케이션의 한계

교실 게이미피케이션 티처스 가이드 143
선생님이 빠져드는 게이미피케이션 함정 BEST 3 | 진짜 몰입감 만들기
| 3가지 통제

메타버스 클래스룸 과목별 수업사례

#국어 #VR #호라이즌 워크룸스 #고등
똑똑, 노크합니다. 안네의 방 _ 이제창 선생님 153

#수학 #게더타운 #데스모스 #고등
확률변수 수학수업: 1:1 온라인 피드백을 어떻게 하면 잘할 수 있을까? _ 박주연 선생님 164

#사회 #마인크래프트 #초등
선사시대 체험하기 _ 엄태건 선생님 177

#과학 #VR #틸트브러시 #초등
소화과정 탐험하기: 아침에 먹은 빵의 여정 _ 최섭 선생님 188

#미술 #마인크래프트 #초등
픽셀아트 함께하기 _ 엄태건 선생님 198

Part 5 _ 박기현

메타버스 에듀테크의 모든 것
: 미래와 현재

메타버스 now in school   213
메타버스가 디지털 교과서에 들어왔다! | 지금 학교 속 메타버스 디바이스 | 지금 교육 분야 메타버스 서비스 | 지금, 메타버스 수업하자 : 메타버스라는 새로운 교육매체 | 지금 메타버스 수업에 필요한 두 가지 | 메타버스 수업을 확신하라! 간단 기술전망 5

메타버스 에듀테크 인트로   231
에듀테크, 그리고 메타버스 에듀테크 | 메타버스 에듀테크 산업의 3가지 범주 | 3가지 범주의 역동적 결합 : 메타의 '호라이즌' 아바타에는 왜 다리가 없을까?

메타버스 에듀테크의 기본 속성   240
메타버스는 갑자기 등장한 발명품이 아니다 | 메타버스에 VR은 필수인가 | 메타버스의 특이점은 언제쯤일까 | 메타버스 에듀테크, 파괴적 혁신의 조건

메타버스 에듀테크 기본지식 ABC   248
메타버스 플랫폼(제페토 / 로블록스 / 게더타운 / 이프랜드 / 포트나이트 / 마인크래프트 / 세컨드라이프) | 메타버스 디바이스(VR 디바이스 : 프로젝터, HMD / AR 디바이스) | 메타버스 콘텐츠 기술(360도 촬영 기반 실감형 콘텐츠 / CG 기반 실감형 콘텐츠)

기획자의 글   297
메타버스를 여행하는 미래교육자를 위한 안내서 _ 송은정

Part

1

메타버스 이해하기

: 메타버스에 관한
가장 친절하고 정확한 설명

_ 박기현

메타 유니버스

연결의 시작

"내 이름은 히로 프로타고니스트. 어머니는 한국인이고 아버지는 아프리카계 미국인이다. 혼혈이라며 손가락질 당해 온 나는 차별과 냉대에 익숙하다. 게다가 마피아에게 빚을 진 지금은 초고속 피자 배달기사로 일하며 근근이 먹고살아 간다. 하지만 가상세계 안에서는 다르다. 나는 해커이자 검객으로 살아가고 있다. 그런데 요즘 이 메타버스 안에 신종 마약이 급속도로 퍼지고 있다. 마약의 이름은 '스노 크래시'. 이 마약은 메타버스 속 아바타가 아니라 아바타의 본체, 즉 현실세계 사람들의 뇌에 치명적인 손상을 입힌다. 나는 이 마약의 실체를 추적하고 있다."

이것은 1992년에 SF 작가 닐 스티븐슨(Neal Stephenson)을 일약 스타덤에 올린 사이버펑크 소설 〈스노 크래시(Snow Crash)〉 속 주인공의 이야기다. 작가의 부모와 양쪽 조부는 모두 전자공학, 생화학, 물리학 등에 몸담고 있던 연구자였고 〈스노 크래시〉는 이런 과학자 집안에서 자란 닐이 대학에서 지리학과 물리학을 전공하고 SF 소설을 쓰기 시작한 뒤 34세에 선보인 초기작이다. 그는 이후로도 〈크립토노미콘〉, 〈다이아몬드 시대〉, 〈바로크 사이클〉, 〈세븐이브스〉 등의 작품을 이어 나갔고 여전히 SF 거장으로 손꼽히고 있다.

〈스노 크래시〉는 닐을 세상에 알린 한 편의 인기 SF 소설이라는 의미보다도 '메타버스(metaverse)', '아바타(avatar)'라는 단어를 세상에 처음 등장시킨 소설이자 2002년 11월 베타테스트를 시작한 최초의 메타버스 플랫폼 '세컨드라이프(secondlife.com)'의 모티브가 된 소설이라는 사회적 기념비로서 더욱 주목받는다.

단어와 개념이 생겨나자 사람들의 상상력은 증폭되고 가속화되었으며 산업화 및 현실화에도 박차가 가해졌다. 닐은 메타버스로 접속하는 고글과 이어폰을 극소수의 사람만 가지고 있는 그 시대를 2045년으로 두고 〈스노 크래시〉를 썼지만 2022년 현재 이미 HMD(Head Mounted Display; 머리 착용 디스플레이)가 다양한 가격대와 사양으로 시중에 출시되어 있고 접근 가능한 VR 가상공간도 다양하다.

1+1 = 3

메타버스(Metaverse)라는 단어는 둘로 나누면 '메타'와 '버스'다. 경험세계를 뜻하는 영어 '유니버스(universe)'에 상위 혹은 초월을 뜻하는 '메타(meta)'가 결합됐다.

'메타'의 의미를 '메타인지(metacognition)'라는 개념을 통해 생각해 보자. 메타인지의 동의어는 상위인지로, 개인의 인지 과정을 관찰, 발견, 판단, 통제하는 정신 작용을 의미한다. 자신이 인지하고 있는 것과 인지하지 못하는 것에 대한 인지, 즉 자신의 인지 상황에 대한 인지가 메타인지다. '인식에 대한 인식' 또는 '생각에 대한 생각'으로 흔히 표현된다.

이를 그대로 대입하면 메타버스(Meta-verse)는 '세계에 대한 세계'다. 현실세계(Real-verse)의 상위 세계이자 가상세계(Virtual-verse)의 상위 세계. 메타버스가 이 구분된 두 세계의 물리적 합인 건 아니다. 두 세계가 연결되어 교류할 때 그 교류가 속하는 세계는 어디인가? 두 세계가 교류하면 또 다른 새로운 세계, 세계들의 세계가 탄생한다.

메타버스의 한 축을 이루는 가상세계는 가상현실(Virtual Reality) 기술, 소위 VR 기술로 구현된 세계다. 가상세계와 VR이라는 용어는 메타버스보다 훨씬 일찍이 대중화되어 있었다. 가상세계는 컴퓨터와 인터넷이 발명되면서 사람들의 상상 속에 존재하던 세계가 구체적인 모양새를 갖추기 시작한 이후로 기술 발전에 따라 더욱 확대되고 온전해진 컴퓨터 기반 시뮬레이션 환경이다. 메타버스는 가상세계가 현실세계에 독립하여 별도의 세계로 존재하는 것이 아니라 현실세계와 연결되어 두 세계 사이에서 정보 등의 교류와 상호작용이 일어난다는 점에 초점을 맞춘다.

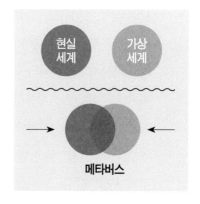

과거 PC 통신을 이용하던 때 가상세계는 '사이버 세상' 등의 명칭으로 불리며 일상생활 중에 잠시 잠깐 머무는 별도의 단

절된 세계에 그쳤지만 오늘날의 가상세계는 다르다. VR을 포함한 다양한 기술이 비약적으로 발전하여 다양한 성격의 가상세계가 구축되어 있고 수많은 사람이 하루 중 상당히 긴 시간 가상세계에 머물며 몰입한다. 가상세계와 현실세계의 상호작용이, 그리고 두 세계를 아울러 사고하는 일이 이제 일상화된 셈이다.

이를 2009년 영화 〈아바타〉로 살펴보자. 전직 해병대원 제이크 설리는 지구의 에너지 고갈 문제를 해결하고자 나비족의 판도라 행성에서 연료를 채굴하는 아바타 프로그램에 투입된다. 판도라 행성의 대기는 인간에게 치명적이기 때문에 인간은 나비족과 인간의 DNA를 결합하여 아바타라는 신체를 개발했고 인간은 링크룸을 통해 자신의 아바타를 의식으로 원격제어한다. 제이크 설리는 과거 전투에서 부상을 입은 뒤로는 휠체어를 타고 생활했지만 아바타를 원격조종할 때는 판도라 행성을 거침없이 뛰어다니며 전투에 참여하고 연애도 하고 나비족과 즐겁게 어울린다.

그는 인간 원정대의 일원인 제이크 설리로서, 그리고 나비족의 일원인 아바타로서 두 정체성 사이에서 갈등한다. 그리고 결국 현실세계에서의 삶을 포기하고 아바타 프로그램 안에서의 자신을 선택한다. 세컨드 라이프를 선택한 셈이다. 사실 이 영화 속에서 판도라 행성이라는 공간은 가상세계가 아니라 외계에 존재하는 또 다른 현실세계에 해당한다. 하지만 주인공에게 판도라 행성은 그곳이 현실인지 가상인지가 중요한게 아니었다. 그곳은 제이크 설리로 살아온 세계에서와 완전히 다른 인격으로 전혀 다른 삶을 펼쳐 나갈 수 있는 기회의 세계이자 기존의 현실세계와 병행할 수도, 현실을 대체할 수도 있는 제2의 세계였다. 그러니 판도라 행성이 가상세계는 아니더라도 현실과 긴밀하게 연결된 별도의 세계라는 의미에서 영화 〈아바타〉에는 메타버스 개념이 잘 설명되어 있다고 할 수 있다.

미사여구를 분별하는 눈을 기르는 법

요즘 메타버스는 여러 분야에서 화제다. 다양한 언론에서 수많은 글과 말을 쏟아 내며 "메타버스는 차세대 인터넷의 총아", "스마트폰을 다음 세대로 견인할 플랫폼", "인류의 신대륙", "메타버스로 급변하는 산업지형" 등의 표현이 반복적으로 재생산되고 있다. 새겨들을 이야기도 있지만 너무 먼 미래의 허황된 이야기나 지극히 추상적이어서 무의미한 이야기도 많다. 이를 분별하는 눈을 가지기 위해서는 어떻게 해야 할까?

메타버스라는 용어가 사용되는 범주도 점점 넓어져서 이제는 인터넷, 디지털 환경과 조금이라도 관련된 거의 모든 것에 메타버스라는 단어가 사용되는 듯하다. 과연 어디서부터 어디까지를 메타버스라고 할 수 있을까?

이를 제대로 판단하는 눈을 기르기 위해서는 어디에서든 언급되고 있지만 그만큼 메타버스 논의의 기본임이 분명한 '메타버스의 네 가지 시나리오'에 대해 좀 더 분석적으로 깊이 있게 이해할 필요가 있다. 그래야 우리가 소문에 휘둘리지 않으면서 당장 추진해 볼 것은 무엇이고 차근히 준비해 나갈 것은 무엇인지를 명확히 분별할 수 있기 때문이다.

메타버스 네 가지 시나리오
그리고 알파와 베타

: 가상세계, 증강현실, 미러월드, 라이프로깅
+ α, β

가상세계, 증강현실, 미러월드, 라이프로깅. 이는 메타버스에 대한 거의
모든 담론의 초입에 빠짐없이 언급되는 메타버스의 네 가지 요소다. 이
구분은 2007년에 ASF(Acceleration Studies Foundation)를 중심으로 업계
전문가들이 만든 "Metaverse Roadmap: Pathways to the 3D Web(메타버
스 로드맵: 3D 웹으로 가기 위한 경로)"이라는 제목의 보고서*에 담겨 있는
내용이다. 메타버스에 관심을 가져 본 사람이라면 이 네 가지를 재차 언
급하는 것에 지루함을 느낄 수 있겠지만, 해당 보고서에 제시된 구분과
그 구분기준에 대해 명확하게 짚어 보면 메타버스라는 추상적 개념 혹은
범주에 대한 몇 가지 유의미한 생각에 다다를 수 있으니 한 번 더 논의해
보기로 하자. 또한 보고서가 나온 시점과 현재 사이에 15년여의 시간차
가 있다 보니, 덧붙여 언급할 수밖에 없는 새로운 사항들이 있다는 것도
이 구분에 대해 다시금 언급하게 되는 이유다.

네 가지 시나리오

우선 ASF 보고서에서는 메타버스 네 가지 구분을 언급할 때 네 가지 '구성요소(components)'뿐만 아니라 '시나리오'라는 표현도 함께 사용했다. 그러면서 이는 연구자들이 연구방법론으로서 시나리오 접근법을 채택했기 때문이라고 하였다. 그렇게 도출된 네 가지 시나리오는 각기 독립성을 가지고 있지만 서로 어느 정도 겹치기도 하며, 각 시나리오는 어떤 분명한 체계나 미래상을 제시하는 게 아니라 가능한 미래를 탐색해 나가는 수단으로서 의미를 갖는다고 했다.

"메타버스 네 가지 시나리오"라는 이름의 유명한 도식을 살펴보도록 하자. ASF 보고서에 실려 있는 이 도식에서는 우선 메타버스와 관련한 다양한 기술들의 분명한 성격 몇 가지를 가지고 큰 축을 두 개 설정했는데 한 축은 양 끝을 증강(augmentation)과 시뮬레이션(simulation)으로, 다른 한 축은 내향적(intimate) 성격과 외향적(external) 성격으로 설정했다.

각각의 의미를 살펴보면 '증강(augmentation)'은 현실세계를 그대로 두고 그 위에 가상의 정보를 레이어처럼 얹는 것을 가리키는 반면 '시뮬레이션(simulation)'은 현실세계를 대신할 별도의 가상세계를 제공하여 사용자의 활동이나 사용자 간 상호작용이 가상의 환경에서 일어나는 것을 의미한다. 두 용어를 쉽게 바꾸자면 '증강'은 '현실 기반', '시뮬레이션'은 '가

● John Smart(ASF), Jamais Cascio(Open the Future), Jerry Paffendorf(The Electric Sheep Company). (2007). "Metaverse Roadmap: Pathways to the 3D Web". https://www. metaverseroadmap.org/overview. 2022.03.01. 접속.

상 기반'이라고 할 수 있다. '내향적(intimate)'이란 아바타 같은 디지털 프로필을 가지고 활동해 나가는 개별 사용자 및 물체(객체)들의 움직임에 초점을 맞추는 것을 말하고 '외향적(external)'이란 사용자가 외부 환경을 제어하도록 하는 기술이나 외부 환경에 관한 정보를 사용자에게 제공하는 기술에 초점을 맞추는 것을 의미한다. 이 두 가지는 '개체 중심'과 '공간 중심'으로 바꿔 말하면 이해하기가 좀 더 쉽다.

이 두 개 축으로 구분된 네 개의 영역은 각기 가상세계(가상 기반/개체 중심), 증강현실(현실 기반/공간 중심), 미러월드(가상 기반/공간 중심), 라이프로깅(현실 기반/개체 중심)으로 나뉜다. 이 네 가지 메타버스의 구성요소 겸 시나리오들에 대해 알아보자. 이 네 가지는 정확히 이야기하자면 메타버스의 형태나 종류라기보다는 메타버스를 구성하는 기술 혹은 기술세트를 이르는 말이다.

우선 **가상세계(Virtual Worlds)**는 특정한 환경을 컴퓨터로 만들어서 사용자가 실제 상황, 환경과 상호작용하는 경험을 제공하는 인간과 컴퓨터 사이의 인터페이스를 말한다. 게임이나 소셜 플랫폼의 아바타와 캐릭터 등이 가상세계의 대표 키워드다. 가상세계는 현실세계와 다른 세계를 펼쳐 두고 개별 사용자로 하여금 행동, 경험을 해 나가게 하는 데 초점을 맞추므로 가상 기반/개체 중심에 해당한다. 한편 이제까지 VR은 사용자들이 각자 체험하는 형태가 대부분이었는데 이제는 여러 명의 사용자가 모여 상호작용하는 새로운 VR의 시대가 열리고 있다.

증강현실(Augmented Reality)은 사용자가 눈으로 바라보는 현실세계에 가상의 물체나 정보를 겹쳐 보여 주는 기술이 적용된 것으로 사용자가 습득하는 정보량을 증(增)가시켜서 그 습득을 강(强)화한다. 만화 〈드래

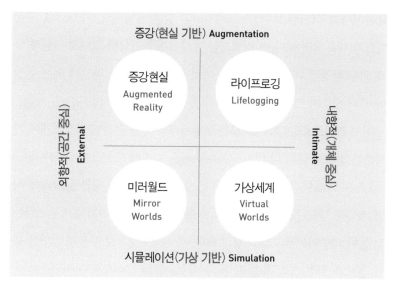

메타버스 네 가지 시나리오[■]

곤볼〉에서 상대의 전투력 정보를 보여 주는 한쪽 안경 형태의 스카우터
가 증강현실 기기의 예다. 증강현실은 정보를 현실세계 위에 가상의 레
이어로 얹음으로써 사용자가 외부 환경에 대한 정보를 받아 제어하도록
하는 데 초점을 맞추므로 현실 기반/공간 중심에 해당한다. 이렇게 증강
현실은 가상세계와 대척점에 위치한다.

그리고 **미러월드(Mirror Worlds)**는 현실세계를 그대로 가상세계에 구현
하고자 한 결과물을 의미하며 거울세계라고도 한다. 이는 4차 산업혁명

■ John Smart(ASF), Jamais Cascio(Open the Future), Jerry Paffendorf(The Electric
Sheep Company), (2007). "Metaverse Roadmap: Pathways to the 3D Web". https://www.
metaverseroadmap.org/overview. 2022.03.01. 접속.

담론에서의 '디지털 트윈(Digital Twin)'과 같은 개념이다. 카카오맵, 구글 어스가 대표적인 예다. 미러월드는 현실세계를 가상에 그대로 구현해 두고 외부 환경에 대한 정보를 이곳에서 이용, 가공하게 하는데 이는 현실이 아닌 별도의 세계이므로 가상 기반/공간 중심에 해당한다.

한편 **라이프로깅(Lifelogging)**은 현실세계의 삶을 온라인 가상세계에 기록하는 것으로 삶의 디지타이징(digitizing), 디지털 트랜스포메이션(digital transformation)이라고 말할 수 있다. 사용자가 자신의 생활을 SNS에 직접 기록해 넣는 것, 스마트워치로 운동 궤적을 자동 기록하고 관리하는 것 등이 대중화된 라이프로깅의 예다. 라이프로깅으로 사용자 개인에 관한 정보가 직접 기록 혹은 자동 데이터화 등의 방식으로 누적되는데 이정보 누적으로 만들어지는 가상의 인격을 꾸미고 만들어 나가는 데 사람들이 비용을 지불하기 시작하면서 큰 시장이 발생했다. IoT(Internet of Things)*나 위치기반 서비스 등을 이용해 현실세계를 그대로 두고 그 위에서 진행하는 디지털화이므로 현실 기반/개체 중심에 해당한다.

두 세계의 경계에 인터페이스를 구축한다

네 가지를 구분해 이야기하기는 했지만 메타버스는 가상세계와 현실세계가 서로 연결되고 정보를 공유하며 상호작용하는 세계 간 인터페이스 구축에 가깝다는 점이 중요하다. 이를 ASF 보고서에서는 "가상으로 강화된 물리적 현실(virtually enhanced physical reality)과 물리적으로 지속하는 가상 공간(physically persistent virtual space)의 융합(convergence)"**이라고 표현했다. 이것이 네 가지 구분보다 더 중요한 핵심이다. 이 가상세계와 현실세계의 실제 융합은 매우 다양한 형태로 나타날 수 있다. ASF 보고서에서 네 가지 유형을 언급하며 이를 네 가지 '시나리오'라고 표현했음을 다시 떠올려 보자.

메타버스의 한 부분을 메타버스라고 이야기하는 것을 틀린 얘기라고 할 수는 없지만 일부분을 전체라고 말하는 건 분명히 오류다. 코끼리의 코, 다리, 꼬리 같은 한 부분을 타이트하게 찍은 사진을 두고 이것이 무엇이냐고 했을 때 코끼리라 답해도 틀린 것은 아니지만 그 사진이 곧 한 마리의 코끼리는 아닌 것과 같다. 이는 메타버스의 개념과 사례를 시나리오별로 구분하기를 넘어 전체적, 서술적 개념으로 이해해야 하는 이유다. 더구나 메타버스를 특히 포괄적 개념으로 보는 입장을 취하는 사람들은 기술적 관점만 볼 것이 아니라 인문학적, 철학적 개념도 같이 생각하여야 한다고 말하고 있다.

- IoT는 Internet of Things의 줄임말로 사물인터넷이라고도 한다. 사물에 부착되어 있는 센서로 인터넷을 통해 실시간 데이터를 주고받는 기술 또는 환경을 의미한다. 인터넷에 연결된 여러 사물이 서로 정보를 교환할 수 있는데 블루투스, NFC(근거리무선통신), 네트워크 등의 기술이 사물 간 자율적 정보 교환을 돕는다.
- ●● John Smart(ASF), Jamais Cascio(Open the Future), Jerry Paffendorf(The Electric Sheep Company). (2007). "Metaverse Roadmap: Pathways to the 3D Web". https://www. metaverseroadmap.org/overview. 2022.03.01. 접속.

네 가지 시나리오 플러스 알파

메타버스의 네 가지 시나리오를 알고 나면 각종 사례를 접할 때 이것이 어떤 범주에 속하는지를 생각해 보는 재미를 알게 된다. 그렇다면 이제 한 겹 더 깊은 곳을 짚어 보도록 하자.

메타버스의 네 가지 시나리오 모두와 분명한 관계를 형성하고 있는 한 가지 개념이 있다. 사실 이 개념을 빼고는 어떤 것도 제대로 설명할 수 없다. 그것은 바로 **현실세계**다.

현실세계와 가상세계의 연결에 초점을 맞춘 다양한 메타버스 기술세트들의 관계를 그림으로 표현해 본 것이 "메타버스 네 가지 시나리오의 변형: 메타버스 기술세트"라는 이름의 도식이다.

메타버스가 세계들의 세계(Meta-verse)라면 여기서 '세계들'이란 현실세계(Real-verse)와 가상세계(Virtual-verse)를 아우르는 말이다. 현실세계는 사람, 객체, 공간으로 구성되어 있다. 가상세계에도 이에 대응하는 대상들이 존재하는데 양쪽 간의 연결이 긴밀할 때 메타버스가 형성된다고 볼 수 있다.

현실세계에서 사람들의 모습은 아바타로 가상세계에 매핑되고, 현실세계 안에서의 활동은 라이프로깅을 통해 가상세계로 연결된다. 현실세계의 객체들은 다양한 IoT 센서를 통해 가상세계로 정보를 전달하고, 가상세계에서 일어난 객체의 움직임은 햅틱(Haptic), 액추에이터(Actuator), 보다 크게는 로보틱스(Robotics) 기술을 통해 현실세계에서 구현된다. 현실세계에서 사람과 객체들을 둘러싸고 있는 공간은 디지털 트윈 또는 미러월드를 통해 그대로 가상세계로 옮겨지고, 가상세계의 정보가 증강현

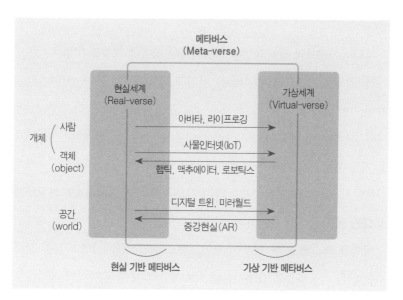

메타버스 네 가지 시나리오의 변형: 메타버스 기술세트

실 기술을 통해 현실세계의 실상 위로 얹어진다.

즉 메타버스 기술세트들은 현실세계를 기반으로 가상세계를 구현하는 과정, 또는 가상세계가 현실세계로 투영되는 과정에서 파생된 결과물이라 할 수 있다.

네 가지 시나리오 플러스 베타

현실세계와 가상세계가 연결이 될 때 두 세계 가운데 어떤 세계를 기반으로 하는지에 따라 '현실 기반 메타버스'와 '가상 기반 메타버스'가 형성된다.

메타버스에서의 상호작용은 현실세계에 얼마나 영향을 미칠까? 현실 기반 메타버스에서의 상호작용은 현실의 상호작용에 큰 영향을 미치고 가상 기반 메타버스는 현실에 작은 영향을 미칠 것 같지만 꼭 그런 건 아니다. 가상 기반 메타버스도 그것을 이루고 있는 가상세계가 어떤 성격을 띠고 있는지에 따라 현실세계의 상호작용에 미치는 영향력의 크기가 다르다. 그것을 좌우하는 여러 가지 가운데 하나는 **현실세계와 가상세계의 대응 정도**에 대한 사용자의 인지다.

게임을 생각해 보자. 학생이 마인크래프트 멀티플레이어 메뉴를 선택하여 다른 사용자들과 플레이하며 상호작용할 때 학생은 함께 게임하고 있는 다른 사용자들이 현실에서 누구인지를 알지 못한다. 현실세계와 가상세계의 대응 정도에 대한 사용자의 인지가 낮은 상황이다.

그런데 수업 등의 교육 상황에서 마인크래프트를 하는 경우라면 함께 플레이하는 타인이 현실에서 누구인지, 공간이나 객체가 현실에서 어떤 것에 대응하는 것인지를 알 수 있다. 현실세계와 가상세계의 대응 정도에 대한 사용자의 인지가 높은 상황이다.

이를 가상 기반 메타버스에는 현실세계에 가까운 것과 먼 것이 있다고 바꿔 표현할 수 있다. 일상적으로 즐기는 게임처럼 현실과 대응시키기 어렵고 현실과의 거리가 '먼' 가상 기반 메타버스는 그 안에서의 상호작용이 현실의 상호작용에 미치는 영향도 희박하다고 볼 수 있다. 하지만 교육에 활용되는 메타버스는 '가까운' 가상 기반 메타버스로 현실세계와 밀접하게 대응되어 있어서 가상세계에서의 상호작용이 현실에 상당한 영향을 미치게 된다.

게임의 NPC*처럼 아예 가상세계에만 존재하는 타인과 내가 맺어 나가는 상호작용은 나의 현실세계에 미치는 영향력이 작다. 이와 달리 평소에 사이가 좋지 않거나 두려워하던 어떤 사람의 아바타와 가상세계에서 새롭게 맺어 나가는 상호작용은 나의 현실세계 상호작용에 큰 영향을 미친다. 나아가 나의 정체성에도 영향을 미친다. 이는 메타버스가 교육적으로 유용하게 활용될 수 있다는 확실한 근거다.

● NPC는 Non-Player Character의 줄임말로, 플레이어가 조종할 수 없는 게임 속 캐릭터를 의미한다. 플레이어에게 퀘스트를 제시하거나 아이템을 전달하는 등 시스템의 전달자 역할을 맡아 수행하는 도움 캐릭터다.

왜 유독 3D VR인가?

메타버스는 현실세계와 가상세계를 포괄하는 일종의 우주로, 현실세계를 반영한 가상세계와 가상세계를 투영한 현실세계를 아우르는 개념이다. 그런데 이 가상세계에서 왜 유독 3D VR이 주목받는 걸까?

가상세계는 추상적 개념으로 시대에 따라 그 시대를 대표하는 기술로 구현되며 발전, 확대되어 왔다. 초고속 인터넷이 갖춰지기 전인 80~90년대에는 가상의 아이디를 가지고 텍스트 기반으로 대화를 나누는 정도로 온라인에서 가상의 관계를 맺어 나가는 PC 통신이 곧 가상세계였다. 지금 우리가 가상세계 하면 떠올리는 것과는 차이가 크다.

그런데 가상세계가 현실세계와 공진하며 연계되기 위해서는 현실세계에 근접할 수 있는 실재감(presence)이 필요하다. 실재감은 곧 몰입감이라고 할 수 있는데 몰입감이 높을수록 가상세계는 현실세계와 대등한 관계의 새로운 세계로 여겨질 수 있다. 따라서 인터넷 카페와 같은 텍스트 기반의 커뮤니티, 인스타그램이나 틱톡 같은 이미지 혹은 영상 기반 소셜네트워크, 게더타운 등의 2차원 VR에 비해 3차원 VR로 구현된 가상세계는 보다 높은 몰입감을 유발할 수 있으므로 메타버스를 현실에 버금가는 새로운 세계로서 펼쳐갈 수 있다. 3차원 VR로 구축된 가상세계는 이런 이유로 그 가능성이 독보적이다.

VR, AR, MR 그리고 XR

VR(Virtual Reality; 가상현실)과 관련된 여러 개념어를 이해하려면 개념들이 등장한 역사적 흐름을 아는 게 도움이 될 것이다.

VR이라는 용어가 이제는 꽤 널리 알려져서 누구나 머릿속에 고글 모양의 기계를 떠올릴 수 있는 시대가 되었다. VR 기술의 집약체라 말할 수 있는 이 기계의 이름은 HMD(Head Mounted Display)다. 이것은 컴퓨터 그래픽스를 창시한 이반 서덜랜드(Ivan Sutherland) 교수가 1968년에 처음으로 만든 것●으로 알려져 있다. VR이라는 용어가 대중화된 것은 좀 더 늦은 시점이었다. 1970년대 중반 비디오플레이스(Videoplace) 개념을 창안한 마이런 크루거(Myron Krueger)가 이 개념을 처음 탄생시켰고●●

● 정보통신용어사전, 한국정보통신기술협회, http://word.tta.or.kr/dictionary/dictionaryView.do?word_seq=044869-8, 2022.03.01. 접속.
●● 정보통신용어사전, 한국정보통신기술협회, http://word.tta.or.kr/dictionary/dictionaryView.do?word_seq=105126-1, 2022.03.01. 접속.

컴퓨터 과학자 재런 래니어(Jaron Lanier)가 1980년대에 이를 대중적 용어로 부상*시켰다.

이후 카메라가 컴퓨터에 연결되었고 카메라로 들어오는 현실세계 영상에 가상의 정보를 덧붙이고자 하는 노력이 진행되면서 AR(Augmented Reality; 증강현실) 기술이 발전되기 시작하였다. 1994년에 폴 밀그램(Paul Milgram)이 증강현실을 가상과 현실의 연속체계라고 정의**하며 VR과 AR을 구분한 이후 상당 기간 동안 VR과 AR은 개념의 혼돈 없이 잘 지내 왔다. 그런데 이후 MR(Mixed Reality; 혼합현실)이라는 용어가 등장하며 개념의 혼돈이 시작되었다.

2012년 구글은 AR 안경인 구글 글래스(Google Glass)를 처음 선보이며 시연했는데 이 안경 형태의 디스플레이는 GPS 위치 정보를 기반으로 일정한 정보를 디스플레이에 표시해 줄 뿐 사용자가 바라보는 현실세계와의 시각적인 상호작용은 없었다.

한편 마이크로소프트는 2015년 홀로렌즈(Hololens)라는 장비를 시연하며 소개했다. 여기에는 사물과의 거리를 측정할 수 있는 카메라(Depth camera)가 장착되어 있었고 테이블 표면을 인

MR의 예*

식하여 그 위에 가상의 물체를 표시해 주거나 벽면을 인식하여 그 면에 가상의 화면을 디스플레이해 줄 수 있었다. 이와 같이 가상의 물체가 현실의 물체를 인식하고 상호작용하는 것을 진정한 의미의 MR이라고 부르게 되었다. 즉 AR은 현실세계의 모습 위에 가상의 물체를 덧붙여 보여 주는 것인데 이 과정에서 가상의 물체가 현실세계를 인식하고 거기에

맞게 표시되는 것이 MR인 것이다. 그러므로 MR은 AR에서 파생된 개념이라고 볼 수 있다.

애초에 VR이 있었고 현실과 가상을 섞는 AR이 나왔으며, 현실과 가상이 상호작용하며 보다 더 밀접한 관계를 맺으며 섞인 것을 MR이라고 부르게 되었다.

$$VR \longrightarrow VR / AR \longrightarrow VR / AR / MR$$

이러한 VR, AR, MR은 대부분 인간의 감각 가운데 시각을 중심으로 하고 청각을 일부 부가하여 가상세계를 구현한다. 여기에 가상세계 몰입감을 증대시키기 위하여 일반적인 VR HMD 밑에 코와 입까

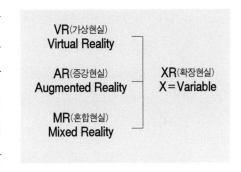

지 가릴 수 있는 장비를 연결하여 냄새, 열기, 바람, 진동 등을 느끼도록 하는 장비가 연구되었고 이를 XR(eXtended Reality; 확장현실)이라 부르게

● 이성규. [용어로 보는 IT: 가상현실]. (2015.04.16.). https://terms.naver.com/entry.naver?docId=3579433&cid=59088&categoryId=59096. 블로터(bloter.net). 2022.03.01. 접속.
재런 래니어는 마이크로소프트 연구소에서 근무하며 1985년 VPL 연구소를 설립하여 VR 고글과 장갑을 개발했다.
●● Paul Milgram, Haruo Takemura, Akira Utsumi, Fumio Kishino. (1994). "Augmented Reality: A class of displays on the reality–virtuality continuum". SPIE Vol. 2351. https://www.researchgate.net/publication/228537162. 2022.03.01. 접속.
■ Microsoft Hololens. (2016.02.29.). "Microsoft HoloLens: Mixed Reality Blends Holograms with the Real World". https://www.youtube.com/watch?v=lc_M6WoRZ7k. 2022.03.01. 접속.

되었다.

그런데 XR이라는 용어는 앞서 소개한 개념들을 통칭하는 데에도 사용되기 시작했다. 이는 수학에서 임의의 변수를 지칭하는 X 기호를 이용한 조어이며, 이 때문에 'VR/AR/MR = XR'이라는 개념이 정립되었다.

4차 산업혁명과의 연관성

증기기관이 발명되며 시작된 1차 산업혁명에는 인간의 육체적 노동력 대신 기계가 도입되었다. 2차 산업혁명에는 전기가 발명되어 모터를 사용하게 되면서 보다 효율적으로 물리적 힘을 얻을 수 있게 되었다. 컴퓨터와 인터넷이 사용되며 3차 산업혁명이 시작되었는데 이 시대에는 기계(컴퓨터)가 주어진 규칙에 따라 인간의 정신적 사고능력을 대체하게 되었고, 4차 산업혁명 시대에는 인공지능 기반 초연결 사회로 컴퓨터가 인간처럼 사고하고 판단하게 되었다.

4차 산업혁명의 주요한 개념 중 하나로 CPS(Cyber Physical System) 또는 디지털 트윈(Digital Twin)이 있다. 이는 사이버 공간에 구현한 현실의 물리적 시스템, 또는 가상세계에 현실과 똑같이 쌍둥이처럼 구현한 디지털 시스템이다. 즉 현실세계를 그대로 가상세계에 구현하고 여기에 각종 시뮬레이션 기능을 더하여 현실에서 할 수 없었던 다양한 동작을 가상으로 수행해 볼 수 있게 한 것이다. 이 디지털 트윈은 메타버스의 네 가지 시나리오 중 미러월드와 일치하는 개념이다. 이런 흐름으로 인해 4차 산업혁명과 메타버스는 연관이 깊다.

제1차 산업혁명	제2차 산업혁명	제3차 산업혁명	제4차 산업혁명
18세기 후반	19세기 중후반	20세기 후반	21세기 초반
공업용 증기기관 등장, 철도와 석탄, 기계화	석유와 전기, 내연기관, 산업과 과학의 본격 결합	컴퓨터, 인공위성, 인터넷, 정보 기술	로봇, 인공지능, 스마트폰 등 기기와 기술의 융합
생산력이 비약적 발전함. 농업사회 넘어선 산업사회 출현	기계와 산업이 과학화되어 발달함. 대량생산 시작	IT 기술 발달로 정보접근성 높아진 정보사회 출현	인공지능과 기계학습을 기반으로 산업 전반 변화 시작

1차 산업혁명에서는 기계가 인간의 노동력을 대신하게 되었고 2차 산업혁명에서는 이것의 효율성이 더욱 높아졌으며 3차 산업혁명에서는 기계가 인간의 정신적 사고를 대신하게 되었는데 4차 산업혁명에서 인간을 대신하는 인공지능으로까지 발전하게 되었다.

3차 산업혁명 시기에 컴퓨터와 인터넷이 사용되며 사이버 공간이란 개념이 생겨났다. 당시 이 공간은 현실세계에 있던 개인이 잠시 잠깐 접속하는 가상세계에 불과했으나 4차 산업혁명의 디지털 트윈이라는 개념에서는 현실세계와 거의 유사한 수준으로 구현될 수 있는 가상세계가 부각되었고 나아가 메타버스 개념에서는 현실세계와 밀접하게 상호작용하며 서로 영향을 미치는 동등한 위상의 세계로 인식되기에 이르렀다.

이제, 메타버스로 상상해 보자

메타버스라는 개념은 변화를 가속화시키는 구심점이 되었다. 몇몇 플랫폼의 일시적 유행에 그치지 않을 것이 분명해 보인다. 이제까지 막혀 있던 문제들에 대한 해결책이 이미 메타버스에서 모색되기 시작했다. 그러니 메타버스로 상상하는 습관을 가져 보는 건 어떨까.

메타버스와 교육의 접목 사례 가운데 오트크래프트(Autcraft)는 인기 게임인 마인크래프트로 만든 자폐증(Autism; 오티즘) 아동과 그 가족을 위한 사이트다. 승인된 사람들만 참여할 수 있게 하고 따돌림과 악플을 금지하는 규칙을 정해 안전한 가상사회를 만든 것이다. 이 가상사회 안에서 자폐증 어린이는 스스로를 긍정적으로 인식하도록 격려받고 타인을 존중하는 법과 의사소통하는 법을 익힘으로써 현실세계에 부드럽게 적응할 수 있게 된다. 가상세계와 현실세계가 교육적, 긍정적으로 상호작용한 좋은 사례다.

또 다른 예로는 영어회화 학습이 있다. 현실에서는 영어로 대화하는 상황에 쑥스러움을 느껴 실력 향상 속도가 더딘 사람이 많지만 가상세계에서는 학습자가 한결 낮은 긴장감을 가지고 대화를 적극 시도할 수 있기 때문에 영어회화 능력이 보다 빠르게 향상된다.

결국 가상세계의 경험 확장 과정에서 새로운 교육이 이루어진다고 볼 수 있다. 가상세계에서는 현실에서 하기 어려운 경험을 해 볼 수 있고, 현실에 이미 구축되어 있는 관계의 틀에서 벗어나 볼 수 있기 때문에 학습자에게는 새로운 환경, 새로운 자극이라는 학습 기회가 발생한다.

이렇게 확장되는 경험을 시각경험, 조작경험, 관계경험으로 단계적으로 생각해 볼 수 있다. 시각경험의 확장은 가 보지 못했던 장소, 상황 등의 환경을 경험해 보는 것으로 기술적으로는 몰입적 시각을 제공해 주는 360도 VR 등이 사용된다. 시각경험은 현실세계에서 해당 경험의 실현 가능성과 접근성에 따라 전달 강도와 가치가 달라진다. 예를 들어 2021년 2월에 NASA의 화성 탐사선 퍼서비어런스(Perseverance)에서 보내온 영상이 제공하는, 실제 체험이 불가능한 화성의 표면에 대한 시각경험은 그 전달 강도와 가치가 매우 크다. 코로나19 팬데믹 상황에서 미국의 그랜드 캐니언 등 해외 관광지를 보여 주는 유튜브 영상을 통한 시각경험의 가치가 상당히 높아졌고, 서울 거주자라면 덕수궁 영상을 볼 때보다 경주 석굴암 영상을 볼 때 좀 더 강한 시각경험을 할 가능성이 높은 것도 마찬가지 이유에서다. 경험의 전달 강도는 교육 분야에서 특히 의미가 크다.

조작경험의 확장은 가상세계에서 기계나 상황을 조작해 보는 것을 가리킨다. 조작경험이란 기계를 다루는 일에 한정되는 개념이 아니라 그랜드 캐니언 등을 체험하는 VR 콘텐츠에서 날씨를 조작하는 것, 동계 올림픽에 출전한 스키 선수가 시합이 벌어질 타국의 슬로프 코스를 자국에서 사전 체험하며 신체를 움직이는 것 모두를 포함하는 폭넓은 개념이다. 이를 위해 기술적으로 필요한 것은 조작하고자 하는 가상세계의 객체들의 반응을 계산해 내는 시뮬레이션 알고리즘이다. 이 기술이 디지털 트윈, 미러월드에서 사용자가 조작에 대해 적절한 반응을 경험하게 한다.

관계경험은 가상세계에서 일어나는 타인과의 관계 행위를 가리킨다. 시각경험이나 조작경험은 컴퓨터상의 가상세계에서 학습자 개인이 홀로 체험해 나갈 수 있는 것들이다. 하지만 관계경험은 가상세계 안에서 여러 학습자가 상호 관계를 만들어 나가는 과정에서 생성된다. 앞의 두 경험은 가상세계에서 학습자와 환경이 일대일의 관계성을 유지해 나간다는 점에서 기존의 실감형 VR 교육서비스와 유사하다. 하지만 관계경험은 다르다. 오트크래프트 가상세계에서는 자폐증 어린이가 안정적인 사회 경험을 쌓고, 영어회화 학습을 위한 가상공간에서는 학습자가 상대방과 활발하게 소통하며 영어로 대화 나누기를 주도한다.

이와 같이 현실에서 갖기 어려운 관계경험 또는 현실과 다른 방향의 관계경험을 통해 이뤄지는 학습이 메타버스 특유의 학습이며 이 학습은 가상세계의 나를 통해 현실세계의 나에게 일어난다. 메타버스 속 가상의 내가 다양한 관계경험을 통해 학습을 하고 그 학습이 현실세계의 나에게 전이되는 것이다.

가상세계와 현실세계가 소통할 때 열리는 메타버스의 세계. 다양한 소통의 종류 가운데 교육과 학습이라는 특정한 소통을 유발하는 체제를 교육자가 의도적으로 구축할 수 있다는 것. 여기에 메타버스의 광활한 교육 공간이 있다. 엄청난 확장 경험을 제공하는 가상 학교를 상상해 보자. 교실과 운동장 담장을 넘어 학교의 시공간은 무한히 확장될 수 있다.

메타버스로 학교하자!

: 메타버스 기반 교실 만들기의 기본

_ 김상균

왜 교육에도
메타버스인가

인간의 세 가지 욕망과 메타버스

인간의 행동을 인지과학적 관점으로 바라보면 교육은 인간의 다양한 상호작용 가운데 하나다. 그리고 인간의 상호작용이란 나를 중심에 두고 세상과 타인을 대상으로 영향을 주고받는 양방향의 소통이다. 그렇다면 인간이 원하는 상호작용이란 어떤 것일까?

영국의 컴퓨터 게임 디자인 교수 리처드 바틀(Richard A. Bartle)은 게임 플레이어를 네 가지 유형으로 구분했는데[*] 어떤 자극을 선호하는지에 따라 성취형, 탐험형, 소통형, 킬러형으로 나누었다. 개인은 네 가지 유형의 기질을 모두 가지고 있으며 비중이 큰 유형 한 가지를 꼽을 수 있

---

[*] Richard Bartle. (1996). "HEARTS, CLUBS, DIAMONDS, SPADES: PLAYERS WHO SUIT MUDS". https://mud.co.uk/richard/hcds.htm#1. 2022.03.01. 접속.

을 뿐이지, 각 개인을 한 가지 유형으로 일대일 대응시켜 전형적으로 인식하는 건 오류라고 하였다. 바틀의 플레이어 유형 구분은 1996년에 제시된 이래로 전 세계 MMO 게임 산업에 영향을 미치고 있는 이론이다.

게임 안팎에서 이루어지는 인간의 모든 상호작용 이면에는 욕망이 자리하고 있다. 타인과의 상호작용을 시도하게 하는 소통의 욕망이 있고, 세상에 대한 폭넓은 경험을 추구하게 하는 탐험의 욕망, 제 뜻을 펼쳐서 세상에 분명한 족적을 남기기를 원하게 하는 성취에 대한 욕망이 있다. 한편 타인에게 막대한 파괴적 영향력을 행사할 수 있기를 원하는 부정적인 욕망이 바틀이 이야기한 킬러형에 대응되지만 이는 지향할 바도 아니고 실제 비중도 1% 미만으로 미미하니 논외로 하고자 한다.

소통, 탐험, 성취라는 이 세 가지 욕망이 얼마나 해소되고 있는가 하는 것은 인간에게 아주 중요한 문제다. 과연 우리 교육에서 이 세 가지 욕망은 잘 해소되고 있을까? 충분한 소통과 탐험과 성취가 일어나고 있을까? 그런 기회들이 충분히 주어지고 있을까? 아직은 학생과 교사 간 소통, 학생과 학생 간 소통에 인색한 편이고 지적 탐험은 열거되어 있는 지식을 그 제시된 순서대로 탐색하도록 하는 데 머물러 있다. 학습자가 스스로 종횡하며 학습할 기회는 희박하다. 성취의 기회도 자연히 적다.

약 10년 전에는 게이미피케이션(gamification)이라는 개념이 알려지기 시작했다. 게이미피케이션은 욕망의 결핍을 보완하려는 시도다. 게임 외 분야에 게임 기법이나 게임적 사고 등 게임 요소를 접목시키는 것을 가리키는 게이미피케이션이란 용어는 교육에서 기존 학습과정을 대부분 유지하되 게임 요소를 더하는 접근을 가리키는 말로 쓰이며, 게임을 플레이함으로써 무언가를 배우는 GBL(Game Based Learning)과 구분된다.

바틀의 게임 플레이어 유형 구분*

메타버스 그리고 게이미피케이션과 VR

게이미피케이션의 가능성을 극대화하는 도구 혹은 장소가 메타버스에 있다. 그리고 소통, 탐험, 성취라는 인간의 세 가지 욕망을 충족시켜 주는 강력한 힘을 지금 메타버스 그 자체가 가지고 있다. 그렇기 때문에, 이상적인 수업에 대한 관심을 아직 잃어버리지 않은 교육자라면 자신이 초중고, 대학, 사기업 어디에 몸담고 있든 메타버스에 주목해 봄직하다.

때로 "메타버스는 게이미피케이션을 온라인으로 구현한 것이냐" 하는 질문을 받곤 한다. 답은 "아니오"다. 그러면 게이미피케이션과 메타버스

■ Richard Bartle, (1996). "HEARTS, CLUBS, DIAMONDS, SPADES: PLAYERS WHO SUIT MUDS". https://mud.co.uk/richard/hcds.htm#1. 을 재구성.

는 어떻게 다를까? 우선 메타버스는 온라인 환경과 떼어서 이야기하기 어려운 개념이지만 게이미피케이션은 온라인 환경에 국한되는 개념이 아니다. 온라인, 오프라인을 막론하고 환경을 재미있게 구축해 나가는 일련의 접근법을 통칭하는 게이미피케이션은 온라인 환경에도, 오프라인 환경에도 차이 없이 사용할 수 있는 개념이다.

또한 게이미피케이션은 재미라는 모티베이션 요인에 주로 초점을 맞추는 데 비해 메타버스의 모티베이션 요인은 다양하다. 재미, 경제적 이익, 사회적 의미 등 다양한 사회적, 개인적 동인들이 모두 메타버스의 모티베이션 요인이 된다.

그러면 메타버스와 게이미피케이션의 관계는 어떨까? 메타버스에 게이미피케이션이 요소로서 도입되어 있는 관계다. 게이미피케이션은 메타버스의 필수요소가 아니다. 다만 실제로 대부분의 메타버스 상황에 게이미피케이션이 도입되어 있을 뿐이다. 즉 게이미피케이션은 메타버스를 구현하는 데 있어서 그 적용 여부를 필요에 따라 달리 선택할 수 있는 옵션과 유사하다. 앞서 이야기한 것처럼 게이미피케이션은 게임의 재미 요소, 메카닉스, 스토리 구조 등을 게임이 아닌 영역에 적용하여 보다 재미있게 만드는 접근법을 가리키는데 이 접근법이 불필요한 상황이라면 도입할 이유가 없다. 예를 들어 회의와 협업에 특화된 기업용 메타버스 플랫폼에 유저들이 이미 몰입하여 전보다 탁월한 성과를 내고 있다면 굳이 게이미피케이션을 적용할 이유는 없다는 말이다.

한편 메타버스라는 용어를 좁은 의미로 사용하는 이들은 메타버스가 곧 VR 기반 가상세계를 가리키는 것처럼 아주 한정적으로 이야기한다. 하지만 메타버스는 VR보다 폭넓은 개념이다. VR은 가상현실 그 자체를 가리키지만 메타버스는 가상현실과 현실세계의 연계와 소통에 초점을 맞추며 전체를 아우른다. 가상현실 속 아바타가 친구들, 동료들과 어울리고 대화하면서 현실과 직접적으로 연관되어 있는 학습이나 업무를 가상공간에서 수행하고 현실세계에서 그와 연관된 피드백이나 결과가 이어져 나가는 것. 그것이 상위세계, 메타버스다. 메타버스 콘텐츠가 대부분이 양방향인 반면 VR 콘텐츠는 단방향인 것이 많다.

메타버스를 최대한 넓은 의미로 생각해 보자. 그러면 오프라인에도 메타버스가 있다. 상황극처럼 실제 현실이 아닌 특별한 세계관 시나리오의 일부로 참여하는 상황을 떠올려 보자. 여기에도 현실을 초월하는 별도의 세계가 구현된다. 소박하더라도 이 또한 넓은 의미의 메타버스에 해당한다.

보다 재미있는 학습, 좀 더 재미있는 교육에 대한 수요는 아주 오래된 확실한 수요다. 메타버스는 게이미피케이션을 도입해 즐겁게 교육하고자 하는 오랜 시도의 색다른 터전이자 새로운 방향성이라 볼 수 있다.

팬데믹 이후에도 2019년으로 돌아가면 안 되는 이유

코로나19 팬데믹이 불어닥쳤을 때 사회가 멈추지 않았던 건 다행히도 이미 보편화되어 있던 인터넷 덕분이었다. "인터넷의 새 버전". 메타버스를 설명하는 세간의 다양한 수식어 가운데 하나다. 이 새로운 흐름이 어느 정도 위치에 와 있는지 짚어 보자.

개혁의 확산이론(Diffusion of Innovation theory)이라는 사회학 이론이

있다. '얼리 어답터'를 용어화한 사회학자 에버렛 로저스(Everett Rogers)가 인터뷰를 기반으로 수립한 이 이론 안에는 사람마다 혁신 제품을 받아들이는 데 속도차가 있다는 혁신의 전파 법칙이 있다.

로저스는 사회에 어떤 혁신적 기술이 등장했을 때 개인이 그 기술을 사용하기까지 걸리는 시간에 따라 사람들을 다섯 집단으로 분류했다. 그에 따르면 우선 변화를 즉시 받아들이고 새로운 아이디어를 거침없이 시도하며 모험을 즐기는 2.5%의 혁신가 집단이 있고, 13.5%의 얼리 어답터 집단이 따르면서 여론을 만들어 나간다. 변화에 신중하게 대처하고 의심을 천천히 거두는 68%의 다수자가 그 뒤를 따르는데 이를 다시 절반으로 나누어 조기 다수자, 후기 다수자라고 구분했다. 그리고 가장 마지막까지 혁신을 받아들이지 않고 남아 있는 16%를 느린 수용자로 칭했다. 시간의 흐름에 따라 혁신 기술이 채택되면서 시장 점유율이 높아지는 모습을 그래프로 그리면 S형 곡선이 된다. 곡선의 우측 상단 끝부분이 짧게 끝나지 않고 완만한 기울기로 길게 이어져 전체 곡선이 S자 모양을 이루는 건 대다수가 혁신 기술을 받아들일 때까지도 끝내 과거의 모습을 유지하려는 사람들이 있기 때문이다.

2019년 말에도 메타버스는 얼리 어답터 단계에 머물러 있었다. 그런데 2020년 초에 시작된 팬데믹이 메타버스를 그다음 단계로 진전시켰다. 이제 우리는 메타버스라는 혁신을 어떻게 대해야 할까? 팬데믹이 해소되면 2019년 이전으로 돌아가기를 선택할 것인가? S자 곡선 위에서 뒷걸음질하며 후퇴할 것인가? 천연두 백신이 인류 역사에 처음 등장했을 때 사람들은 소의 고름을 인간의 몸에 넣는 게 어떻게 상식적인 일이냐고 성토했다.

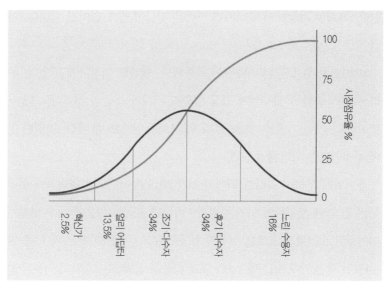

100

75

시장점유율 %

50

25

0

혁신가
2.5%

얼리 어답터
13.5%

조기 다수자
34%

후기 다수자
34%

느린 수용자
16%

로저스의 혁신 수용 소비자 집단 구분과 시장 점유율 곡선 ■

　사회의 다양한 분야 가운데 교육은 변화에 보수적인 영역으로 여겨진
다. 최선을 다해 팬데믹 시대에 훌륭히 대응하면서도 단지 '버틴다'는 심
정일 뿐 과거의 토양에서 뿌리를 거두지 못한 채 하루빨리 과거를 회복
하고 싶다는 목소리를 나는 종종 들었다.
　특히 대학이라는 이름의 고등교육기관에서 이러한 모습이 완연했다.
수많은 대학에서 변화를 싫어하는 고연령층이 권력을 잡고 있으며 이들
의 관성 탓에 지금도 대학은 건물을 신축하고 증축하는 데 혈안이 되곤

■ Everett Rogers. (1962). "Diffusion of Innovations". 1983. 3rd Edition. The Free Press. Macmillan
　Publishing Co., Inc. Simon and Schuster. 95p와 247p를 재구성.

한다. 하지만 과장해서 말하자면 지금은 건물이 필요 없어진 시대다. 과연 지금은 어떤 시대일까?

2020년 이후 모니터 판매량이 폭증했다. 웹캠도 엄청나게 팔렸다. 우리 사회의 공간 구석구석에 영상 입출력 기기가 보급된 것이다! 그렇다면 이제는 이런 기반을 바탕으로 우리 사회가 앞으로 해 나갈 수 있는 일이 무엇인지를 고민해야 한다.

팬데믹이 무사히 지나간 뒤에 우리가 2019년 이전으로 완벽하게 회귀하는 건 과연 가능한 일이기는 할까? 비대면 활동이 처음엔 아주 낯설게 여겨졌던 것처럼 앞으로는 비대면 활동을 무조건 배제하자는 게 아주 낯선 말이 될 것이다. 이전엔 100% 대면 활동을 진행하는 데 따로 이유가 필요 없었지만 이제는 특별한 이유나 상황이 수반되어야 사람들을 납득시킬 수 있을 것이다. 우리 사회는 비대면 활동에 적응했고 장점을 파악했다. 대면 활동과 다른 비대면 활동 특유의 간편성과 확장성, 자율성을 수많은 사람들이 체감했고 즐겼다. 그럼 이제 해야 할 일은 무엇일까?

지금이 팬데믹 후반이 맞다면 이제 곧 우리가 언제든 걱정 없이 만날 수 있다고 하더라도 비대면을 적재적소에 어떻게 배치하는 게 좋을지를 고민하기 시작하는 게 바람직하다. 우리에게 필요한 건 대면과 비대면 교육을 과연 어떻게 섞어야 적절하고 효과적인 교육설계인지에 대한 고민과 실험이지 무작정 과거의 100% 대면교육으로 회귀하는 게 아니다. 대면 수업, 비대면 수업의 비중을 10%, 20%와 같이 숫자로 제시하는 정책 방향은 현재와 같은 팬데믹 상황에서야 물론 특별히 유의미한 일이지만 팬데믹 이후에도 현장에서 이런 숫자를 기준으로 수업의 대면 여부를 결정한다면 바람직하다고 볼 수 없다. 대면 여부는 수업목적 달성의 효과성과 효율성을 제1 기준으로 두고 결정해야 한다.

널리 알려진 메타버스 초기 사례 가운데 순천향대학교의 활용예가 있다. 순천향대에서는 입학식과 개강 총회 같은 모임을 메타버스 플랫폼에서 개최했다. 나아가 연극 관련 학과에서는 사전 녹화 영상을 바탕으로 학생들이 대화 연습을 언제든 무한정 해 볼 수 있도록 하는 VR 콘텐츠를 만들었다. 어떤 사례도 완벽할 수는 없는데 대학가에서 이야기를 듣다 보면 이 사례를 덮어놓고 낮게 평가하거나 냉소하는 목소리들이 있다. 학생들을 다시 오프라인 무대에서 만날 날을 기다린다면서 말이다. 오프라인 무대에서 지도해야만 제대로 지도할 수 있는 부분들이 있다는 걸 부정하는 게 아니다. 다만 팬데믹이 지나간 뒤 대학들이 한 치의 고민도 없이 과거의 모습으로 돌아가려는 건 아닐지 불안하다. 만약 그렇게 된다면 비극적인 일이다.

우리는 팬데믹 이후의 환경과 삶을 위드 코로나, 그리고 포스트 코로나 시대의 "뉴 노멀(New Normal)"이라 부르기 시작했다. 장기간의 팬데믹이 일상의 다양한 측면을 속속들이 변화시키면서 이제 우리는 이전으로 돌아갈 수 없는 비가역적 변화를 겪었다. 현실세계 바깥으로 확장되는 새로운 세계와 그 세계 간 연계를 구축해 나가는 메타버스 시대로의 전환 또한 되돌리기 어려운 시대적 요청이다. 그러므로 팬데믹 이후 우리 사회 모든 영역에서 더욱 구축되어 나아갈 메타버스 세상을 교육 공동체의 높은 지성을 모아 교육 현장에서 주도적으로 수용하고 무사히 안착시켜 나가 주시기를 기대한다.

스쿨 메타버스

: 새로운 학습자, 새로운 교육자

메타버스 네이티브 학습자 특성

메타버스를 이해하기 위해 기사와 책을 찾아볼 필요를 느끼지 못하는 일반적인 10대, 20대는 메타버스를 대하는 거리감에 있어서 앞선 세대와 극명하게 대조된다. MZ 세대보다 아래로 더 넓은 범주에 해당하는 이들은 이미 메타버스 경험이 풍부하고 익숙해서 메타버스라는 특별한 용어가 유행처럼 번지는 이 분위기를 아주 어색하게 여긴다. 소위 '메타버스 네이티브'라 불리는 이들은 어떤 특성을 가지고 있을까?

우선 이들은 아날로그 경험과 디지털 경험을 병행, 통합하는 데 있어서 이질감을 느끼지 않으며 즉각 행동한다. 한 기업에서 신입사원 교육을 하면서 메타버스 가상공간을 열어 두었는데 교육 진행자가 쉬는 시간에 들여다보니 신입사원들이 그 안에서 콘서트를 열고 서로 경쟁하며 즐기고 있었다고 했다. 그는 팀 구축의 좋은 기회로 보고 시간을 더 주었다고 했다. 이처럼 가상공간이 아주 공적인 현실세계와 병행되고 있는 상황에서도 메타버스 네이티브들은 가상공간에선 자유롭게 행동하며 현실세계의 규칙에서 벗어나는 게 규칙이라는 것을 누적된 직감으로 알고 있다. 그러므로 "가상공간에서 이러이러한 행동을 해도 되나요?"라는 질문은 나오지 않는다. 새로운 세상이라면 새로운 일을 해 보는 게 이미 이들이 공유하고 있는 즐거운 룰이다.

이런 메타버스 네이티브들이 지닌 특별한 강점이 있다. 현실세계에서 타인을 바라볼 때 자동적으로 작동하는 사회적 편향을 단숨에 벗어던질 줄 안다는 점이다. 지인 가운데 50대 현직 교사 한 분이 있다. 그는 항상 왕성하게 외부 활동을 하고 야외에서 꾸준히 운동도 하며 젊게 살아왔다고 자타가 공인하지만 최근 10년 동안 20대 청년이 자발적으로 자신에게 말을 걸어 온 일은 단 한 번도 없었다고 했다. 그런데 제페토에서 그가 소위 힙하다는 춤을 추자 20대들이 말을 걸고 그를 팔로우했다고 한다. 그는 자신의 아들보다 어린 사람들이 자신에게 거부감 없이 다가온 그 사실이 감격스럽더라고 했다.

한편 현직 대학교수들에게 선생이라 불리는 한 초등학생이 있다. 로블록스 콘텐츠를 올리는 유튜브 계정주다. 제페토에서는 한 고등학생이 아바타 드라마를 만들어서 인기를 끄는 일이 있었는데 이 드라마는 이프랜드의 메타버스 드라마 〈만약의 땅〉의 모티브로 작용했다. 큰 인기를 끈 개인 유저의 콘텐츠를 대형 기업이 원형 혹은 소재로 삼은 것이다. 이처럼 메타버스 네이티브들은 현실세계의 사회, 문화, 경제에서 오랫동안 재생산되어 온 패턴과 권력 구조를 너무나 아무렇지 않게 바꿔 나가고 있다. 부동의 입지를 다져 온 오랜 권력 구조가 여러 분야에서 어지럽게 진동하기 시작했다.

때로 학생들을 제페토나 이프랜드에서 만나 보면 모두가 그렇게들 달린다. 가만히 있지 않는다. 처음엔 굉장히 의아했다. 옥죄는 것들로부터 적극적으로 이탈하고 싶은 탐색 혹은 성취 욕망의 발현이 아닐까 지금은 생각한다.

메타버스 네이티브 특유의 약점도 있다. 예를 들어 스마트폰 배달앱으로 좋아하는 음식점을 찾아 들어갔다고 생각해 보자. 분명 가게가 명시해 둔 영업시간인데도 불구하고 "아직 오픈 전입니다" 하는 상태 메시지가 그대로 남아 있는 경우가 있다. 일종의 오류겠지만 이용자에게 그다지 문제는 아니다. 전화를 걸어 주문하면 되니 말이다. 그런데 이를 부담스러워하며 전화를 걸지 않는다. 말로 대화하며 서로 감정을 주고받는 것, 글이 아닌 말을 나눌 때 요구되는 특유의 집중도를 조절해야 하는 것, 대화의 용건뿐만 아니라 어조, 강세, 뉘앙스 등 말투에서 전해지는 다양한 자극을 수용해야 하는 것 자체를 불편해하는 것이다. 이것의 반대편에는 무엇이 있을까? 정량적, 알고리즘적, 연산적, 문자 중심의 언어 소통을 이들은 편안하게 느끼고 선호한다.

몇 년 전, 미국 버클리 캘리포니아대학의 심리학 연구진은 실험을 통해 서로 구분되는 감정 27가지를 확인했음을 논문으로 발표했다[*]. 두려움, 슬픔, 기쁨 등 대여섯 종류로 인간의 감정을 구분하던 기존의 일반론과 개수 차이가 크다. 이 연구의 정확성을 논하지 않더라도 우리는 인간의 감정이란 아주 다양할 뿐 아니라 구체적인 맥락에 따라, 그리고 각 개인에 따라 서로 다른 양상으로 표출된다는 걸 이미 경험적으로 알고 있지 않은가. 이 다양한 감정을 세밀하게 인지하고 수용하고 반응하는 일에 메타버스 네이티브 세대는 피로감을 느낀다. 자신과 타인의 감정을 이해하고 표현하는 데 어려움을 느낀다.

메타버스와 관련된 다양한 콘퍼런스에 가 보면 단골 질문 가운데 메타버스 시대에 어린이, 청소년이 갖춰야 할 미래역량이 무엇이냐는 질문이 있다. 2018년에 아담 구스타인(Adam J. Gustein)과 존 스비오클라(John Sviokla) 교수는 일곱 가지 중요 역량으로 커뮤니케이션 능력, 콘텐츠 전문성, 맥락에 대한 이해, 정서적 역량, 성장을 담보하는 교육, 연결성, 윤리성을 꼽았다. 이들의 연구 주제는 "기계가 대신할 수 없는" 일곱 가지 역량 ●●이었다.

내가 꼽는 가장 중요한 미래역량은 컴퓨터 없이 자신과 타인의 감정을 이해하고 표현하는 능력이다. 자신과 타인의 감정을 인지하고 공감하고 표현하고 소통하는 능력은 이전부터 이미 결정적 역량으로 다루어져 왔다. 하지만 메타버스 시대에 이 역량의 중요성은 더욱 높아질 것이며 시간이 흐를수록 그 가중치 역시 더욱 높아질 것이라 확신한다.

부모님들은 가끔 이런 질문을 하신다. "우리 아이는 평소에는 그러지 않는데 게임만 하면 돌변하고 폭력적인 말을 마구 쏟아부어요. 왜 그러는 건가요?" 우선은 감정 표현의 다른 방법을 몰라서고, 대화창에서 그

● Alan S. Cowen and Dacher Keltner(Berkeley Social Interaction Laboratory). (2017). "Self-report captures 27 distinct categories of emotion bridged by continuous gradients", PNAS, September 19, 114(38), E7900─E7909.
●● Adam J. Gustein, John Sviokla. (2018). "7 Skills That Aren't About to Be Automated", Harvard Business Review. https://hbr.org/2018/07/7-skills-that-arent-about-to-be-automated. 2022. 03. 01. 접속.

것을 글자로 읽은 상대방이 어떤 감정을 느낄지 예측하지 못해서다. 감정과 감성, 그리고 사회성은 메타버스 네이티브의 결핍 요소임과 동시에 미래를 살아가는 데 필요한 중요 역량이다. 이 역량을 교육하여 높이고 스스로 건강하게 관리해 나갈 수 있도록 돕는 방안에 대한 논의를 함께 이어가기를 학교와 가정에 청해 본다.

메타버스 시대, 교사의 조건

메타버스 네이티브를 대상으로 메타버스 활용교육을 진행할 때 다른 무엇보다 가장 앞서 충족되어야 할 선결 조건은 교실 공간에서 교사 중심으로 이루어지던 상호작용을 학습자 중심으로 전환시키는 일이다.

이를 위해 우선, 안타깝게도 우리 교실 공간에 존재해 온 소위 피라미드식 권력에 대해 이야기해 보고자 한다. 나는 이것이 수많은 책상과 의자, 교탁과 교단이라는 구조물이 배치되어 있는 좁은 공간에서 발생할 수밖에 없는 권력 구조, 즉 교실 공간이 만들어 낸 권력 구조라 생각한다.

교탁을 짚고 서면 아래를 내려다보다가 감시하는 태도를 갖게 되고 학생은 자리에서 교탁을 올려다보고 우러러보면서 천장에 눌리게 된다. 공간과 구조물의 배치가 조성하는 권력의 높낮이와 일제적 분위기에 모두가 압도되고 세뇌되어 왔다. 게다가 교사는 아이들이 10분 더 학습하도록 지시한다거나 5분 일찍 자유시간을 갖도록 할 수 있다. 말하자면 교사는 시간과 공간을 통솔한다.

피라미드의 상위에는 교사와 공부 잘하는 아이들이 위치해 있다. 나머지 아이들이 각자의 고유한 권력을 회복하는 건 쉬는 시간, 그리고 방과 후뿐이다. 교실에서 권력을 상실한 채 긴 시간을 보내야 하는 아이들이 쉬는 시간이나 방과 후에 삐뚤어진 행동을 하는 건 그 특별한 행동을 통해 자신에게도 권력이 존재한다는 사실을 집약적으로 느끼기 위한 것은 아닐까.

사실 한곳에 집중된 교사 중심의 권력 구조는 교육현장에 없어서는 안 된다. 특히 팬데믹과 같은 방역이나 안전과 관련된 위급상황에서 학생들은 교사에게 의존하고 교사는 학생들을 효율적으로 통솔하고자 한다. 이런 경우에 권력이 한곳에 모여 있지 않다면 문제는 대형화될 수 있다. 그러니 여기에서 이야기하는 것은 교사 중심의 권력 구조를 과연 모든 순간에 부각할 것인가 하는 문제다. 지시 일변도의 태도를 일방적으로 유지하다 보면 교사는 '내가 이래도 되나?' 하는 생각에 불안해지고 학생은 지친다. 이런 악순환이 반복되면 이 불안과 피로 또한 학습된다는 점에서 문제의 심각성은 작지 않다.

그래서 교사가 의도적으로 권력을 내려놓는다면 그 권력은 누가 차지할까? 아무도 독차지하지 않는다. 대신 학생 모두가 스스로를 제 뜻대로 움직일 수 있는 개인 고유의 권력이 충전된다. 교사가 권력을 내려놓으면 눈에 띄게 달라지는 게 있다. 학생들이 자유로워진다. 개인의 행동이란 스스로의 선택에 따른 나 자신만의 것이라는 점을 금세 깨닫고 자신의 행동을 고민과 결정, 그리고 책임의 대상으로 삼기 시작한다. 그러면 교실에서 일어나는 모든 활동이 새로워지고 유의미해진다.

그런데 물리적 교실 공간에서 학생 모두가 자유롭게 돌아다니며 대화하는 수업 상황을 떠올려 보자. 좀 곤란하다. 다른 공간에 불편을 끼쳐 다양한 불만이 들어올 수도 있다. 소음 문제를 조심해야 한다는 건 간단한 규칙 같지만 교육자로 하여금 교육 활동의 선택지를 굉장히 좁히는 강력한 제한 조건이다. 학습자들도 움츠러든다. 그럼 가상공간에서는 어떤가? 우선 교실을 어디에든 무한정 만들 수 있고 학생들이 각자의 방을 가지도록 해 줄 수도 있다. 학생이 개인으로서 스스로를 주도할 공간을 즉시 만들어 줄 수 있다는 말이다. 자기 공간에서 교육 활동에 참여하는 학생들은 타인과의 관계 측면에서든 관심사를 탐색해 나가는 측면에서든 자신이 해 나가는 활동의 중앙에 선다. 자신이 원하는 순서대로, 자신이 원하는 리듬감에 따라 활동할 수 있다. 메타버스는 학습자가 자신의 관계, 탐험, 성취 욕망을 충족해 나가는 굳건한 주체가 되도록 해 준다.

이 효과를 극대화하기를 원하는 교육자들께 나는 우선 아바타부터 적극 활용해 보실 것을 권한다. 사실 교육현장에서 익명성이란 교사에게 불리한 장치로 여겨지는 듯하다. 익명성이 야기할 수 있는 야생성 때문일 것이다. 교사들은 학생이 욕설을 하거나 함부로 행동하는 일에 대한 두려움 혹은 거부감을 가지고 있다. 자연스럽고 합당한 일이지만 그 태도를 한번 거두어 보시기를 권한다.

아바타로 소통하면 대화의 범위, 깊이, 양 모두가 심화된다. 해외의 노래 오디션 프로그램 가운데 참가자들을 아바타로 등장하게 한 프로그램이 있다. 이 프로그램에서 아바타는 선입견을 넘어서게 해 주는 강력한 장치로 작동했다. 심사위원이나 청중에게 직접 물어보면 분명 손사래치며 부인하겠지만, 분명히 사람들의 마음속에 존재하는 어떤 표준을, 즉 멋진 가수라 하면 젊고 잘생기고 백인인 미국인을 기대하는 선입견의 높은 벽을 진짜 실력자들이 단번에 넘어서게 해 준 아주 간단한 장치가 다름 아닌 아바타였던 것이다. 아바타의 이런 특별한 쓰임은 교육현장에서 학생들의 자신감을 높이거나 새로운 사회성을 길러줄 강력한 장치로 변형될 수 있을 것이다.

그리고 익명성의 야생성을 자정한 희망적인 메타버스 사례를 한 가지 소개해 드리려 한다. 나는 대학에서 2회차 수업으로 구성된 250명 규모의 집단상담을 진행한다. 이 수업에 들어온 학생이 가장 먼저 해야 할 일은 줌에 들어와 마이크와 카메라를 끄고 자신의 상태를 익명으로 전환하는 것이다. 수업 자료는 전혀 없다. 학생들이 익명으로 올린 텍스트를 바탕으로 답변을 이어가고 토론도 진행한다. 수업에서는 김지수라는 이름을 붙인 가상 인물의 성격과 삶을 모두가 함께 이야기하며 구성해 나간다. "이런 상황에서 지수는 어떻게 하면 좋을까?" 같은 질문에 각자 고민하고 함께 토론하고 투표하여 지수의 말과 행동, 앞으로 벌어질 상황 등을 결정한다. 투표에서 50% 이상의 찬성을 얻은 행동으로 이야기를 만들어 나가는데 행동 하나를 결정하고 나면 그렇게 행동하지 않아야 하는 이유에 대해 이야기하는 반론 글이 여럿 올라오기도 한다.

지난 학기의 일이다. 이 수업을 진행하고 있는데 학교 에타*에 해당 수업에 대한 게시판이 열렸다. 수업에 대한 이야기가 수업 중에 실시간으로 올라갔다. 짐작하겠지만 에타를 악의 소굴처럼 여기는 교수들이 적

● 에타는 에브리타임을 줄여 부르는 말로 대학교 안에서 정보 공유를 목적으로 만들어진 웹사이트 및 애플리케이션 기반 온라인 서비스의 이름이다. 시간표 만들기, 학점 계산, 강의 평가 등 실용적 기능뿐 아니라 교내 커뮤니티 기능으로 각광받으며 대학의 공식 온라인 커뮤니티 등을 완전히 대체하게 되었다. 일부 대학은 에타만 두고 공식 커뮤니티는 운영하지 않기도 한다.

지 않다. 당시 수업에서는 신조어에 관한 이야기가 진행 중이었고 나는 '무야호'라는 유행어의 의미를 알지 못해 학생들로부터 설명을 듣고 있었다. 그러는 중에 누군가가 줌에서 익명으로 "교수님은 저 말을 쓰면 안 된다. 교수님이 쓰는 순간 이제 말 맛이 없어진다."라고 말했다. 그러자 에타에 그 발언에 대한 공격성 글이 마구 올라오기 시작했다. 그 발언이 무례했다는 것이 골자였다. 머잖아 익명의 글쓴이는 나에게 사과를 해 왔다. 본인이 에타에서 심하게 비난받고 있으니 용서해 달라는 것이었다. 결국 내가 에타에 글을 올려서 이 비난에 마침표를 찍어 주었다. 나는 기분이 나쁘지 않고 무례하다고 생각하지 않으며 익명이라는 장치에 힘입어 그런 말을 한 학생에게 잘못이 있다고 생각하지 않는다고 밝혔다.

오프라인의 실제 세계, 줌 수업 속 익명의 가상세계, 에타 속 또 다른 익명의 가상세계가 서로 소통하자 학생들은 활발하게 생각을 표현했고 타인의 생각을 들으며 자신의 생각을 다듬고 또 스스로를 자정했다. 에타 게시판의 존재 의미는 무엇이었을까? 도덕성에 대해서든 사회성에 대해서든 학생들이 자기들의 세계를 스스로 찾아 나가는 장으로 기능했다. 게시판을 자유롭게 열고 모이고 하면서 말이다.

하지만 학생들의 자정 작용을 기대하고 기다리는 게 언제나 교육적인 건 아니다. 특히 초중고 교사의 입장은 성인을 지도하는 대학 교수와 다르다. 관찰자로서의 의무가 좀 더 높아진다고 보면 될 것 같다. 잘못된 대로 흘러가도록 방치하는 일이 없도록 신경 쓸 필요가 있다. 여기에도 한 가지 사례가 있다.

지인의 자녀 가운데 로블록스에서 아이템 거래 사기를 당한 한 초등

학생 어린이가 있었다. 아이가 아이템을 내려놓는 순간 상대방이 이 아이템을 잡고 로그아웃해 버린 것이다. 본사에 연락해 보았지만 당연히 해결되지 않았다. 일주일이 지나자 아이는 이제 괜찮아졌다고 하며 그 이유를 이렇게 설명했다. "나도 똑같이 하면 되지." 아무도 바로잡아야 할 문제상황으로 여겨 주지 않으니 아이는 상대방의 행동을 좀 야비할 뿐이지 사회에서 문제되지는 않는 실리적인 행동들 가운데 하나라고 인식해 버리고 모방의 의지, 학습의 의지를 다지게 된 것이었다. 교육현장에서는 학생들이 이런 부정적 사례를 잘못 학습하거나 스스로를 부정적으로 낙인찍는 일을 방치할 수 없다. 파악하고 대응해야 한다.

그렇다면 어떻게 대응할 수 있을까? 사실 이 문제는 어린이 청소년에 국한된 문제가 아니다. 기업에서도 마찬가지이니 말이다. 기업 내부망에 아바타 혹은 익명으로 소통하는 공간이 만들어지면 욕설까지는 아니어도 거친 뒷이야기나 뜬소문이 많이 오른다고 한다. 곳곳에서 불평과 피해 호소가 이어지니 담당자는 괴롭고 임원들은 날카로워진다. 대응책은 무엇일까? 익명 공간을 없애는 게 답일까?

익명 공간을 없애면 당장 발생하는 문제가 없겠지만 학습도 없다. 문제의 원인, 나아가 문제의 미래 발생 가능성은 전혀 사라지지 않는다. 익명 공간을 없애지 않고 문제를 해결할 교육을 투입하는 게 바람직하다. 내가 이 기업에 제안했던 교육활동은 사람들이 들으면 상처받는 단어 100개를 제시한 뒤 자신이 사랑하는 사람을 대상으로 이 단어들을 넣어 편지를 써 보게 하는 것이었다. 어떤 단어들은 누군가에게 상처를 주는 단어일 뿐 솔직한 표현이라는 말로 포장할 수 없다는 것을 감각적으로 깨닫도록 하기 위한 교육이었다. 문제상황이 발생했을 때 공간 폐쇄처럼 즉각적이고 과감한 결단이 꼭 필요한 경우도 분명 있지만 교육으로 문제 상황을 해결해야 하는 경우도 있다. 그러므로 이를 잘 분별하자. 문제가 발생한 상황이라면 교육적 필요 또한 발생한 상황일 가능성이 높다.

이와 같이 메타버스는 교실이라는 공간을 학습자 중심으로 재구조화 하고 학습자가 배움을 성취해 가는 주체가 되도록 해 준다. 교사들이 아바타를 활용하면 학생들은 얽매여 있던 기존의 관계를 벗어던지고 솔직하면서도 보다 건강한 새로운 소통의 장을 열어 갈 수 있을 것이다. 소통의 확장이라는 익명성의 교육적 가능성을 취하고 리스크는 숙제로 삼아 해결해 보자. 익명 커뮤니케이션에 대한 건강한 표현 및 수용 능력을 높여 주고 문제상황에 대처하는 자정 능력을 길러 주는 교육 방법에 대해 함께 고민하자. 또한 그 외 메타버스 도입기에 일어날 수 있는 다양한 문제상황을 어떤 방법으로 해소해 나갈 것인지에 대해서는 정책에 앞서 교사들의 현장에 기반한 탐색과 요구가 선행되기를 기대한다. 교육자들의 훌륭한 집단 지성을 지지한다.

메타버스 교실 설계의 기본, 그리고 3가지 유의점

메타버스를 교실에 적용하려는 교사에게 필요한 한 가지를 꼽자면 무엇일까? 디지털 리터러시보다 더 필요한 것은 교수학습 환경을 설계하는 힘이다.

메타버스 교수학습 환경을 설계할 때 유의할 점은 무엇일까? 첫째로는 학습자 각자를 학습과정의 중심에 세워야 한다. 구체적인 방법으로는 학습과정에 대한 선택 기회를 학습자에게 충분히 제공하고 나아가 동료평가, 자기평가 등 다양한 방식으로 이루어지는 평가에 직접 참여하도록 하는 것이 있다. 둘째로는 학습과정의 모든 요소가 학습자가 지닌 소통, 탐험, 성취 욕망의 충족에 기여하도록 해야 한다. '탐험을 위한 증강, 소통을 위한 가상'처럼 메타버스 장치들을 선택하고 이용할 때 교사에게는 목적과 이유가 있어야 한다. 셋째로는 로깅을 고려해야 한다. 로깅(logging)은 어떤 시스템을 작동함에 있어서 시스템과 유저의 동작 및 선택, 습성에 대한 각종 정보의 기록인 로그(log)를 만드는 일을 가리키는 말이다. 교수학습 상황에서 로깅은 학생에 관한 데이터를 끌어오는 일이다. 학습자가 밟아 나가는 과정과 각종 결과물을 데이터화, 정보화함으로써 즉각적 피드백 혹은 차후의 교육적 처치 시 근거로 활용할 수 있도록 해야 한다. 로깅이 꼭 디지털 환경에서 이루어질 필요는 없다. 다양한 프로그램의 도움을 받아 데이터를 자동 수집하거나 정리하면 데이터의 양과 정보의 질이 크게 높아지는 것은 사실이지만, 공책에 일상의 기록을 한두 줄씩 남기는 것도 일종의 로깅이다.

예를 하나 들어 보겠다. 아날로그 메타버스 교수학습 설계의 예다. tvN 〈유 퀴즈 온 더 블록〉에 '학급 화폐'를 활용한 옥효진 선생님의 경제교육 사례가 소개됐다. 선생님은 교실을 하나의 국가처럼 설정하여 기업, 은행 등 각 단위를 만들었고 학생들이 자신의 행동을 스스로 결정해 나가면서 돈의 흐름과 원리를 직접 체험하게 했다. 하나의 작은 국가라는 별도의 세계를 교실에 구축해서 교실 공간을 증강시킨 것이다. 이 증강된 공간에서 학생들 모두는 자신이 어떤 행동을 할지를 스스로 고심하며 결정했고 자신의 자산 규모 변화와 타인의 반응을 보며 상시로 자기평가, 동료평가를 진행했다. 소통, 탐험, 성취의 욕망을 모두 충족해 나가면서 말이다. 선생님은 학생들의 활동 데이터를 1차적으로는 종이에 기록한 뒤 엑셀로 정리하는 방식으로 관리하고 있었다. 이 사례는 앞서 이야기한 아주 넓은 의미의 메타버스, 즉 디바이스나 온라인 환경 없이도 존재하는 메타버스의 바람직한 교수학습 활동예라고 말할 수 있다.

이 세 가지 유의점에 따라 교수학습 환경을 설계할 때 교사가 잊지 말아야 할 것이 두 가지 있다. 우선 학습내용에 대한 기초교육이다. 학습과정의 수동성을 낮추고 학습자의 탐험 욕망을 충족시키기 위해 학습내용과 과제를 학생 스스로 선택하게 하는 데 집중하다 보면 최소한의 필수적 기초학습량이 제대로 채워지지 않을 수 있기 때문이다. 두 번째로는 학습과정 중인 학습자가 현재 자신이 어디쯤 도달해 있는지를 확인할 수 있는 자기인식의 기회와 정보를 상시 혹은 지속적으로 제공하는 것이다. 이 두 가지는 학생 중심의 주체적 탐험과 소통의 필수 전제다.

AI + 메타버스 수업 설계 체크리스트

인공지능(AI) 교육이라는 말은 크게 두 가지 의미로 사용된다. 인공지능을 활용한 교육, 그리고 인공지능을 교육내용으로 하는 교육이다. 인공지능 활용 교육은 인공지능을 교수학습의 도구로 활용하는 교육이고, 인공지능을 내용으로 하는 교육은 인공지능의 개념을 이해하고 관련된 기능과 태도를 기르기 위한 교육이다.

우선 후자에 관한 이야기를 간단히 해 보자. 대표적인 예로 인공지능 코딩 교육이 있다. 알고리즘이라는 개념을 학습할 때 과거에는 수학 공식과 비슷해 보이는 문제 해결 답안들을 열심히 이해해 보는 방법밖에 없었다. 수업을 준비할 때도 학습자에게 수학 문제를 제공하고 채점하고 해설해 주는 것 말고는 학습자의 성취 욕망을 채워 줄 수 있는 특별한 수업 도구를 찾기 어려웠다. 알고리즘을 배우면 제트기를 날게 할 수 있다고 학생들에게 말은 하지만 실제로 교실에서 실감시켜 줄 수 있는 방법은 아무것도 없었다.

이런 상황은 마인크래프트, 로블록스 등을 이용한 코딩 교육에서 완전히 해소됐다. 바로 지금 인공지능 알고리즘을 배우면 눈앞에 있는 공간과 캐릭터가 바뀐다. 로블록스 루아(Lua)코딩이 사실 학생들에게 쉽지는 않지만 이것을 배워서 적용하면 답답하던 NPC들이 조금씩 똑똑해지는 것을 보면 학생들은 짜릿한 희열을 느낀다. 학습에 대한 큰 성취감을 즉각 얻는 셈이다. 코딩과 마인크래프트를 결합시킬 때 학생들의 집중도, 만족도, 자신감은 실로 대단하다. 메타버스는 학생들의 인공지능 학습에 대한 성취감의 공급처다. 알고리즘이라는 추상적 대상에 대한 구체적이면서도 매력적인 경험을 학생들에게 제공한다.

그렇다면 인공지능을 활용하여 교수학습을 지원하는 상황에서 메타버스는 어떤 역할을 할 수 있을까? 먼저 메타버스는 학습 주제에 대한 참여를 도울 것이다. 예를 들면 언어학습에서의 실감형 학습환경을 제공할 수 있다. 2015 개정 교육과정 중학교 영어과를 살펴보면 "우리나라는 일상생활에서 영어를 사용하지 않는(EFL) 상황이기 때문에 … 이를 보완하기 위하여 영어 사용 기회를 충분히 제공할 수 있는 학교 영어 교육을 실현해야 한다."* 이 과정에서 메타버스가 중요한 역할을 할 수 있다. 메타버스는 대화형 튜터링 시스템을 보다 생생한 교육 환경으로 구현해 줄 수 있기 때문이다. 더불어 메타버스는 자기주도 학습을 도울 것이다. 인공지능 기반 교육에서는 교육을 지원하는 기술을 사용하여 의미 있고 서로가 연관된 수업을 준비하고 콘텐츠를 전달하는 일이 핵심적인데, 메타버스 활용 교육은 학생들의 적극적 참여와 콘텐츠 수용에 있어서 더 큰 동기와 집중도를 이끌어 낼 수 있기 때문이다.

이제 메타버스를 활용한 인공지능 교육 이야기에서 벗어나 인공지능을 활용하는 메타버스 교육에 대한 이야기로 방향을 바꿔 보도록 하자. 메타버스 수업을 준비할 때 어떤 점들을 생각해 보면 좋을까? 그리고 앞으로 인공지능의 개입이 기대되는 부분은 어디일까?

수업 환경 설계 in 메타버스

수업 환경을 디지털 환경과 물리적 환경으로 구분하여 생각해 보자. 디지털 환경 설계에서 가장 주안점을 두어야 하는 건 접근성의 문제다. 우선 모든 학습자가 콘텐츠 이용이 가능한지를 교사는 분명히 확인해야 한다. 기기 이용 가능성을 확인하는 게 우선이지만 모두가 스마트폰을 가지고 있다는 데 머물러서는 안 된다. 스마트폰이 구형이라 콘텐츠가 구동되지 않는 경우도 있고, 앱이 무거워서 또는 요금제 때문에 데이터가 부족해서 참여하기 어려울 수 있다. 이는 대학생을 대상으로 하는 수업에서도 조심스럽게 다루는 중요한 문제다. 한편 이와 같은 환경에 부족함이 없더라도 접근성을 낮추는 요인이 하나 또 있다. 바로 호감의 문제다. 학생들은 설치형 앱 자체에 부담감을 느낀다. 기기 용량이 충분해도 마찬가지다. 디지털 환경 설계에 적정설계가 필요한 이유다.

각 사용자에게 얼마나 여유 있는 공간이 할당되는지 하는 면적의 문제는 공간 설계 시 아주 중요하다. 물리적 환경에서뿐만 아니라 디지털 환경에서도 마찬가지다. 대규모 군중의 상호작용 양상이나 매너를 교육

● 교육부, "영어과 교육과정", 교육부 고시 제2015-74호[별책 14]

해야 하는 상황처럼 학습목표 달성에 대규모 학습자가 필수인 경우가 아니라면, 온라인 수업에서도 학습자 규모를 적게 잡는 게 바람직하다는 말이다.

디지털 환경의 적정설계를 위한 데이터 수집 및 정보화, 물리적 환경의 적정 크기를 가늠하고 대규모 학습자 집단을 소규모로 분할하는 일의 최적화에 인공지능의 역할이 있다.

학습자 분석 in 메타버스

학습분석(learning analytics)은 학습자의 데이터를 수집, 분석, 활용하여 학습자에 관한 유의미한 정보와 의미를 발견하고 이를 통해 학습을 증진시키는 과정이다. 이는 학습자의 데이터를 모으는 것에서 한걸음 더 나아가, 교수학습적 처방을 가함으로써 학습 성과를 지원하는 단계까지를 포함한다. 메타버스 활용 교육에서는 학습자의 배경 및 성과뿐 아니라 다양한 온라인 행동 데이터를 수집할 수 있기 때문에, 학습분석 관점에서 데이터가 가설을 검증하기 위한 부가적 재료였던 차원을 넘어서서 주제와 처방을 제시하기 위한 주요한 재료로 발전될 수 있다.

그렇다면 메타버스 활용수업의 효과성을 최대화하기 위해서는 학습자의 어떤 특성을 파악하는 게 좋을까? 학습자 개인이 소통, 탐험, 성취 욕망을 어떤 양상으로 가지고 있는지, 그리고 개인이 어떤 재미 요소를 좋아하는지를 파악한 뒤 이에 알맞은 콘텐츠와 장치를 대응시켜 보자. 이는 MMORPG 플레이어 분석 방법이기도 하다. 사실 이는 교사들이 오랫동안 해 온 학습자 분석 방법과 크게 다르지 않을 것이다. 다만 아날로그 방식과 디지털 방식 가운데 디지털 방식의 비중을 높여 보기를 권한다. 아날로그 방식 고유의 한계, 이에 기반한 개인화의 한계는 모든 교사가 이미 경험한 적 있을 것이다. 학습자의 다양한 선택과 결과물을 상시 자동 데이터화하고 유익한 정보로 가공하여 교사와 학습자에게 제공하는 데 인공지능의 역할이 있다.

나아가 학습자가 미디어 리터러시를 포함하여 유무형의 디지털 자산을 어느 정도 보유하고 있는지에 대한 추정 정보 또한 인공지능이 제공할 수 있을 것이다. 다만 이 정보는 개인의 사회적, 경제적 위치와 밀접한 정보이므로 정보의 수집 및 이용, 그리고 보안에 각별히 유의해야 한다는 점을 잊지 말도록 하자. 상시 이용 가능한 여분의 공용 기기를 늘 확보해 둔다거나 앞서 이야기한 디지털 환경 적정설계의 근거로 활용하는 등 정보를 선용하는 교사의 특별한 섬세함이 필요하다. 이 조용한 섬세함에 대한 필요는 시간이 흘러 기술이 더욱 고도화되고 기기 보급이 더욱 확대된 때에도 사라지지 않을 것이다. 오히려 더욱 필요해질 것이다. 당장 출결 파악 정도는 이미 100% 스마트폰으로 진행하고 있는 우리 대학가 일반에서도 현재 그 필요를 실감하고 있다.

이와 같이 메타버스와 학습분석이 연계된다면 메타버스에서 입체적으로 수집되는 학습자 정보 분석을 통해 시간의 흐름에 따른 학습 진행 사항을 모니터링하거나, 개인 학습자에게 맞춤화된 적응적 처방이 가능해질 것이다. 더불어 메타버스 교수학습 환경 그 자체를 이용하여 학습 과정을 방해하지 않는 평가 및 처방 또한 가능해질 것이라고 예측한다.

평가 in 메타버스

수업에 대한 평가, 그리고 학생에 대한 평가라는 두 가지를 생각해 보자.

우선 수업에 대한 평가에서는 메타버스 플랫폼에서 활용한 기능, 콘텐츠, 교수학습 목표가 분명하게 연결되어 있는지를 점검해야 한다. 교사의 호기심이나 역량 때문에 선택된 플랫폼이나 콘텐츠는 의미가 없다고 보아야 한다. 학생들이 게더타운에서 너무나 활발해서 통제가 되지 않더라는 교사의 자기 평가를 들은 적이 있다. 이는 플랫폼이나 메타버스 자체의 문제가 아니다. 교사가 의도했던 상호작용이 예상대로 진행되지 못했다는 것이 문제다.

게더타운 활용예 가운데 소그룹 회의 일색으로 진행되는 수업을 본 적이 있다. 맵에 패들렛을 연결하여 수업에 대한 평가나 의견을 남길 수 있게 하는 것은 학습자의 수업 참여 장치로서 함께 만들어 가는 수업의 일환이라 볼 수도 있겠지만 한편으로는 무의미한 수업 장치로 볼 수도 있다. 메타버스 플랫폼은 그 자체로 학습자에게 높은 호기심과 참여도를 유발하고 있으므로 이를 이용하는 것 자체로 높은 교육 효과를 기대해 볼 수도 있겠지만 그런 차원에서 설계된 수업이 여러 번 이어진다면 동기유발 효과는 사라질 것이다. 새로운 상호작용만을 부각하는 수업이 아니라 학습목표를 중심으로 한 의도적 교수학습 설계가 필요하다. 수업의 목적과 목표는 메타버스 활용 수업의 평가에 있어서도 여전히 가장 중요한 기준이어야 한다.

수업 평가에 대해 한 가지 더 짚어 보자. 교사가 자신의 수업을 정성적으로 평가하는 일은 가치 있는 일이지만 자기평가, 동료평가 방식의 주관적 정성평가 본연의 한계를 벗어나기는 쉬운 일이 아니다. 수업 평가를 다면평가로 진행하기 위해서는, 그리고 5년, 10년 뒤와 같은 장기적 효과를 예측하는 데는 인공지능이 제 몫을 할 것이다. 교사가 진행한 수업의 저변에서 기능하는 크고 작은 잠재적 교육과정을 파악하고 영(null) 교육과정을 짚어 내어 그 위험과 가능성을 진단한 자료를 교사가 쉽게 받아볼 수 있다면 수업 평가의 교육적 효과는 배가될 것이 분명하다.

이제 학습자 평가에 대해 생각해 보자. 우선 이제는 학업 성취도 중심의 평가 패러다임에서 벗어나 상호작용을 평가의 내용으로 포함시켜야 할 때다. 메타버스 활용 수업의 구성요소를 교수자, 학습자, 콘텐츠 그리고 플랫폼으로 보고, 이 구조에서 학습자가 만들어 나가는 역동 가운데 평가의 대상으로 삼을 세 가지를 꼽아 보자. 그것은 학습자가 콘텐츠를 대하는 방식, 학습자 간 소통 방식, 학습자가 스스로와 소통하는 방식 등 세 가지 상호작용이다. 이를 학습자 평가의 기본 영역으로 설정하고 이 상호작용에 대한 정량적, 정성적 평가를 섬세하게 자동적, 상시적으로 제공하는 데 인공지능을 활용할 수 있을 것이다. 메타버스 안에서 일어나는 상호작용에 대한 평가는 학습자에 대한 상시적 피드백의 질을 크게 높일 것이다. 그리고 이는 개별화 수업으로 나아가는 중요한 걸음이 될 것이다.

메타버스를 학습자 평가에 결합하면 학생의 상호작용을 포함한 다양한 측면을 평가의 대상으로 삼을 수 있고, 한 가지 측면을 다양한 방식으로 평가할 수 있다. 기존에는 학습자의 학업 성취 데이터를 학습 종료 직전에 한 번 수집하여 학습 상태를 진단하는 평가의 비중이 대단히 컸다. 이와 달리 메타버스 기반의 평가에서는 학습자의 지적 성취뿐만 아니라 다양한 행동 데이터를 포함할 수 있으며 다양한 방식의 상시적 평가에도 쉽게 접근할 수 있다. 메타버스 활용 수업에서의 평가는 기존의 평가 체제에 대한 대안적 시도로서 보다 다면적이고 입체적인 평가를 가능하게 해 준다는 점에 대단히 높은 가능성이 있다.

실제로 내가 진행했던 평가 가운데 한번은 수업의 중심 내용을 전달한 뒤 학생들에게 내용에 대한 확인문제를 각자 출제해 보도록 했다. 그리고 모두의 문제를 모아 서로 돌려보며 각 문제에 대한 한 줄 평을 달도록 했다. 학생들은 자신이 출제한 문제에 달린 한 줄 평에 굉장한 호기심을 가지고 집중했다. 점수가 아닌 의견을 받고 싶어 했기 때문이다. 이는 동료평가에 자연스럽게 이어지는 자기평가 경험이며 타인과의 소통, 지적 탐험, 성취의 욕망을 모두 충족시키는 복합적 경험이다. 교사는 학습자가 출제한 문제를 학습자의 학습정도를 짐작하기 위한 정보로 활용하고 문제를 직접 교정해 주거나 심화 정보를 제공함으로써 개인별 피드백을 알맞게 제공해 줄 수 있다. 나는 좋은 문제는 선별하여 실제 시험에 출제하기도 했다. 물론 저작재산권 존중 차원에서 소정의 보상을 제공한 뒤에 이용했다.

선생님들께 특별히 권하는 평가가 한 가지 있다. 비정형화된 외부의 평가다. 보다 간단하게 표현하자면 학생이 학교 밖 외부 사회의 반응을 받아 이에 대응하며 학습하는 경험을 제공해 주자는 것이다. 수치화, 정형화된 평가도 필요하지만 비정형적 평가 과정도 학습자에게 교육적이다. 앞서 이야기한 로블록스 유튜브 채널을 운영하는 초등학생은 현직 교수들로부터 선생이라 불리고 있다. 이런 외부의 평가를 보다 많은 학생들이 직접 경험해 보면 좋겠다. 그러면 학생들은 스스로의 가치에 이전보다 일찍 눈뜬다. 이미 메타버스에서 인기를 끈 콘텐츠를 원형으로 한 콘텐츠들이 공중파 드라마나 뮤직비디오, 광고 등에서 카피되는 시대다. 만약 비정형적 외부 평가를 학생들이 일상적으로 받게 한다면 부정적 효과로 잘못 귀결될 수도 있겠지만, 평가 기회를 간헐적으로 마련한다면 분명 긍정적 효과를 유발시킬 수 있을 것이다.

평가와 관련하여 한 가지 더 생각해 볼 점이 있다. 메타버스 수업의 평가가 어려운 것은 일정한 규모의 한정된 공간인 기존의 교실과 메타버스 공간의 성격이 상당히 다르기 때문이다. 게다가 상호작용의 동시성, 복잡성이 높은 메타버스 세계에서 평가는 어려울 수밖에 없다. 이때 경계해야 할 것은 '평가하기 좋은 수업을 만드는 것'을 최우선 순위로 두는 일이다. 교육목표부터 평가까지 모든 것이 일목요연하게 연결된 수업이 바람직한 수업이지만 메타버스 활용수업에서 이 일목요연함을 수업의 최우선 순위로 두고 완벽하게 해 나가려다가 메타버스적 가능성을 놓치게 된다면 어떨까? 메타버스가 수업에 가져오는 새로운 가능성에 가중치를 두어 보시면 좋겠다. 교육목적, 수업목적에 대한 의식이 분명한 교사라면 인공지능이 채 도입되지 않아 단기적으로 평가가 다소 모호하더라도 우선 지금은 자신의 실험정신에, 그리고 메타버스에서 만들어 갈 수 있는 새로운 시도의 가치를 높게 인식하고 수업해 나가면서 평가는 점차 개선해 나가 보시기를 권한다.

리스크에 대한 인식 차이에 대해 잠시 생각해 보자. 어쩌면 인류사, 인간사에서 벌어지는 모든 갈등은 리스크에 대한 인식 차이의 문제다. 이 인식 차이는 리스크의 절대적 양과 크기와는 다른 주관적인 문제다. 교실 통제력이 낮아질 수 있다는 리스크를 보수적으로 인식하여 메타버스라는 도구를 버리거나 지극히 한정적으로 사용하기보다는 낮아진 통제를 보완할 도구를 개입시키는 방향으로 리스크에 도전적, 진보적으로 대응해 보시기를 권하는 바다.

메타버스 수업공간 설계 인트로 : 게이미피케이션

정리하자면 현재 메타버스라는 공간은 그 자체로 학습자의 동기 수준을 극대화시키는 공간으로, 높은 동기가 낳는 수많은 학습자 행동을 재료로 삼을 수 있으므로 인공지능의 힘으로 최적화된 학습과정을 제공할 가능성이 높은 공간이다. 또한 메타버스는 확장 가능성이 극대화되어 있는 공간이다. 도시화와 디지털화를 거치며 점차 혁신적으로 개선되어 온 인류의 시공간 연결성은 메타버스로 한 번 더 크게 비약하고 있다. 공유, 연결, 확장이라는 디지털 가상공간의 원리가 현재 메타버스에 극대화되어 있다. 더욱이 현실세계와 가상세계를 활발히 넘나들수록 메타버스 세계의 공간 확장 가능성은 무한대에 가까워진다.

이 공간을 교육에 이용할 때 구체적으로 어떻게 구성할 것인가? 교수자-콘텐츠/채널-학습자의 구조에서 학습자가 콘텐츠를 대하는 방식, 학습자 간 소통 방식, 학습자가 스스로와 소통하는 방식 등 상호작용 설계는 어떻게 할 것인가? 여기에 게이미피케이션 원리를 적용하면 효과성, 효율성 높은 설계를 완성할 수 있다. 이는 3장에 설명해 두었다.

메타버스 교육콘텐츠 구성의 유의점

이 논의를 위해 우선 2007년의 ASF 보고서에 제시되어 있는 메타버스의 네 가지 종류를 조금 간단한 기준으로 재구분해 보자. 증강현실, 가상세계, 미러월드, 라이프로깅 네 가지 중에서도 과연 어떤 것이 가장 빠르게 우리 실제 삶에 제대로 파고들 것인지를 생각해 보기 위해서다.

가로축의 양끝을 공간의 현실/가상으로 두고, 세로축을 내용의 현실/가상으로 잡아 보자. 현실공간 위에 현실의 내용을 얹어 보여 주는 것은 무엇일까? 현실세계다. 그리고 현실공간 위에 눈으로 볼 수 없던 정보들을 보여 주는 것은 증강현실이다. 가상공간에 가상의 내용이 얹어져 있다면 가상세계, 현실의 내용이 가상공간에 얹어져 있다면 라이프로깅과 미러월드다. 여기에서는 ASF 보고서의 가상세계라는 표현을 VR로, 증강현실은 AR로 간단히 표현하고 산업 및 콘텐츠에 관한 논의를 진행해 보고자 한다.

언론을 통해서는 VR이 메타버스의 중심처럼 강조되는 경향이 있지만 나는 메타버스의 핵심은 AR, 그리고 라이프로깅과 미러월드에 해당하는 두 개의 사분면이라 본다. 디바이스 측면에서도 VR보다는 AR이 시장을 뒤바꿀 매체라고 생각한다. 앞서 이야기한 로저스의 S 곡선으로 이야기하자면 스마트폰은 S 곡선의 거의 끝부분에 이르러 있다. 바통을 이어받을 다음 매체가 등장한다면 VR 기기보다는 AR 기기일 것이다. AR 기기의 S 곡선을 VR 기기가 약간 뒤에서 따라가게 될 것이라 본다. 그렇다면 어떤 일을 예상해 볼 수 있을까? AR이 눈에 띄게 확장되었을 때 벌어질 일상적인 장면을 상상해 보자. 우리가 항상 보유하는 장비를 가지고, 우리 주변 현실세계와 연관된 정보들을 손쉽게 즉각 얻게 될 것이다.

2021년 9월 당시 페이스북이 출시한 스마트 글래스 '레이벤 스토리'는 엉뚱해 보이지만 치밀한 장비다. 디스플레이는 없고 입력장치인 500만 화소 카메라 2개와 마이크 3개가 내장되어 있으며 안경 다리에는 스피커가 있다. 블루투스 통화, 카메라와 마이크를 이용한 영상 및 사진 촬영 그리고 업로드가 주요 기능이다. 페이스북이 기대하는 건 뭘까? 유저들의 삶의 기록을 당겨 가는 것이다. 여기서 삶의 기록이란 유저들이 페이스북이라는 SNS에 포스팅하는 그 기록만을 말하는 게 아니다. 이 장비를 출시하면서 페이스북은 현실세계의 구석구석에 IoT CCTV를 설치하는 효과를 기대했을지도 모른다. 이 장비를 바탕으로 페이스북이라는 글로벌 기업은 전 지구에서 막대한 양의 정보를 수집할 수 있고, 그렇다면 지구 단위의 디지털 트윈을 만들어 낼 수 있게 된다. 그리고 AR로 제공할 다양한 정보와 서비스를 마련할 수도 있다. 2021년 10월 마크 저커버그는 페이스북의 기업명을 '메타(Meta)'로 바꾼다고 공표했다.

메타버스 개념이 주목받기 이전에도 VR, AR을 이용한 실감형 교육과 관련된 여러 개념과 기술이 제시되어 왔다. 그리고 교육 콘텐츠와 관

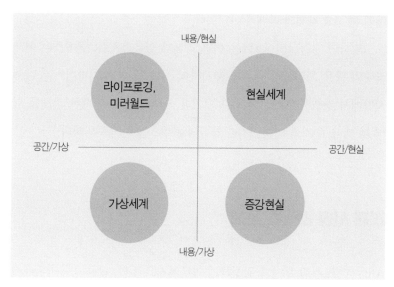

내용/현실

라이프로깅,
미러월드

현실세계

공간/가상 ─────────────── 공간/현실

가상세계

증강현실

내용/가상

메타버스의 4가지 종류: 공간 및 내용의 현실/가상 기준

련된 AR 분야의 사례 연구도 다양하게 진행되어 있는 편이다. 여기에서
는 AR 분야에 초점을 맞춰 교육 콘텐츠 개발 현황을 살피고 앞으로 나
아갈 방향에 대해 이야기해 보고자 한다.

한편 많은 사람들이 기억하는 AR 관련 실패사례가 있다. 구글의 사례
다. 구글은 2012년에 AR 글래스의 프로토타입을 공개하며 일반판매까
지 진행했지만 다양한 한계를 지적받으며 조용히 단종하고 말았다. 하
지만 이 실패는 원인이 AR 자체에 있는 게 아니다. 당시 구글이 선도적
으로 사업을 개시했던 2012년은 기본적으로 망이 지금 같지 않고 느렸
으며 디자인도 대중이 상상해 온 원형과 좀 차이가 있었다. 또한 카메라
로 인한 프라이버시, 저작권 문제 그리고 전자파의 안전성 문제 등에 대
처하기엔 너무 이른 시대였다. 한마디로 표현하자면 너무 일찍 시작했던

탓일 뿐, AR 자체의 한계가 아니었다.

그렇다면 오늘날의 AR에는 어떤 과제가 있을까? AR 글래스는 이제 국내외 많은 기업에서 제품을 출시하여 시판 중이다. 디바이스는 이제 시장에서 경쟁하며 개선되어 갈 것이다. 이제 콘텐츠에 대한 과제를 짚어 볼 때다. 투자가 이어졌지만 양질의 콘텐츠는 아직 희박하다.

현재 시점 콘텐츠 문제

AR 콘텐츠 관련 투자가 왕성하게 이루어지고 있다. 많은 공공기관에서 AR 콘텐츠 제작을 지원하고 있다. 그런데 몇 년 지나면 사용하지 않는 콘텐츠가 적지 않다. 어떤 이유에서일까?

우선, 콘텐츠 제작에 있어서 우선순위의 문제가 있다. 예를 들어 3년 동안 매해 10억을 AR 콘텐츠 제작에 투입할 때 제작사에서 콘텐츠 개수를 최우선 순위에 두는 경우가 있다. 10억으로 콘텐츠 100개를 만들어 내기 위해 개당 제작단가를 1,000만 원 정도로 한정하는 것이다. 이 비용으로는 찍어 내기 식의 저퀄리티 콘텐츠가 나올 수밖에 없다. 물론 비용을 제대로 들여 제작하는 대표 콘텐츠도 있다. 소수의 콘텐츠에만 비용을 충분히 들이고 나머지는 저가로 제작하여 개수를 채우는 방식으로 일이 진행되는 경우가 있다. 비용을 많이 써야만 좋은 콘텐츠가 나오는 건 아니니 문제는 기획에 있다고 할 수도 있지만 이는 낮은 제작비를 내세우는 쪽의 논리와 동일할 것이다. 그러니 비용 대비 제작 개수 기준의 성과제일주의를 버리자고 말하는 게 보다 정확하겠다.

두 번째로는 콘텐츠가 단편적이라는 문제가 있다. 이는 개별 콘텐츠의 퀄리티가 좋더라도 별도로 해결해야 하는 과제다. 또한 VR 콘텐츠든, AR 콘텐츠든, VR과 AR이 섞인 XR 콘텐츠든 상관 없이 모두에 해당하는 문제다.

예를 들어 일제강점기 독립운동과 관련된 XR 콘텐츠가 있다고 생각해 보자. 학생들은 디바이스를 착용하고 VR, AR로 재현된 100년 전 상해임시정부에 들어가 보고, 백범 김구 선생과 안중근 의사를 곁에서 만나 보았다. 이는 실제로 2019년 11월에 광화문광장에서 열린 "3.1 운동 및 대한민국임시정부 수립 100주년 기념 행사"에서 시민들에게 제공한 양질의 콘텐츠다. 그런데 이 콘텐츠를 다 보고 난 학생들이 기기를 벗고 나면 할 게 없다. 기껏해야 해당 부분의 역사 과목 문제집을 펴고 문제를 풀 일만 남았다고 생각해 보자. 아쉬운 일이다.

잠시 콘텐츠를 체험하며 몇 번 "우와!" 소리를 한 뒤 암기식 학습으로 다시 돌아가야 한다면 교육 콘텐츠가 유의미했다고 할 수 있을까? 콘텐츠 하나의 퀄리티를 아무리 높여도 이 문제는 해결되지 않는다. 오히려 개별 콘텐츠의 퀄리티가 좋을수록 아쉬움은 클 것이다.

이를 보완할 방법은 무엇일까? 콘텐츠 앞뒤로 다양한 형태의 콘텐츠가 엮여 하나의 연계형 학습 콘텐츠가 제공되도록 하는 상위의 기획, 제작이 필요하다.

그간 실감형 교육을 위해 만들어 온 콘텐츠들의 품질과 다양성, 연계성을 점검 및 평가하고 시행착오를 반복하지 않기 위한 실제적인 프로세스를 점검해야 할 때다.

콘텐츠 기획, 구성에 대한 3가지 제안

그렇다면 메타버스 교육 콘텐츠들의 품질과 다양성, 그리고 연계성을 확보하기 위한 방법들에는 무엇이 있을까? 콘텐츠 기획과 구성에 있어서는 우선 경험의 연결성, 데이터의 연결성, 응집성 확보가 필요하다.

이 '연계'의 외연에 관하여 상상력을 최대한 발휘해 보자. VR, AR 콘텐츠라고 할 때 우리말로 VR은 가상현실이고 AR은 증강현실이라는 점을 기억하자. 선생님들은 이미 디바이스가 필요 없는 XR 콘텐츠를 만들어 왔다. 학생들과 함께 진행한 역할극이나 상황 설정 놀이, 연극 등은 모두 현실세계와 다른 가상의 세계를 구현하는 소박한 시도들이었으니 말이다. 이런 활동이 벌어진 교실에도 넓은 의미의 메타버스가 형성되어 있던 셈이다. 그러니 특별한 기기나 온라인 환경이 갖춰져 있지 않더라도 XR 교육 콘텐츠의 연계와 확장을 다양한 모습으로 기획해 보기를 권한다. 이런 아날로그식 메타버스 수업은 VR 기기의 이용 시간이 길어질 때 어지럼증 등이 야기되므로 행정적, 법적 규제가 필요하다는 문제의식에서도 자유롭다.

콘텐츠 간 연계를 기획할 때 특히 중요하게 여겨야 하는 특징은 두 가지로, 경험의 연결성(seamlessness)과 데이터 간 연결을 의미하는 상호운영성(interoperability)이다.

경험의 연동, 연결성(seamlessness)은 일련의 학습과정에서 세부 과정별 목적에 따라 학습자를 지원할 수 있는 매체와 콘텐츠가 결합되도록 콘텐츠 연동을 기획해야 한다는 것이다. 모든 교육 활동은 목적이 있고 그 목적을 달성하기 위해 목적 설정에서부터 평가, 피드백에 이르는 일련의 과정을 제시한다. 교육과정 본연의 합목적성에 대한 요구는 메타버스 활용 교육에서 약해지지 않는다. 새로운 기기나 콘텐츠 자체가 가져다주는 높은 호기심, 즉 학습동기 유발 효과는 충분히 이용해야겠지만 말이다. 교육목적을 중심으로 다양한 기기와 학습경험이 어떻게 얼마나 연동되는지에 집중해야 교육목적 달성 가능성이 높아진다는 걸 잊지 말아야 한다. AR, VR, 온라인 대면 수업, 영상, 지면 기록과 평가 등 다양한 콘텐츠와 결합된 일련의 과정이 얼마나 상호 긴밀하게 진행되는지를 항상 관리해야 한다. 콘텐츠와 디바이스를 마련하는 데 몇 십 억이 되는 큰 예산을 들인다고 한들 디바이스를 설치하는 데만 집중하고 콘텐츠 및 그와 관련된 학습경험들의 상호 연동을 구현하지 않고 단절된 상태를 방치하는 경우와, 이상적인 경우를 대비시켜 상상해 보자. 같은 비용을 투입했지만 비용의 효과와 미래 가능성에서는 굉장한 차이가 벌어지고 말 것이다.

경험의 연결성 외에도 데이터 간 연결을 구현하는 상호운영성도 중요하다. 예를 들어 VR 콘텐츠로 화산에 대한 과학학습을 했다고 하자. 학습을 마친 후에 학습자에 관한 데이터가 정리되어 있다면 그 이후에 학습자가 자기평가 및 학습정리 과정을 위한 문제지를 이번엔 AR 기기를 쓰고 풀더라도 학습자가 이미 잘 알고 있는 사항에 대한 콘텐츠는 제시되지 않고 학습자의 습득이 미진한 부분에 대한 상세 콘텐츠가 선별적으로 제공되어야 한다. 학습자 중심으로 말하자면 학습자의 학습 단계에서 상세한 정보를 누적하고 이렇게 수집된 정보를 적절한 단계에 효과적으로 활용해야 한다는 것이다.

이 두 가지 외에도 한 가지를 더 고려해 볼 것을 권한다. 이는 인간-

컴퓨터 상호작용을 뜻하는 HCI(Human Computer Interaction) 설계의 주요 원리 세 가지 가운데 하나인 응집도다.

HCI를 설계할 때는 실재감, 기인점, 응집도 등을 핵심적으로 고려한다. 실재감은 매체로부터 받은 자극을 오감을 동원해 지각하고 반응하게 하는 것으로 기기나 서비스, 콘텐츠를 이용할 때 유저가 취할 감각적 경험을 구현하는 일의 핵심에 놓인다. 기인점은 어떤 일의 원인에 대한 인식으로 원인이 자신과 외부 요인 중 어디에 있다고 보게 하는지의 문제다. 기인점이 중요한 이유는 개인이 경험의 가치와 유용성을 인식하는 데 강력한 영향을 미치기 때문이다. 일어나는 일을 스스로 얼마나 제어할 수 있다고 보는지, 일의 원인이 내부와 외부 중 어디에 있다고 보는지가 기인점의 주요 이슈다. 마지막으로 응집도는 집단의 구성원들이 얼마나 긴밀하게 뭉쳐 있는지를 의미하는데 이는 개인의 구성적 경험을 조절한다.

이에 비추어 보자면 이제까지 대부분의 콘텐츠는 실재감을 높이는 데 주로 초점을 맞춰 왔다고 표현할 수 있다. 콘텐츠 스토리의 기인점이란 유저가 계속 선택을 해 나가면서 이야기를 직접 만들어 나가는 경우 아주 긍정적으로 형성되지만 꼭 그렇지 않더라도 유저에 꼭 알맞는 이야기를 펼쳐 보여 줄 수 있다면 해당 요인을 충족했다고 할 수 있다. 콘텐츠의 응집도란 만 명, 십만 명이 한 공간에 모였어도 하나의 콘텐츠를 각자 체험하고 돌아가 버리는 방식이라면 응집도가 0에 가깝지만 단지 서너 명이 모여도 각자의 경험이 함께 엮인다면 응집도가 높다.

사람들이 온라인으로 공부를 하다가도 커피숍이나 도서관 등 오프라인 공간에 모여 함께 공부하기를 선택하는 이유는 무엇일까? 바로 이 응집도 때문이다. 응집도가 높은 환경에서 구성적 경험을 가짐으로써 학습 효과를 높이려는 니즈의 발현이다. 그러므로 콘텐츠 유저들을 오프라인 공간에 모이게 했다면 콘텐츠 기획자는 응집도를 고려해야 한다. 하루에 만 명이 한 공간을 방문했는데 VR 콘텐츠를 각자 한 번씩 보고 그냥 돌아갔다고 생각해 보자. 아주 아쉬운 일이다. 공간에 모여든 사람들의 경험 연결까지 기획해야 비로소 메타버스 콘텐츠로서의 의미가 생겨난다. 메타버스 콘텐츠에 개인 간 상호작용이 부재하다면 이는 결함이라고 볼 수 있다.

교육용 메타버스 플랫폼을 따로 만드는 시도는 타당한가

플랫폼을 선택할 때 사기업은 그 플랫폼이 시장 지배적 플랫폼인지를 중요하게 본다. 하지만 교육기관은 플랫폼의 규모를 그처럼 중요하게 보지는 않는다. 니즈가 다르기 때문이다. 사기업에서는 가입자 수가 많은 제페토나 로블록스에 매력을 느낀다. 하지만 교육기관은 다르다. 교육자가 플랫폼을 선택할 때는 일정 규모의 사람이 한 공간에서 만날 수 있는지, 교육자가 계획한 바를 구현할 수 있는지, 이 과정에 과도한 비용이나 연령제한 등 법적 제한이 뒤따르지는 않는지 등을 고려한다. 국내에서는 게더타운(Gather.town)이, 일본에서는 오비스(oVice)라는 플랫폼이 많은 교육자들의 선택을 받고 있다. 이 플랫폼들은 교육적 목적으로 만들어진 건 아니나 교육 분야의 니즈와 부합하는 측면이 많았다.

사용자를 계속 확보하고자 하는 플랫폼들에서는 10대들이 좋아하는 3D 아바타 등을 발빠르게 구현해 넣는 데 바쁘다. 게더타운도 바쁘게 업데이트를 이어가고 있지만 이들의 방향은 조금 다르다. 그리고 애초에 회의 플랫폼을 지향했던 것과도 조금 다르게 이제는 교육 플랫폼의 방향으로도 진화하고 있는 듯하다. 이는 게더타운이 시장을 학습한 결과일 것이다. 실제로 교육 분야의 총판이나 리셀러를 모집하고 있는데 이는 메타버스 플랫폼들이 교육 업계를 타게팅하여 들어오기 시작했다는 의미다.

하지만 기존 메타버스 플랫폼들에는 사용자 연령 제한 문제 등의 이슈가 있고 교육에 적절한 안전장치를 갖추는 것이 필요하다. 그리고 기존의 고정관념을 깬 교육 분야 플랫폼에 대한 갈증이 우리 사회에 분명히 있다.

스타강사 김미경 씨의 경우를 보자. 유튜브 채널 MKTV가 굉장한 성공을 거뒀다. 성공의 열기 속에서 유튜브 콘텐츠 이상으로 학습하기를 원하는 구독자들의 열기가 두드러졌고 이로 인해 네이버 카페 '유튜브 대학'을 열게 되었다. 이 카페가 지금은 단독 플랫폼 MKYU(김미경과 당신의 대학)라는 이름의 온라인 대학 개설로 이어졌다. 이곳의 연 매출은 200억대로 투자 제안이 이어지고 있다. 보통 교육용 플랫폼이라고 하면 학원, 학교 등 우리에게 익숙한 오프라인 구조물에 대응되는 포맷을 온라인 공간에 갖추고 학생, 직장인, 어린이, 노인 등 어떤 특정한 유저를 타겟으로 해야 한다고들 생각했다. 하지만 이런 선입견은 MKYU라는 플랫폼의 탄생 과정과는 한순간도 맞아떨어지지 않았다. 타 플랫폼을 이용하다가 시장 점유율이 확보되자 별도 플랫폼을 열었다. 빠르게 변화되고 예측이 어려운 시장 상황에서 기존의 교육 플랫폼의 틀을 벗어나 유연하게 문을 연 새로운 플랫폼이 새로운 교육의 장을 개척해 가고 있는 것이다.

메타버스 교육 이슈

학습부진 in 메타버스

학습결과가 학습자의 잠재 능력에 미치지 못하는 경우, 그리고 특히 교육과정에서 설정한 최저 수준의 학업 성취에 이르지 못하는 경우를 가리켜 학습부진이라 한다. 앞서 이야기한 것처럼 교육적 상황에서 메타버스를 활용하는 경우 학습자가 주어진 콘텐츠를 자유롭게 탐색하며 자신의 학습과정을 스스로 선택하며 구성해 나가도록 하는 데 큰 의미를 부여하는 게 보통인데 이는 학습부진 학생들에게도 유효할까? 이들을 지원하는 방법은 무엇일까?

학습부진의 원인은 여러 가지다. 기존의 여러 연구에서는 학습 동기 또는 의욕이 부족했거나, 선행 학습이 결손되었거나, 가르침에 문제가 있었거나, 학습하는 방법이 비합리적이었거나 하는 등의 다양한 요인을 언급했다. 이에 메타버스 활용 교육은 학습자의 동기와 의욕을 불러일으키기 위한 학습 환경을 구축해 줄 수 있다는 점, 그리고 학습자의 자기조절 능력을 포함한 메타인지 차원에서의 도움을 제공할 수 있다는 점에서 긍정적 효과를 기대해 볼 수 있다.

우선 메타버스 공간은 다른 속도, 다른 관심사를 가진 학생들에게 개별화된 학습을 제공하는 공간으로 유용하게 활용될 수 있다. 예를 들어 게더타운에서는 아주 간단하게 여러 개의 방을 만들어 부진 학생들을 모아 지도할 수 있다. 서로 다른 속도, 다른 관심사를 가지고 있던 학생들이 각자 원하는 미션을 선택하고 자신의 속도에 맞춰 차근차근 자유롭게 배워 나갈 수 있는 가능성의 장을 메타버스로는 쉽게 마련해 줄 수 있는 것이다. 애초 교실 공간 속 피라미드형 권력 구조 최하위에서 힘없이 있던 학생들도 자신의 학습과정을 스스로 만들어 나가는 자기 본연의 권력을, 각자의 중심성을 존중받게 된다.

이 긍정적 효과를 취하기 위해 교사가 꼭 신경 써야 하는 게 있다. 학생들이 자신의 학습과정을 스스로 만들어 갈 때 교사가 꼭 관리해 주어야 하는 것이 있다. 학습부진 학생들에게는 더욱 필수적이다. 바로 자기조절능력이다.

비대면 동영상 수업을 진행하면서 로그를 확인해 보면 시간이 흐를수록 학생들의 학습시간이 점점 길어지는 걸 확인할 수 있다. 30분 길이의 동영상을 3시간 동안 보는 학생들도 적지 않다. 자신의 속도에 맞게 천천히 보는 걸까? 잘 이해가 되지 않은 부분을 재차 돌려 보기 때문일까? 그런 경우도 있지만 여기에서 문제 삼는 건 동영상을 틀어 둔 채로 학습에서 이탈하게 되는 경우다.

학생들의 자기조절능력을 길러 주고 관리하는 방법에는 어떤 것이 있을까? 학생의 '위치'를 계속 알려 주는 게 효과가 있다. 위치의 개념을 설명하기 위해 우선 "메이플라이(Mayfly) 인생카드"라는 이름의 보드게임을 소개한다. 우리말로 하면 '하루살이 인생카드' 게임인데 이 게임의 참여자는 무작위로 배분된 핵심가치카드 7장과 생명카드 3장을 확인한 뒤 다른 이들이 가지고 있는 가치카드와 생명카드 가운데 원하는 카드를 얻고자 자신의 가치관과 꿈에 대해 이야기하면서 다른 이와 카드를 교환해 나간다. 이 게임에 참여하면 스스로가 원하는 삶의 모습을 알게 된다. 자신이 원하는 걸 하기 위해 지금 무엇을 하고 있는지를 스스로 묻고 점검하도록 유도하는 게임이다.

위치를 확인하는 아주 간단한 아날로그적 방법으로는 두 줄 일기 쓰기가 있다. 이 일기의 조건은 '어떤 것을 배웠다. 어떤 일을 했다. 어떤 일이 있었다.'를 쓰는 게 아니라 '난감했다. 어려웠다. 싫다. 재밌었다.' 같은 감정을 적는 것이다. 이 일기를 쓰다 보면 학생들은 자신의 현재 감정과 인생의 목표를 비교해 보게 된다. 내가 학교에 다니면서 스스로에게 원하는 바가 무엇인지, 이 과목을 듣고 어느 정도 성취도를 거두고 싶은지 등을 여러 번 생각하며 스스로를 돌아보게 된다. 감정 기록은 긍정적인 방향으로 스스로를 이끌어 나가게 하는 첫 단계로 작동한다.

위의 두 가지 방법은 온라인으로 구현해도, 오프라인으로 구현해도 무방하다. 나아가 취지가 유사한 다른 어떤 방법을 동원해도 좋다. 결국 중요한 건 학생들의 메타인지를 키워 주는 것이다. 학생 모니터링이라면 기존에는 교사가 학생을 대상으로 하는 것이었지만 학생이 스스로를 모니터링할 수 있도록 도와주는 수단을 제공하자는 말이다. 학생이 스스로를 바라보는 경험은 긍정적 교육적 효과가 크다. 촬영한 수업 영상을 보여 주는 방식도 좋다. 그러면 학생 본인이 느끼는 바가 생긴다. 학생이 스스로에 대한 객관적, 주관적인 느낌을 갖게 되고, 자신이 바라는 바에 대해 생각하며 스스로 멀리 보기를 할 줄 알게 되면 학생의 성취도는 물론이고 말과 행동, 사고방식 모두가 성장한다. 학생, 부모, 교사가 죄수, 교도소장, 간수와 같은 비극적 관계에서 벗어나는 선순환의 첫 단추가 끼워진다.

메타버스를 기반으로 물리적인 학습 공간의 제약을 벗어나 학습자들이 나만의 속도, 나만의 방법으로 창의적인 상상력을 자유롭게 펼칠 수 있는 개별화된 학습 환경을 제공해 보자. 그리고 학습자가 스스로의 위치와 방향을 인지하고 성찰하여 삶을 변화시킬 수 있는 메타인지의 기회를 선사해 보자. 학교 현장의 선생님들께서는 다양한 메타버스 플랫폼과 콘텐츠를 통해 위의 사례들을 작게나마 시도해 보시길 권한다.

디지털 소외 in 메타버스

많은 사람들이 걱정한다. 메타버스가 교육에 도입될 때 발생할 소외 문제에 대해서 말이다. 메타버스 시대의 소외는 무엇일까? 이를 극복하기 위해서는 무엇이 필요할까?

메타버스로 향하는 일종의 통로, 디지털 기기 때문에 발생하는 소외가 있다. 디지털 기기 기반의 온라인 연결에 대한 선호는 전에 없던 사각지대를 만들었다. 메타버스는 온라인의 연결성이 극대화된 공간이지만 그렇게 극대화된 만큼 사각지대는 더욱 어둡다. 도시라는 공간을 보자. 도시는 인구밀집도가 엄청나지만, 인구 밀도가 아주 낮아 사람을 보기가 어려운 지역과 다를 바 없이 고독사가 발생한다. 메타버스로 심화될 수 있는 디지털 소외는 물적 소외와 관계적 소외, 두 가지 차원으로 생각해 볼 수 있다.

먼저 물적 소외에 대해 생각해 보자. 교육현장에서 물리적인 재정 차이로 인한 격차는 더욱 커질 듯하다. 그렇게 되어서는 안 된다는 게 미래에 대한 규범적 관점이라면 이는 탐색적 관점에서 하는 말이다. 사회 전체적으로 양극화가 심화되는데 교육에서만 약화될 리는 없다. 교육자들에게 답을 구하며 떠넘길 일이 아니다. 전 사회적 안건이다.

기기 혹은 온라인 환경에 대한 접근의 어려움 때문에 발생하는 물적 소외는 자원 투자, 즉 자본으로 해결해야 한다. 기업들의 지원은 문제의 해결 시기를 크게 앞당기는 확실한 해결책이 될 것이다.

그런데 기업들의 지원 또한 서울, 경기에 집중되는 경향이 있다. 대기업들이 새로운 프로젝트를 벌일 때 시연을 수도권보다 지방에서 진행한다면 더욱 유의미할 것이다. 서울은 이미 아주 많은 것이 연결되어 있으니 말이다. 농산어촌 아이들에 대한 교육 지원 정책들도 다수 진행되고 있지만 인프라가 여전히 수도권에 집중되어 있어 지방과는 비대칭하다. 따라서 농산어촌 어린이 청소년의 디지털 소외 현상을 예방하기 위한 물적 투자는 정부 차원에서도, 민간 차원에서도 지속되어야 한다.

디지털 분야의 고전적인 정책사업 가운데 하나로 소위 저소득층 디바이스 지급, 노인 및 학교 밖 청소년을 위한 디지털 배움터 운영 등이 있다. 메타버스도 하나의 정책 용어로 쓰이기 시작하면 유사한 일들이 이어지지 않을까 한다. 공공정책 형성을 위한 자문 자리에 가 보면 노년층에 디지털 교육을 진행하는 게 어렵다는 문제가 손꼽힌다. 노년층이 어려움을 호소하지만 그에 대응하기가 쉽지 않다는 게 가장 큰 이유다. 어르신의 필요에 최적화, 단순화된 디바이스와 프로그램이 필요하다. 규범적 관점이지만 현재 크게 미비한 게 사실이다. 이분들에게 인스타그램 등 20대가 많이 쓰는 SNS 사용법을 알려 드리는 건 적절한 대응이 아니다. 필요와 목적에만 집중하여 '하이테크' 하지 않고 '팬시' 하지 않은 수수한 디지털 활용을 고안해야 한다. 그리고 노년층에 맞춘 전이도 높은 디지털 지식을 추려 교육해야 한다.

한편 관계적 소외는 어떤가. 서울시에서 일부 노인들에게 센서를 지급하고 일정 기간 생활반응이 없으면 담당자가 나가 보도록 했다. 센서와 인공지능 스피커를 지급한 이 사업을 보며 아쉬움이 들었다. 해당 규모의 예산이라면 차라리 10인치 구형 태블릿을 설치해 주고 지인이나 가족 두세 명이 바로 연결되어 서로 얼굴을 보고 목소리를 들을 수 있게 하는 시스템을 갖추는 편이 고독사 혹은 자살률을 낮추는 데 더 효과적일 것이다. 소외를 해소하기 위한 여러 정책이 관계적 소외 해소에 초점을 맞추어 효율화될 필요가 있다. 그리고 이런 관계적 소외는 노인들 뿐만 아니라, 맞벌이 가정 및 한부모 가정 또는 다문화 가정이 일반화된 요즘 우리 아이들에게도 나타나 있다. 아이들이 처해 있는 환경의 구체적 특징, 그리고 그로 인해 발생할 수 있는 관계적 소외에 관심을 가질 필요가 있다.

그러니 어쩌면 물적 소외가 곧 관계적 소외다. 기술이나 기기 그 자체가 아니라 적정설계가 인간 사회를 바꾼다. 설계의 적정성은 정책 예산과 결부되면 얼마나 많은 사람이 빵을 뗄 수 있는지의 문제로 그대로 수치화된다.

사실 디지털 소외로서의 관계적 소외에는 한 가지가 더 있다. 디지털 사용 시간이 압도적으로 길어지면서 발생하게 된 신종 소외다. 내내 채팅으로만 대화하던 지인을 오프라인에서 만나면 직접 말로 인사를 건네기조차 어색할 수 있다. 이 어색함은 현실세계의 나와 완전히 단절된 아바타로 오래 하던 게임 속에서 함께 전투하던 파티원을 현실세계에서 만날 때 느낄 어색함에 비할 바는 아닐 것이다. 메타버스 공간에 오래 머물다가 로그아웃을 할 때 느낄 극심한 단절감에 대해 생각해야 한다는 말이다. 만약 가정환경 등을 이유로 혼자 있는 시간이 긴 학생이라면 그 단절감과 소외감은 심각한 문제로 이어질 수도 있다. 이는 메타버스 시대가 되면서 더욱 심화될 소외다.

해결책은 어디에 있을까. 현실세계에 고착된 편견이나 폭력적 관계의 문제를 해소할 가상공간을 찾는 것처럼, 가상공간에서 누적되는 현실과의 단절감 문제는 현실세계에서 해소할 수 있도록 구성하는 게 효과적이다. 가상세계 외부에서 타인과 직접 어울리는 경험이 현실세계 인간에게는 필요하다.

메타버스는 가상세계가 아니라 가상세계와 현실세계의 상위 개념이라는 점을 기억하자. 가상세계와 현실세계의 연결부를 잘 설계하는 것이 메타버스에서의 소외에 대한 합당한 해결책이다. 만약 가상세계를 이용해 현실세계의 상호작용이나 주체성 문제를 잘 해결하고 보완한 뒤라면 그 연결부의 설계는 더욱 값지고 필수적이다.

교사가 가상세계에서 학생들이 평등하고 건강한 인간관계를 학습하도록 실재감을 주었다면 이 학습한 바를 현실세계에 적용하도록 인도하는 것까지가 교육의 책임범위다. 사실 많은 지자체와 공공기관에서 현재 진행하고 있는 다양한 디지털 소외 정책들이 착안했던 니즈와 목적도 이렇게 인도하는 것까지라고 볼 수 있다. 어려운 문제다. 아직 이렇다 할 성공사례도 없다. 그렇다면 지금 유효한 것은 이것이 어려운 문제임을 알고 접근하는 비판적인 자세다.

윤리적 문제상황 대처법

메타버스 활용수업에서 윤리적 문제가 불거질 수 있다. 피하고 싶지만 피하기 어려운 현실적인 문제다.

가상공간이 실제가 아니기 때문에 가시화되고 빈발하는 비도덕적 장면들이 있다. 예를 들어 AI 분야의 한 스타트업은 AI 챗봇을 출시하며 실제 연인들의 대화 100억 건을 딥러닝 방식으로 챗봇에게 학습시켰고 챗봇과의 대화가 진짜 사람과 대화하는 것 같다는 점 때문에 10대에게 높은 인기를 끌었다. 그런데 한 온라인 커뮤니티에 "챗봇을 성노예 만드는 법" 같은 게시물이 올라와 사회적 논란이 이어졌다. 아바타들이 성추행을 일삼는 경우도 있다.

하지만 성희롱 등의 범죄가 성립되지 않는다고 한다. 법적으로 문제 삼지 못한다고 하더라도, 문제가 발생하지 않았다고 말할 수는 없다. 슬픈 생각만으로도 눈물이 나는 것처럼 상상 그 자체는 실체가 없지만 다양한 모습으로 실체화되기 때문이다. 가면처럼 쓰고 있던 아바타를 벗는다고 해서 아바타를 쓰고 활동하던 방식까지 벗겨지지는 않는다. 법적으로는 문제가 없는 상황이지만 교육적 접근이 필요한 문제임은 분명하다.

한편 평가를 아예 온라인으로 진행하거나 디지털 방식을 일부 개입시키다 보면 부정행위 문제도 불거진다. 양상도 다양하고 알아차리기도 쉽지 않다. 폭력적 문제도 있다. 교육 공간에서의 권력 관계가 수평적으로 바뀌다가 그만 학생들의 권력 오용이 발생하는 것이다. 돌발 행동이 이어지고 폭언이 통제되지 않기도 한다. 이런 문제를 대할 때 당장 어떤 태도를 가지는 게 좋을까?

메타버스의 교육적 활용에 대한 지침 등은 아직 보이지 않는다. AI에 있어서는 2017년에 FLI에서 발표한 〈아실로마 AI 23개 원칙 (ASILOMAR AI PRINCIPLES)〉*이 있지만 제대로 지켜지지는 않는다. 규약을 무시할수록 더 많은 시도를 더욱 빠르게 진행할 수 있기 때문이다. 메타버스도 마찬가지다. 아직은 기업도, 학교도 모두가 빨리 도전하고 적용해 보고 싶어 한다. 모두가 급하다. 에듀테크 회사들도, 교육청들도 플랫폼이나 콘텐츠를 만드느라 정신이 없다. 문제상황에는 누구도 먼저 대응하고 싶어 하지 않는다. 대신 가장 먼저 성공사례를 점유하는 데 집중하고 있다. 그렇다면 당장 움직여야 하는 건 메타버스를 실제로 활용하는 개개인이다.

메타버스 활용에 있어서는 리스크를 진보적, 도전적으로 판단하자고 권하는 편이지만 이는 발생하는 문제상황을 외면하라고 하는 것이 전혀 아니다. 문제가 발생되면 이에 대한 대응도 빠르게 확실하게 진행하는 게 좋다. 문제가 발견되어도 아직 장점을 부각해야 할 때이니 넘어가자는 건 최소한 교육적 판단은 아니다. 가상공간에서 친구에게 거친 말 실수를 일삼는 학생이 있을 때 상대방에게 충분히 사과하도록 교육적 개입을 하지 않는다면 이에 미래교육이라는 칭찬이 뒤따르는 게 합당한 일일까? 활발한 활용, 문제 발견, 적극적 대응이 모두 병행되어야 한다. 메타버스를 교육에 새롭게 활용하다 보면 예상하지 못한 문제가 발생할 수 있지만 그 대단한 강점을 이용하기를 주저하지 말자고 하는, 메타버스 리스크에 대한 도전적 인식은 예상치 못했던 문제 상황이 벌어졌을 때 이를 직면하고 적극적으로 대응해야 온전한 것이 된다.

따라서 학교 교육에서 메타버스의 안전한 도입을 위해, 아실로마 AI 원칙과 유사하게 메타버스 세상에서 발생할 수 있는 다양한 문제점을 여러 교육자들이 예측하고, 보다 올바른 방향으로 메타버스가 교육 현장에 안착할 수 있도록 메타버스 교육 거버넌스를 교사들이 직접 만들어 갈 필요가 있다. 이를 위해서는 초기 메타버스를 교육에 도입할 때 발생하는 긍정적 사례보다도 부정적 사례를 더욱 적극 공유하면서 건강한 담론의 장을 만들고 집단 지성을 통해 이를 함께 해결해 나가는 문화를 우선 만드는 게 필요하다. 건강하고 윤택한 메타버스 교육 활용 생태계 구축을 담보하는 단 하나의 길은 교사들이 메타버스 교육 거버넌스를 직접 만들어 나가는 것이라 확신한다.

• FLI는 future of life institute의 줄임말로 MIT, 하버드 대학, IBM 연구원들과 스카이프 공동 창립자 장 탈린, 테슬라 자동차 최고경영자 일론 머스크 등의 기업가가 참여하여 2014년에 창립된 산학단체다. 2017년에는 미국 아실로마에서 국제회의를 개최했고 인공지능의 연구 이슈, 윤리 및 가치, 장기적 이슈를 다룬 〈아실로마 AI 23개 원칙(ASILOMAR AI PRINCIPLES)〉을 발표했다. 내용은 다음 링크에서 확인할 수 있다. https://futureoflife.org/ai-principles (2022.03.01. 접속.)

스쿨 메타버스의 성패를 좌우할 조건들

교사들의 전문적 학습공동체

메타버스 활용 교육이 활발한 학교라면 꼭 갖추기를 권유하는 게 하나 있다. 선생님들이 수업을 마치면 함께 모여 각자가 진행한 수업을 돌아보고 서로 조언하고 실험적인 것을 제안하는 전문가로서의 교사 학습공동체다. AR, VR 등을 체험하고 기기와 기술을 익히는 연수가 중심이 되는 게 아니라, 실패사례를 기꺼이 공유하며 함께 보완해 나가는 발전적 공유와 토의의 장이 학교 안에서 지속적으로 열린다면 메타버스 활용 교육은 어떤 경우에도 결국 성공적일 것이다.

전문적 학습공동체의 운영 방법에 대한 제안으로 우선 소통의 장을 메타버스로 넓혀 보시기를 권한다. 지금까지의 전문적 학습공동체는 학교 안, 또는 지역사회 안의 교사 공동체로 한정되었다는 물리적 한계가 있었다. 선생님들께서는 메타버스를 활용하여 전문적 학습공동체의 외연을 넓힐 수 있을 뿐만 아니라, 소통과 탐험을 확대하는 새로운 도전들을 신속하고 왕성하게 시도해 볼 수 있을 것이다.

그리고 전문적 학습공동체에서 메타버스를 접목한 다양한 과목별, 주제별 수업 사례들을 거침 없이 나누시기를 권한다. 메타버스 활용의 초기 단계에서는 수업 도입을 위한 새로운 아이디어들을 얻을 수 있고, 메타버스 활용 교육이 고도화되면서는 수업 설계 및 평가에 대한 심도 깊은 논의들을 이어갈 수 있을 것이다. 그리고 수업에서 발생된 다양한 문제 상황들에 대한 사례 연구 및 대처 방안들에 대한 노하우도 나눌 수 있을 것이다. 성공사례를 나누는 학습공동체에 비해 실패사례를 진솔하게 공유하고 토의하는 공동체는 그 발전가능성이 대단히 클 것이다.

나아가 디지털이나 기기에 얽매이지 않고 온오프라인을 연계하는 데 초점을 맞추는 메타버스 상상력이 전문적 학습공동체라는 집단 지성에 의해 더욱 발전될 수 있다. 다시 한번 이야기하지만 게이미피케이션도 메타버스도 때로는 디바이스가 없을 때 오히려 비약한다. 그러니 하이테크는 필수가 아니다. 수업에 교구가 필수라면 교구의 가격이 높을수록 교실 적용이 어렵지 않은가. 그러니 기기를 붙잡고 조작하는 것보다는 상상력에 의존하는 게 희망적이고 교육적일 것이다. 게다가 아직 네트워크, 디바이스에 소외되어 있는 사람들이 적지 않다.

메타버스로 새롭게 구현하는 공간, 그리고 메타버스를 상상하는 공간은 소설 〈해리포터〉 시리즈에 나오는 9와 4분의 3 승강장 같으면 어떨까. 첨단 기기가 풍족하게 갖춰진 물리적 공간도 좋지만 전에 없던 새로운 일이 일어나는 비일상적인 새로운 세계를 만들어 나가시길 응원한다.

메타버스 시대, 학부모에게 권하는 관점은

학부모 입장에서는 메타버스라는 흐름이 반갑기만 하진 않을 것이다. 아이들이 컴퓨터나 스마트폰을 바라보며 방향키 컨트롤러를 작동하는 것만 보아도 실망과 불안이 솟구칠 수 있다. 메타버스, 어떻게 받아들이면 좋을까?

부모가 아이들의 학업성취뿐만 아니라 교우관계에 대해서도 알아야 한다는 건 원칙에 가깝게 받아들여지고 있다. 아이들이 어떤 세상에서 살고 있는지를 파악하고 있어야 하기 때문이다. 메타버스도 마찬가지다. 아이들은 현실세계에 살지만 가상세계에서도 살아간다. 아이들은 메타버스에 산다. '우리 아이는 제페토 한다.'라고만 파악하면 안 된다. 아이가 어떤 메타버스 플랫폼을 사용하고 어떤 행동을 하고, 왜 사용하는지 이 세 가지를 알아야 한다. 무작정 막는 부모의 행동은 아이들에게 부정적인 영향을 미칠 것이다.

부작용이 채 다듬어지지 않았고 악용되는 사례들이 보도되곤 하지만 그것을 이유로 아이가 이 대세적 흐름에 참여하는 것을 무조건 막는다면 대단한 기회의 상실이 이어질 것이다. 금지가 능사가 아니다. 그 세계에 참여하지 못하는 상실감이 문제가 아니다. 아이들이 자신의 자의식과 사회성을 만들어 나가기 위한 중심 세계관의 발현을 방해하는 게 문제다. 심각한 상실이다.

부작용을 우려하며 통제하고 싶어 하는 부모와, 그럼에도 불구하고 자신을 표현하는 공간에 들어가고자 하는 학생들의 바람은 평행선이다. 이 역시도 리스크에 대한 의식의 차이다. 메타버스 플랫폼의 부작용 사레에서 짐작되는 리스크를 부모는 아이가 통제할 수 없을 것이라 보는 것이고 아이는 자신이 통제할 수 있는 대상으로 여기는 것이다.

메타버스 공간에서 원조교제를 시도하며 청소년들에게 접근을 일삼는 성인이 있어서 경찰에 붙잡혔다고 할 때 사실 학부모와 학생 본인이 중요하게 여겨야 할 문제는 그를 어떻게 처벌할 것인지보다 우리의 지금 대응 방식으로는 앞으로도 피해를 막지 못할 수 있다는 점이다. 부모는 게임기를 빼앗아 버리는 것처럼 단칼에 싹을 잘라내고 싶을 것이다. 하지만 교육과 학습은 지연된 통제나 합의된 통제하에서 일어난다. 통제가 지연되는 과정에서 리스크가 여전히 존재하더라도 '지난번에는 제대로 대응하지 못했어.'라는 걸 아이가 의식하고 있다면, 부모가 아이의 생각을 지속적으로 물으며 관리해 보기를 권한다. 시간은 걸린다. 외줄타기 하는 초조함이 들 것이다. 하지만 그 효과는 장기적일 것이며 전이 효과 또한 강력하게 일어날 것이다.

메타버스 활용 교육을 시도하는 학교를 위한 제언

메타버스 활용 교육을 준비하다 보면 걱정이 많을 것이다. 특히 학교에서 관리자나 관리자에 가까운 위치에 있다면 우려와 반감도 때때로 들것이다. 뉴미디어 도입에 대한 기성세대의 저항감은 역사가 깊은 자연스러운 감정이다.

그런데 특히 메타버스나 게이미피케이션에 대한 거부감은 유독 몸집이 커 보인다. 둘 중에서는 메타버스에 대한 거부감이 확연히 큰 듯하다.

게이미피케이션은 새로운 방법이었는데 메타버스는 새로운 세상이니 더 당황스러울 것이다. 새로운 관계가 발생하고 이 관계의 비중이 커지는 것이 싫다면 어쩌면 이는 기득권이라는 증거다. 새로운 세상이 생기면 기존 권력의 영역과 구조의 장악력이 흔들리는데 이것이 유쾌하지 않다는 것은 무엇을 의미할까.

두려움은 인간을 변화시키는 동력이 되기도 한다. 그리고 두려움의 이면에는 전혀 다른 감정이 함께 있다. 기대감이다.

입학식, 신입생 오리엔테이션 메타버스 도입 사례를 초기에 남긴 순천향대학을 움직인 것은 아마도 처음에는 두려움이었던 것 같다. 한국사회에서 통용되는 '지방 대학'이라는 프레임 때문에 발생한 오래된 두려움 말이다. 그런데 메타버스를 도입하는 과정에서 학교의 미래에 대한 기대감이 높아졌고 그 기대감이 연극과 수업에도 메타버스를 도입하게 만들었을 것이다. 학교가 하나의 판타지 세계처럼 되기를 기대한다면서 교내에서 통용되는 암호화폐를 만들고 싶다는 다른 대학의 이야기도 들었다. 나는 지금의 초중고 교실을 메타버스로 변화시키려는 힘, 그리고 그것을 반대하는 힘 모두 두려움과 기대감이라고 본다.

만약 학교에서 변화를 두려워하는 분들과 변화를 시도하고자 하는 분들이 대립하고 있다면 어떻게 해야 할까? 타협이 필요하다. 그 타협을 가능하게 할 실마리는 어디에 있을까?

문제해결을 위한 창의적 접근 경향을 적응형, 혁신형 두 가지로 구분하고 개인의 인지적 성향을 파악하는 커튼(Kirton)의 적응—혁신 이론이 있다. 영문 앞글자를 따 카이(KAI) 이론이라고 불리는 이 이론에는 적응과 혁신의 축에서 개인이 어느 정도 성향을 가지고 있는지를 수치화한 카이 지수가 있다. 대규모 조사를 진행하니 결국 가장 많은 수의 사람이 속한 건 완전한 적응형도, 혁신형도 아닌 중간 집단이었다. 대부분의 사람들은 양가감정을 비등하게 가지고 있으며 리스크에 대한 인식 차이로 갈등한다.

실제로 수많은 기업을 관찰해 보면 훌륭한 재원이 많은 집단에서도 변혁은 말만 무성하다 시행되지 못하고 사라져 버리는 경우가 많다. 결국 중재자가 잘 서야 한다. 중재의 기술이나 방법보다도, 과연 누가 중재할 것인지가 관건이라고 본다. 학교에서 관리자와 교사라는 두 집단의 의견이 나뉜다면 중재자는 외부에서 찾는 게 바람직할 것이다. 변혁을 원한다면 외부와의 교류를 늘리시길 권한다.

글로벌 컨설팅 기업들의 주된 고객은 누구일까. 대기업이다. 그런데 좀 의아한 일이다. 대기업만큼 다양한 인재들을 내부에 충분히 보유하고 있는 곳이 없지 않은가. 그럼에도 불구하고 이들 대기업들에서 굳이 외부 컨설팅 기업의 도움을 받는 건 왜일까.

문제해결이 필요한 다양한 상황에서 컨설팅 기업이 중재자의 역할을 맡아 주기 때문이다. 한쪽의 주장에 힘을 실어 주거나, 양쪽이 모두 보지 못하고 있는 또 다른 면을 제시하거나, 양쪽이 양보하고 융합할 지점을 찾아 주거나 하는 역할을 중재자로서 컨설팅 기업이 해 준다. 사람들은 똑같은 얘기를 듣더라도 그 말을 누가 하느냐에 따라 다르게 받아들인다. 교육 현장에도 이런 기능을 하는 외부의 목소리가 주효하지 않을까 생각한다.

앞서 언급했던 로저스의 이론은 그 이름이 '개혁의 확산이론'이었다. 결국 개혁이 야기하는 변화의 과정은 확산(diffusion)이다. 학교의 변화

확산과 안착을 위해 좋은 중재자를 찾고, 내부적인 문제를 발견하여 해결해 나가는 일련의 과정들을 회피하거나 적대하지 말고 긍정적, 적극적으로 수행해 보시기를 권한다.

바람직한 그린 스마트 스쿨
: 메타버스 시대 학교 공간

메타버스로 인해 학교에 야기되는 공간 확장이라는 변화는 꽤 크다. 물리적 교실은 좁고 그 자체로 제약이 된다. 20평대 교실에서 20~30명이 활동을 좀 해 보려고 하면 옆 교실에서 시끄럽다는 항의가 들어온다. 활동 후에 흐트러진 교실을 제대로 복구하지 않으면 지적이 따른다. 물리적 교실에서는 교사의 통제가 높은 수준으로 기대된다. 그런데 메타버스는 이 기대를 초월하는 공간이다. 위드 코로나가 시작되고 학과마다 비대면 수업의 비율을 한정하기 시작하면 물리적 교실의 제약 속으로 다시 들어가는 셈이라는 것을 잊지 말아야 한다.

대학에서 250명 규모의 강의를 진행해 보니 소위 도떼기시장처럼 정신이 없었다. 일방적인 강의 외에 다른 활동은 하기가 어려웠다. 50명씩 토론하도록 하려면 돗자리를 깔고 앉아 이야기 나누도록 해야 했다. 학교 광장을 이용하려 하니 교내에서 시위가 벌어진 줄로 오해한 행정팀이 놀라 뛰어나오는 해프닝이 벌어졌다. 이런 대규모의 활동이 오프라인에서는 사람들에게 정말 낯설고 때로는 두려움의 대상이기도 한 것이다. 그런데 이 정도 규모의 활동은 온라인에서는 너무나 간단하게 일상적으로 가능한 활동이다. 이는 메타버스가 가져온 변화라기보다는 이미 온라인 교육이 가져온 전환이다. 온라인에서의 공간 확장이라는 이 변화가 생각보다 아주 대단한 변화라는 것을 한번 제대로 실감하고 넘어가면 좋겠다.

정부는 한국판 뉴딜 10대 대표 과제 중 하나로 "그린 스마트 스쿨"을 추진하고 있다. 이 사업은 전국의 노후된 학교들을 디지털과 친환경 기반 첨단학교로 전환시키고 온오프라인 융합 교육 환경을 구축하는 사업이다.

그린 스마트 스쿨의 기본 방향은 미래형 교수학습이 가능한 첨단 디지털 기반 스마트 교실, 저탄소 제로 에너지를 지향하는 그린 학교, 학생 중심의 사용자 참여 설계를 통한 공간혁신, 지역사회를 연결하는 생활 SOC 학교시설복합화*다.

그린 스마트 스쿨 사업이 단순히 시설 정비 사업으로 그치지 않기 위해서는 학교 공간에서 어떠한 상호작용을 목적으로 두고 학습자 중심 환경을 구축할 것인지에 대한 고민이 필요하다. 실감형 교육이 꼭 디지털 안에만 있는 것은 아니다. 그린 스마트 스쿨의 기본 목적을 달성하기 위해서는 메타버스 교육 환경을 물리적 교실 안에서부터 구축할 필요가 있다. 어떤 점들을 유념하면 좋을까? 어떻게 하면 친환경적이고 스마트한 학교 공간을 만들 수 있을까?

내가 몸담고 있는 대학에도 강의실 한 칸에 대한 보수 작업이 진행 중

● 교육부. (2020.08.18.). "교육부, 시도교육청 '그린 스마트스쿨' 본격 추진". 교육부 보도자료.

이다. 여타의 모든 강의실은 극장식이다. 학생들은 테이블과 일체형인 의자에 앉아 정자세로 앞을 바라보아야 한다. 우리는 새 강의실을 카페 형으로 보수하기로 했다.

시중의 유명 브랜드 카페들을 본뜨되 조금 저렴한 기기들을 구입하기로 했다. 대신 투명한 화이트 보드와 방음시설을 최대한으로 넣기로 했다. 옆 강의실에서 항의가 들어올 수 있다는 그 가능성이 학생들을 위축시키던 그런 일로부터 자유롭게 해 주고 싶어서였다. 그리고 프로젝터는 렌즈가 앞뒤 좌우로 자유롭게 방향을 전환할 수 있는 고해상도 제품을 선택했다. 학생들이 어떤 위치에 있든 어떤 자세로 앉아 있든 영상을 볼 수 있는데 이는 고정된 프로젝터를 이용할 때 학생들의 자세와 위치를 크게 한정시키는 그 제약을 해소하고자 한 것이었다.

이런 공간은 실은 이미 수년 전부터 마이크로소프트, 구글 등 글로벌 회사들에 갖춰져 있다. 복도와 공간을 나누는 벽을 포함한 모든 벽은 불투명한 화이트보드로 되어 있고 방음은 완벽한 공간 말이다. 업무의 효과성, 대화의 생산성, 구성원의 자유도와 창의성을 최대화시키기 위해 고안된 이런 공간 구성을 이제 학교 안으로 들여온다는 건 어떤 의미일까? 최소한 앞서 이야기한 권력 내려놓기의 연장선에 있는 일이다.

새 강의실 공간을 구성할 때, 선택하지 않은 것도 있다. 판서 녹화 기능이 탑재된 전자칠판이었다. 전자칠판은 아주 고가의 기기인데 사용하지 못하는 교수들이 적지 않다. 만약 교수들에게 정말 필요했거나 유용했다면 이렇지 않을 것이다.

스마트한 시설이란 무엇을 의미할까? 인간을 스마트하게 만드는 데 기여하는 모든 것이 스마트한 시설이다. 그렇다면 고기능의 최신 디바이스가 곧 스마트 시설이라고는 말할 수 없다. 최신 스마트폰에 열광하듯 고기능 최신 기기를 구매하는 것, 그리고 공간 공사를 벌이는 것 그 자체가 좋아서 비용을 지출하는 일은 삼가야 한다. 다른 데 써야 한다. 학생들을 위해서 말이다.

아직도 공간 사업이란 기기를 낮은 단가로 다량 보급하고 그것을 위한 각종 공사를 진행하는 과정으로 여겨진다. 디스플레이 등 디바이스 기업, 인테리어 공사 기업과 이해관계가 얽힌다. 기업들에게는 제품 판매뿐만 아니라 자사의 전문적 포트폴리오에 관심을 가져 주시기를 권한다.

새 강의실에 설치하고 싶었지만 선택하지 못한 것도 있다. 바로 투명 디스플레이 LCD, OLED 양면 모니터다. 투명한 아크릴판 같은 파티션을 사이에 두고 대화를 하다가 스마트폰으로 영상이나 자료를 선택하면 이 투명 디스플레이에서 재생되는 것이다. 모둠 토의를 하는 중에 아이슬란드 오로라 영상이나 지도, 노선도 등을 투명 디스플레이에 갑자기 띄우는 장면을 한번 상상해 보자. 그런데 낮에도 영상의 실재감이 제대로 구현되는 장비는 아직이다. 기술은 구현되어 있지만 아직은 천문학적 비용이 필요하다.

결국 공간 구성 사업은 어떤 상호작용을 구현할 것인가에 대한 답을 찾아가는 과제여야 한다. 학생들이 가지고 있는 소통의 욕망에 부합하고 그 욕망을 충족시키는 공간, 나아가 불쑥 일어나는 탐험의 욕망이 중지되지 않도록 자잘한 불편 요소들을 제거해 주는 공간이어야 한다. 팬데믹으로 보편화된 학생과 학교의 스마트 역량을 더욱 비약시키는 그린 스마트 스쿨을 기대한다.

메타버스 클래스룸
교실설계 가이드

: 게이미피케이션

_ 김상균

메타버스 클래스룸에 왜 게이미피케이션인가?

: 필요와 효과

메타버스라는 말이 널리 쓰이기 시작하자 신기하다는 이유로 세간의 관심이 쏠리던 때가 있었다. 제페토, 이프랜드, 게더타운 같은 메타버스 대표 플랫폼으로 무언가를 한다는 것만으로도 이용자들의 호기심과 만족도가 증폭되던 때가 있었는데 이 첫 번째 최고 전성기는 지나갔다. 이제 메타버스 플랫폼을 사용한다는 것 자체에 기대어 이용자의 관심과 참여, 몰입을 기대할 수는 없게 되었다. 그러면 지금은 어떤 단계인가? 지금 우리는 어떤 필요에 당면해 있는가?

많은 사람들이 가상세계로 자신의 영역을 확장했다. 플랫폼에 아직 계정을 만들지 않은 사람들도 자신이 살아가고 있는 세계가 이전과 달리 가상세계와 한결 긴밀해졌다는 사실을 인지하고 있다. 마치 스마트폰을 지금도 사용하지 않고 있는 사람들이, 자신의 행동은 바뀐 게 없고 아무것도 하지 않았는데도 불구하고 세상이 변화한 탓에 자신의 행위를 이전과는 조금 다른 의미로 인식하게 되는 것처럼 말이다.

모두가 가상세계로 자신의 영역을 확장해 나가는 시대이지만 여전히 확장하지 않는 혹은 확장하지 못하는 사람들이 있다. 물론 그들에게는 나름의 이유가 분명하다. 가상세계를 구축하는 사람들은 그들이 가지고 있는 그 이유를 해소해 주어야 한다. 개발자들에 한정된 이야기가 아니다. 학습공간을 메타버스에 구축하는 교사들 역시 학생들에게 매력적이고 교육적인 가상세계를 구축해 제공하는 공간 설계자다. 학생들에게 어떤 가상세계를 보여 줄 것인가? 학생들이 현재 가지고 있는 디지털 학습 공간 경험은 어떤가?

코로나19 팬데믹 이후 교육과 학습의 공간에 대해 이야기할 때 줌 (Zoom)을 빼고 이야기하는 건 치명적인 누락이다.

팬데믹 초기에 교육 문제로 전 세계가 걱정에 빠졌던 때가 있었다. 학습 콘텐츠를 온라인에 올려 두고 이 콘텐츠를 학습자가 이용하도록 하는 방식으로 진행되는 콘텐츠형 일방향 온라인 수업이 학생에게 정말 학습이 일어났는지를 전혀 보증하지 못한다는 점, 학습과정 중 교사의 피드백이 일어나지 않는다는 점, 학생이 학습에서 이탈하기가 너무 쉽다는 점 등이 이유였다. 이 걱정을 해소해 준 것이 바로 실시간 쌍방향 원격수업을 가능하게 해 준 줌이었다.

줌 수업이 본격화되고 시간이 흐르자 교육자들이 가지고 있던 전통적인 고민들 가운데 한 가지가 크게 부각되기 시작했다. 바로 "학습자를 어떻게 붙잡아 놓을 수 있는가?" 하는 문제였다.

학습자들이 줌에서 출석체크를 하고 나서 자리를 몰래 이탈하거나 화면이 꺼진대도 교사가 제대로 개입하기 어렵다. 수업 중에 학생이 고개를 숙이고 시선을 계속 다른 데 두고 있더라도 교사가 이를 제대로 알아

채지 못하는 일 역시 다반사다. 실제로 대학생인 나의 조카는 화면에 정수리만 보이면 지적을 받지 않더라며 모자를 바닥에 놓고 카메라 각도를 그럴듯하게 잡아 둔 뒤 학습공간을 이탈했다! 수업이 실시간 쌍방향으로 진행된다는 건 이런 일탈 행위도 교사의 눈앞에서 실시간 쌍방향으로 일어난다는 걸 의미하는 일이었다. 줌은 학생들이 교사의 눈을 피해 '자체휴강'하기에 아주 간편할 뿐 아니라 그 나름의 재미마저 느끼게 해 주는 환경이다.

학생들의 이탈을 막는 일은 교실 공간에서는 간단했다. 교실 문을 닫으면 그만이었다. 줌 이전의 온라인 학습 사이트에서는 교사의 눈에 학생들의 이용기록 로그만 보이기 때문에 실시간으로 속이 타지는 않았다. 그런데 줌을 사용하게 되자 교사의 염려와 조바심이 한곳에 쏠리게 되었다. '눈앞에 있지만 먼 곳에 있는 학생들을 어떻게 수업에 집중하도록 할 수 있을까?'

줌 수업을 진행해 본 사람들이라면 이 문제에 진지할 수밖에 없다. 그렇다고 학생들을 계속 의심하고 인증시키고 강압하는 방식은 교육자로서 마음에 들지 않는다. 차고 거센 바람이 아니라 따뜻한 햇볕으로 나그네의 외투를 벗기고 싶다. 바람과 태양 중에서도 원격은 태양이지 않은가. '어떻게 하면 학생들을 수업에 자발적으로 집중하게 할 수 있을까?'

그래서 게이미피케이션을 다시 들여다보게 된 교육자들이 많다. 이들은 자신의 줌 수업에 소소한 게이미피케이션 원리들을 약간 시도해 보면서 학습자 반응이 달라지는 것을 두 눈으로 확인한 뒤 입을 모아 말했다. "디지털은 진짜로 재미가 전부다!"

이는 메타버스 붐이 막 시작되었던 초반에 사람들이 메타버스 수업에 높은 관심을 보였던 이유이기도 하다. 수업 본연의 즐거움이 아니라 메타버스 플랫폼 자체에 대한 흥미 때문에 학생들은 메타버스 수업을 아주 재미있게 여기고 자발적으로 집중했다.

그런데 처음에 이야기했던 것처럼 이제 메타버스 플랫폼을 수업에 활용한다는 것만으로 제공할 수 있는 재미는 점점 줄어들고 있다. 이전만큼은 아니지만 그래도 여전히, 실시간 화상 카메라 앞을 벗어나 가상공간을 뛰어다닐 수 있게 해 주는 메타버스 수업에서 학생들은 줌 수업보다는 큰 재미를 느낀다. 그와 동시에 교사들은 카메라가 있는 줌보다 메타버스에서 학습자의 이탈방지 방안에 대한 필요를 더 크게 느낀다.

즉 학습자의 자율적 몰입을 기대해야 하는 교사들에게 줌에서와 동일한 질문이 더욱 강력하게 다시 떠올랐다. '어떻게 하면 이 학생들을 수업에 자발적으로 집중하게 할 수 있을까?' 해답도 다시 마찬가지다. "디지털은 진짜로 재미가 전부다!"

어떻게 하면 가상공간의 재미를 수업공간에 제대로 구현함으로써 학습자가 스스로 몰입하도록 할 수 있을까? 교육자가 교실 게이미피케이션을 알아야 하는 이유다.

메타버스 수업이란 곧 없던 공간의 창조다. 공간이 다르면 다른 목적과 규칙이 있다는 걸 모두가 직감적으로 안다. 새 공간에 어떤 차이가 구현되어 있을지에 대한 학습자의 궁금증과 기대감이 있다.

예를 들어 학습자는 학습목표를 달성하기 위한 일종의 시나리오를 전통적 교실에서는 귀로 들었다면 메타버스 교실에서는 다양한 감각으로 체험하기를 기대한다. 따라서 교사는 학습목표에 이르는 일련의 다감각적 상호작용을 제공해야 한다. 이것이 없다면 메타버스가 주는 새로운 공간은 오프라인 공간보다 어쩌면 쓰임새가 없다.

공간의 쓰임새는 공간이 전달하는 이야기와 그 공간의 규칙이 결정한다. 퀘스트, 피드백, 리워드를 디자인하여 이야기와 규칙을 지닌 특별한 공간의 역동을 개발하는 것. 이것이 메타버스 게이미피케이션의 의미이기도 하고 학습자를 수업에 몰입시키는 방법이라는 과제에 대한 해답이기도 하다. 오프라인 공간을 그대로 가상공간에 옮겨 재현하는 데 그치지 말고 다양한 이벤트를 넣어 이야기에 역동성을 주어야 한다. 그래야 경험의 확장이 일어난다.

전통적 교실에서 이루어지던 수업 혹은 학급운영 일부를 게임화하여 진행하는 교실 게이미피케이션은 결국 학생이 교육목표라는 어떤 바람직한 상태에 이르기 위해 필수적으로 탑승해야 하는 몰입의 통로를 확장시킨다. 즉 전통적인 교육방법에 비해 학생들에게 더 많은 몰입의 기회를 제공하는 교실 게이미피케이션은 교육과정을 보강하는 효과가 있다. 학습자에게 더 나은 새 경험을 제공하는 것. 이것이 메타버스 게이미피케이션의 지향이다.

교실 게이미피케이션의 기본 원리

게이미피케이션의 네 가지 구성요소

게임 설계를 위한 네 가지 구성요소는 이야기, 다이나믹스, 메커닉스, 기술이다. '이야기'는 게임에서 제공하는 인물과 사건의 이력 혹은 그 전개를 의미하고 '다이나믹스'는 이야기의 요소이자 이야기가 분화된 결과물로서 동료의식 등의 재미 감정, 재미 경험을 형성해 주는 역동 그 자체를 의미한다. 참여자에게 도전하는 재미를 일으키는 것이 다이나믹스의 예다. 그리고 이런 다이나믹스를 구현하는 데 들어가는 구체적인 게임 요소들이 '메커닉스'다. 예를 들어 시간제한하에 경쟁, 협동, 자원획득, 보상, 거래, 상벌을 수행하도록 하는 요소들이 모두 메커닉스이며 구체적으로는 게임의 배지, 포인트, 레벨 등이 있다. 마지막으로 '기술'은 학생들이 메커닉스에 참여 가능하도록 만드는 하드웨어나 소프트웨어 등을 의미한다. 네 가지 요소를 조금 상세히 이야기해 보자면 다음과 같다.

이야기

게임 구성요소 가운데 이야기는 게임에서 진행되는 사건의 큰 흐름을 가리키는 말로, 게임 혹은 게이미피케이션의 결과물이 무리 없이 전개되도록 이끌어 나간다는 목적을 띠는 구성요소다. 따라서 교육 혹은 학습을 위한 게임이라면 그 게임의 이야기는 필연적으로 학습목표 혹은 학습목적과 밀접하게 연결되어 있다. 다른 구성요소인 다이나믹스, 메커닉스, 기술은 바로 이 이야기를 효과적으로 표현하고 전달하는 데 기여하는 장치들이다.

다이나믹스

다이나믹스는 참여자가 게임을 하면서 얻는 감정을 가리킨다. 교육 게이미피케이션의 다이나믹스는 코르호넨(Korhonen) 등이 제시한 플렉스 (PLEX) 모델*의 재미경험 20가지를 기준으로 보면 된다. 20가지는 매혹, 도전, 경쟁, 완성, 통제, 발견, 에로티시즘, 탐험, 자기표현, 판타지, 동료의식, 양육, 휴식, 가학, 감각, 시뮬레이션, 전복, 고난, 공감, 전율이다. 예를 들어 도전감을 제공하고자 하는 게임에서는 시간제한 퀴즈를 제시하거나 경쟁구도를 만들고, 자기표현의 긍정적 감정을 제공하기 위해서는 게임 아이템이나 배지 등을 가지고 자기 자신 혹은 세상을 꾸밀

● Korhonen. H., Montola. M., Arrasvuori. J., (2009). "Understanding playful user experiences through digital games". INTERNATIONAL CONFERENCE ON DESIGNING PLEASURABLE PRODUCTS AND INTERFACES, DPPI09, 13-16.

수 있는 기능을 제시한다.

　다이나믹스를 제공하는 목적은 이야기에 재미를 더하고 학습자의 게임에 대한 자발적 참여를 유도하기 위한 것이다. 20가지 재미경험 가운데 과연 어떤 재미를 교육 게이미피케이션으로 경험하도록 할지는 교육자가 선택할 문제다. 다양한 감정과 욕망이 존재하는 건 어찌할 수 있는 대상이 아니지만 그 가운데 어떤 욕망을 충족시켜 줄 것인지 선택하는 일에는 정당성과 목적성이 필요하다.

메커닉스

메커닉스는 다이나믹스를 구현하기 위한 구체적 게임 장치를 가리키는 말로 게임 참여자에게 제시되는 각종 요소들이 모두 메커닉스에 해당한다. 메커닉스의 대표적인 예를 몇 가지로 분류하여 살펴보면 (1) 보상을 위한 포인트, 레벨, 진척도 표시, 배지, 권한, 아이템, (2) 경쟁과 과시를 위한 리더보드, (3) 신분을 나타내는 아바타, 관계를 표시하는 추천, 좋아요 버튼 및 SNS 연동, (4) 도전을 위한 퀘스트 언락킹, 시간제약, 도움 제공, 협력수행, 복권(룰렛) 등이 있다.

기술

게임 참여자가 메커닉스 장치들에 참여할 수 있도록 상호작용이 가능한 형태를 제공해 주는 것이 기술의 역할이자 목적이다. 여기서 기술이란 하드웨어, 소프트웨어를 포괄하는 개념인데 컴퓨터나 스마트폰 등 IT 기기에 한정하지 않고 오프라인 게임 도구인 칠판, 종이, 가위, 뿅망치 등 각종 도구 모두를 아우른다.

교육내용 ────────────→ 학습자	
교육 게이미피케이션	
구성요소	기능
이야기	전체적 흐름을 제시함.
다이나믹스	자발적 참여를 유도함.
메커닉스	피드백과 보상의 과정을 제공함.
기술	상호작용을 가능하게 함.

교육 게이미피케이션 구성요소별 기능[■]

게임의 구성요소로서 이야기는 교육 게이미피케이션의 전체 콘셉트를 설정하여 참여자에게 목표를 설정해 주고, 다이나믹스는 재미 경험을 제공하여 참여자의 자발적 참여를 확보한다. 메커닉스가 참여자에게 구체적인 각종 장치를 제공하면서 그것을 운용하는 각종 게임 규칙을 제공하고, 기술은 참여자를 게임과 상호작용하게 하면서 피드백한다. 네 가지 구성요소에 각각 대응되는 일종의 결과물에 해당하는 목표, 자발적 참여, 규칙, 피드백을 맥고니걸(McGonigal)은 게임의 네 가지 특성[●]으로 제시했다.

항상 이 네 가지 요소가 모두 동원되는 건 아니다. 그럴 필요는 없다. 실제로 대형 프로젝트가 아니라면 모든 요소가 다 동원되는 경우가 드물

● McGonigal, J. (2011). "Reality Is Broken: Why Games Make Us Better and How They Can Change the World", Penguin Books.
■ 김상균. (2017). 《교육, 게임처럼 즐겨라》, 개정판. 홍릉과학출판사. 를 재구성.

다. 모든 요소를 동원해야 성공적인 게이미피케이션이 되는 것도 아니다. 오히려 학습자들의 성향과 상황적 맥락, 교육목적을 고려하여 최소한의 요소를 적소에 사용하는 게 성공적인 게이미피케이션의 기술이다. 단순한 한 가지 메커닉스만으로 게이미피케이션이 완성되기도 한다. 예를 들어 일정에 늦지 않고 과제를 제출한 학생에게 예쁜 스티커를 제공했더니 실제로 학생들이 그것을 받고 뽐내고 싶은 마음이 들어서 결과적으로 과제를 제출하는 데 늦는 일이 줄었다면 이는 성공적인 게이미피케이션 사례로 부족함이 없다. 이때 스티커를 제공하는 것은 게이미피케이션 메커닉스 가운데 배지에 해당된다.

4F : 교실 게이미피케이션 4단계 프로세스

교육목적으로 게이미피케이션을 진행할 때 그 과정을 4단계로 진행할 수 있다. 이는 각 단계의 영문 명칭 첫 글자를 따서 '4F 프로세스'라고도 부른다. 각 단계가 다시 두 단계씩으로 나뉘기 때문에 세부적으로는 총 8단계로 진행하면 된다. 이 8단계는 게임화의 전 과정을 선형적으로 안내하고 있지만 모든 단계를 순서대로 밟아 나가야만 하나의 게임화가 완성된다는 절대적 필수적 단계는 아니라는 점을 유념해 주시기 바란다. 실제 교실 게이미피케이션을 진행할 때는 상황에 맞게 필요한 일부 단계만 선택한 뒤 경험 및 필요에 따라 각 단계를 재귀적, 순환적, 반복적으로 진행해도 된다.

Figure Out. 현황 분석

[1단계] 기존 교육 프로그램 분석

기존의 교육내용, 주제, 교육방법 등에 대해 학생과 교사가 어떤 감정을 가지고 있는지 분석한다. 이는 게이미피케이션의 목표를 명확하게 세우기 위한 기초정보가 된다.

[2단계] 플레이어 특성 분석

학생의 특성을 분석한다. 리처드 바틀의 게임 플레이어 유형 테스트를 통해 성취형, 탐험형, 소통형, 킬러형 기질을 학생들이 어느 정도 가지고 있는지 확인하고 참고해도 좋다. 게임을 경험한 정도와 수준 및 선호에 대해 조사하는 것도 유용하

리처드 바틀의 게임
플레이어 유형 테스트"

며 성별, 연령 등 인구통계학적 정보를 분석하면 게임의 세부사항을 결정할 때 기초로 활용할 수 있다. 종이 카드를 제작할 때 남학생이 많이 이용할 것이라 예상된다면 필수적으로 튼튼한 재질을 선택하게 되는데 이것이 인구통계학적 정보의 유용성에 관한 일례다.

Focus. 목표 설정

[3단계] 게이미피케이션 범위 설정

■ Matthew Barr. "The Bartle Test of Gamer Psychology". http://matthewbarr.co.uk/bartle. 2022.03.01. 접속.

하나의 수업 전체를 게임화할 필요는 없다. 교사는 학생들이 흥미를 쉽게 잃어 버리는 부분, 학생들이 오래 기억하기를 바라는 부분, 지식을 암기하기보다는 상호작용을 통해 익히기를 원하는 부분 등을 정리한 뒤 학습목표, 평가방법, 지식의 유형, 이용 가능한 시간과 도구 등을 고려하여 게임화할 수업의 일부분과 그 콘텐츠 범주를 선택한다.

[4단계] 목표 재미, 목표 동기 설정

앞서 다이나믹스에 대해 이야기하면서 언급한 플렉스 모델의 재미경험 20가지를 참고하여 학습자에게 제공하고자 하는 필수 재미, 보조재미, 제공하지 않고자 하는 부적절한 재미를 선택한다. 그리고 학습자들이 어떤 동기로 움직이게 할 것인지를 매슬로우(Maslow)의 욕구위계 이론이나 켈러(Keller)의 ARCS 모형 등에 제시되어 있는 동기 요소 가운데 선택한다.

▶ 매슬로우의 5단계 욕구위계 이론
매슬로우가 구분한 인간의 5단계 욕구(동기)위계는 가장 낮은 단계부터 생리적 욕구, 안정의 욕구, 사랑과 소속의 욕구, 존중의 욕구, 자기실현의 욕구 순이다. 이 이론은 두 가지를 전제하는데 첫 번째는 욕구가 충족되면 행위를 더 이상 지속하지 않는다는 것이고 두 번째는 욕구에 위계가 있어서 순서대로 일어난다는 것이다.

▶ 켈러의 ARCS 모형
교육 프로그램을 설계할 때 학습자의 동기를 높이기 위해서는 네 가지 요소를 고려하여 설계해야 한다는 원리에 기반한 모형으로 네 가지 요소의 첫 글자를 따서 ARCS 모형이라 불린다. 네 가지는 주의집중(Attention) 요소, 관련성(Relevance) 요소, 자신감(Confidence) 요소, 만족감(Satisfaction) 요소다.

Fun Design. 게임화 설계

[5단계] 이야기 구성

2단계에서 조사한 학습자 특성을 고려하여 이야기 구조를 만든다. 이야기의 기본 뼈대를 만드는 과정은 몬테즈(Montez)*가 제시한 모험 이야기의 12단계 구조를 참고하자.

▼ 몬테즈가 제시한 영웅 모험담의 12단계 구조

1. 평범한 주인공 → 2. 일상을 흔드는 엄청난 도전을 마주함. → 3. 도전을 거부함. → 4. 멘토로부터 조언을 받음. → 5. 일상을 떠나 모험에 임함. → 6. 작은 시련으로 스스로를 연마하고 동료를 얻음. → 7. 큰 좌절을 겪고 새 도전에 나섬. → 8. 생사의 위기를 경험함. → 9. 숨겨져 있던 능력이나 타인의 도움으로 위기를 이겨 내고 큰 보상을 받음. → 10. 일상으로 돌아오지만 미완의 숙제가 남아 있음. → 11. 최악의 위기를 마주하지만 그간의 모든 것을 동원해 결국 해결함. → 12. 세간의 칭찬과 환영을 받으며 일상적 삶으로 돌아옴.

[6단계] 메커닉스, 게임규칙 설계

4단계와 5단계에서 결정한 목표 재미, 목표 동기와 이야기 구조를 게임으로 표현하는 단계로 메커닉스의 다양한 종류 가운데 구현할 요소를 선택하고 그것을 동작시킬 규칙을 설계한다.

Finalize. 마무리

[7단계] 프로토타입 제작

6단계까지 진행한 것을 바탕으로 하여 게임을 실제 작동하는 형태로

● Vogler, C., Montez, M. (2007). "The Writers Journey: Mythics Structure for Writers". Michael Wiese Productions.

구현한다. 플레이테스트가 가능한 상태로 게임을 완성해 두는 단계로, 연동 필요 데이터와 자료들을 연결하고 접근 권한을 부여하고 발생 가능한 각종 장애 상황에 대한 대응책을 마련해 둔다.

[8단계] 플레이테스트 및 보완

준비된 게임을 실제로 해 보면서 오류를 찾아 개선하는 단계다. 아래 8가지 요소에 대해 점검하도록 하자. 게임을 교실에서 실제 활용하기 이전에 내부에서 진행하는 알파테스트, 동일 참여자층 다수를 대상으로 진행하는 베타테스트까지 충분히 진행할 수 있으면 좋다.

평가 요소	설명
플레이어 적합성	학생의 수준 / 취향에 맞는 게임인가?
플레이 시간	게임 시간이 짧거나 길지는 않은가?
규칙	규칙이 명확한가? 위반 가능하지는 않은가?
차별성	너무 생소하거나 너무 익숙하지 않은가?
프로토타입 완성도	게임이 완성되었다고 볼 수 있는가?
별도 준비물	별다른 준비 없이 게임 참여가 가능한가?
재미 수준	4단계에서 선택한 재미가 잘 제공되는가?
의미 수준	3단계에서 선택한 학습목표에 잘 도달되는가?

※ 122~130쪽의 내용에 대한 보다 자세한 설명은 저자의 전작 《교육, 게임처럼 즐겨라(2017, 개정판, 홍릉과학출판사)》의 Level 7~8(144~226p)을 참고해 주시기 바랍니다. 전작과 달리 여기에는 이후 논의를 진행하기 위한 전제로서 항목을 재구성한 뒤 항목별 내용을 짧고 쉽게 다시 서술하였습니다.

메타버스 게이미피케이션 수업설계 핵심 사항

핵심! 퀘스트, 피드백, 규칙 만들기

바로 앞에서 이야기한 게이미피케이션 8단계 가운데 실제로 교실 게이미피케이션을 만들 때 가장 긴 시간과 노력이 투입되는 것은 어떤 단계일까? 바로 6단계 메커닉스와 규칙 설계다.

이 단계의 주요 과제는 포인트, 아이템, 랭킹, 레벨 등 실제 게임 요소인 메커닉스들을 선택하고 이들을 운영하는 규칙을 설계한 뒤 이 요소와 규칙을 학습자에게 전달하는 구체적인 형태의 피드백을 설정하는 것이다. 이들은 게임의 핵심 요소이기도 하다.

실제로 교실 게이미피케이션을 시도할 때 선택하는 다양한 메커닉스 가운데 가장 큰 비중을 차지하는 것은 퀘스트다. 퀘스트를 중심으로 피드백과 규칙 만들기에 대한 실제적이고 유용한 이야기를 더 나누어 보도록 하자.

메커닉스 분류	요소
보상	포인트, 레벨, 진척도, 배지, 권한, 아이템, 선물 등
보상 계획	고정/가변 기간 보상 계획, 고정/가변 비율 보상 계획
회피	의욕 꺾기 등
리더보드	직접 경쟁, 간접 경쟁 리더보드 등
신분	아바타, 소셜 그래프 등
퀘스트	언락킹, 시간제한, 복권(룰렛), 협력수행(비계) 등

게이미피케이션은 '피드백 사이언스'다

메커닉스의 중심에는 퀘스트가 있고, 퀘스트의 핵심은 피드백이다. 피드
백이 아니라 리워드가 핵심 아닌가 싶을 수 있지만 사실 리워드는 피드
백의 힘을 높이기 위해 선택된 수단이라고 보면 된다.

피드백이 사람을 움직이는 건 인간이 피드백에 목말라 있기 때문이
다. 기차역에서 사람들이 기차 오는 것을 보겠다고 철로 방향으로 고개
를 내밀다 사고가 나는 경우가 적지 않아서 기차가 언제 도착하는지를
확인할 수 있도록 별도의 시설을 설치해 정보를 제공하는 방식으로 피드
백을 제공하자 사고가 크게 줄었다고 한다. 열차 도착이 몇 분 남았다는
정보를 들려 주고 보여 주는 피드백도 마찬가지 효과를 가져왔다. 피드
백 실험 가운데 포그(Fogg) 박사의 연구 결과[*]는 사람들이 피드백에 얼
마나 목마른지를 명확하게 보여 주었다. 포그 박사는 사람들이 자신에게
주어지는 피드백이 자동적 기계적 피드백임을 알고 있는 경우에도 성과

가 향상되는지 여부를 연구했는데 결론은 "그렇다."였다.

퀘스트의 조건

선택성

퀘스트는 두 가지 필수 조건을 갖추어야 한다. 그 두 가지는 바로 선택성과 명확성이다.

첫 번째 조건인 선택성은 학습자에게 자유도를 주어 학습자의 선택에 따라 퀘스트가 진행되도록 하는 성질을 의미한다. 선택성은 학습자로 하여금 자신의 흥미, 취향, 역량 등에 맞춰 복수의 선택지 가운데 하나를 선택하도록 함으로써 학습자에게 행복감과 과정에 대한 책무성을 부여한다.

단 선택성을 높이기 위해 무한대의 선택지를 제공하는 상황은 바람직할까? 바람직할 수도 있고 그렇지 않을 수도 있다. 학습자의 성향에 따라 다르다. 어떤 경우에도 자신이 하고 싶은 것을 뽑아낼 줄 아는 사람에게는 무한대의 선택지가 무한대의 자유도로 긍정적으로 작용하지만 마음속에 하고 싶은 것이 명확하지 않은 사람에게 무한대의 선택지는 자유가 아니라 혼란이며 아무것도 할 수 없는 상황에 가깝다.

● B. J. Fogg. (2002). "Persuasive Technology: Using Computers to Change What We Think and Do(Interactive Technologies)". Morgan Kaufmann.

명확성 그리고 매직서클

두 번째 조건인 명확성은 학습자가 해야 할 것을 제시할 때 실제적인 액션이 발생할 수 있도록 명료하게 제시하는 성질을 의미한다.

명확성을 위해 고려해야 할 점은 'To do(해야 할 것)'뿐만 아니라 'Not to do(하지 말아야 할 것)'에 대해서도 제시해 주어야 한다는 것이다. 금지사항은 게임 속 세계를 망치지 않고 유지시키기 위함이기 때문에 참여자의 자유도를 높이는 효과가 있다. 예를 들어 도서관에서 몇 가지 성격을 지닌 책을 찾아오는 게임을 진행할 때 "어떤 책도 뒤집어 꽂아 두거나 숨기거나 원래 있던 상태를 변형시키지 말 것" 이라는 금지 규칙을 제시해 주어야 게임의 퀘스트가 온전해지고 모든 참여자들의 자유도가 확보된다.

일상의 규칙이 적용되지 않는 마법의 공간. 이것은 하위징아(Huizinga)가 책 ≪호모루덴스≫에서 이야기한 놀이의 핵심 특성이다. 이런 놀이 공간에 구축되는 세계의 별도성, 즉 현실과 놀이 사이에 있는 시공간 경계를 "매직서클(magic circle)"이라고 부른다. 놀이터에서 소꿉놀이를 하는 아이들을 떠올려 보자. 각각 엄마, 아빠가 되어서 꽃을 뜯어 밥을 지어 먹고 출근하는 연기를 하면서 아이들은 즐겁게 매직서클을 강화시켜 나간다. 고도로 계획된 놀이이자 그만큼 일상과 괴리되는 놀이인 게임은 견고한 매직서클을 필요로 한다. 강력한 매직서클을 깨뜨리지 않고 유지하기 위해서는 그 게임의 매직서클의 파괴를 막아 줄 금지사항들이 규칙으로 명확히 제시되어 있어야 한다.

규칙서 작성하기

게임 규칙을 만든다는 것의 의미는 아주 간단하다. 목표를 분명히하고 'To do(해야 할 것)'와 'Not to do(하지 말아야 할 것)'를 적은 규칙서를 만드는 일이다. 예를 들어 윷놀이라면 규칙서에 도개걸윷모, 뒷도 등의 윷셈법, 윷판, 말과 말길, 한 번 더 던지기, 잡기, 업기 등에 대한 'To do(해야 할 것)'를 적고 'Not to do(하지 말아야 할 것)'로는 모가 나오게 하기 위해 윷가락을 과하게 굴리는 경우를 방지하기 위해서 윷가락이 담요 밖을 나가면 셈하지 않는다거나 일정 높이 이하로 너무 낮게 던지면 셈하지 않는다거나 하는 금지사항을 적는 것이다.

그런데 규칙서에 익숙하지 않은 사람들에게는 이 작업이 쉽지 않다. 아주 간단한 게임도 규칙서로 정리해 보자면 간단한 일이 아니다. 규칙서 작성에 대한 연습이 필요하다. 그렇다면 널리 알려져 있는, 그래서 이미 만들어진 규칙서가 있는 기성 게임 규칙을 그대로 가져다 사용하면 간단한 일이 아닐까?

실제로 게이미피케이션 과정을 살펴보면 널리 알려져 있는 게임의 규칙이나 자신이 과거에 만들었던 게임의 규칙을 그대로 가져와 쓰는 경향이 있다. "부루마블 게임 규칙을 가져다 쓰자!" 하는 것이다. 효율성을 기하기 위한 행동으로서는 일리가 없지 않으나 이 과정에서 학습목표와 맞지 않는 규칙들이 삭제되지 않고 남아 있게 된다. 엉성한 게임 규칙은 매직서클을 단번에 무너뜨릴 수 있으므로 이는 대단히 위험한 행동이다.

혹은 학습목표와 무관한 방향의 게임이 만들어지기도 한다. 유사한 게임의 규칙서를 가져와 변형하더라도 게임의 학습목표와 주요 내용에 맞게 명료하게 규칙서를 재작성하기를 권한다.

가장 바람직한 것은 게임을 만들 때마다 직접 규칙서를 작성하는 일이다. 이를 위해 자신이 잘 알고 있는 간단한 게임으로 규칙서 쓰기를 연습해 보자. 윷놀이 규칙서를 열 명에게 작성하게 하면 서로 다른 열 건의 규칙서가 나온다. 규칙서에도 퇴고의 과정이 중요하다. 일단 규칙서 초안을 썼다면 이제 두 가지 원칙을 가지고 몇 차례 퇴고를 반복해 보자. 첫째, 분량을 절반으로 줄인다. 둘째, 내용의 절반은 'To do(해야 할 것)'가 아니라 'Not to do(하지 말아야 할 것)'로, 즉 금지사항으로 채운다.

이때 가장 중요한 과정은 규칙서 작성에 앞서 진행된다. 바로 학습목표를 확인하는 과정이다. 규칙을 만들고 이를 규칙서로 정리하는 과정은 학습목표를 달성하기 위한 것임을 잊지 말아야 한다. 규칙을 만드는 일은 학습목표가 어떤 규칙을 통해 달성될 수 있는지에 대한 명세화에 해당한다.

규칙을 만든 뒤에는 학생들과 플레이테스트를 꼭 진행하면서 규칙서를 보완하도록 한다. 그래야 게임의 완성도가 보장된다. 혹시 플레이테스트 중에 학생들이 규칙의 오류를 발견하더라도 이 또한 학생들에게는 색다른 학습경험이 된다.

규칙서 작성 전중후 중요 과제
- 전: 학습목표 확인 및 명세화하기
- 중: 명료하고 재미 있게 규칙서 작성하기(이때 다른 게임의 규칙을 그대로 가져오지 않는다.)
- 후: 플레이테스트로 규칙 완전성 확인하기

메타버스 전후
게이미피케이션 차이
: 강점과 한계

메타버스 게이미피케이션의 강점

오프라인 게임에서 온라인 게임으로

메타버스 이전에는 오프라인 게이미피케이션의 시도가 압도적으로 많았다. 학생들에게 낼 퀴즈를 준비한다면 교실 안에서 퀴즈를 진행하는 데 필요한 문제판이나 도구판, OX 패널, 상품 등에 대해 고민하는 게 기본이었다. 카훗 등의 온라인 퀴즈 도구를 이용하더라도 오프라인 장소에 모두 모여 수업을 하다가 잠시 온라인에 접속하는 정도였다.

팬데믹과 더불어 판도가 바뀌었다. 온라인 게이미피케이션이 급격히 많아졌고 메타버스 열풍이 일면서 완전히 중심으로 자리잡았다. 실제로 오프라인 교구의 판매가 지극히 낮아졌다.

오프라인에서 진행되던 달리기, 미로찾기, 방탈출, 퀴즈 등의 게임들이 게더타운 등 메타버스 플랫폼으로 그대로 옮겨 갔다. 한편 메타버스에서는 할 수 없는 게임도 적지 않다. 이를테면 가위를 이용해야 하는 게임들이 그렇다.

교실에서 사용하던 장난감 종이화폐는 파손이 많은 게임 아이템 가운데 하나다. 레고와 코인은 예쁘다며 갖고 싶어 하는 아이들에게 나누어 주고 재구매하는 일도 있다. 방탈출 게임을 하려면 잠금장치를 구입해야 하는데 기능이 괜찮은 것은 저렴하지 않다. 하지만 방탈출을 메타버스에서 구현하면 잠금장치가 비밀번호 입력으로 대체되니 비용이 들지 않는다! 이렇게 오프라인 교구를 새로 구입하고 파손 분량을 채우는 데 들던 유지 보수 비용이 그대로 절약되거나 메타버스 플랫폼 및 인프라 이용 비용으로 옮겨 가게 되었다.

놀이의 판이 커졌다

온라인 게임이 게이미피케이션의 중심을 차지하면서 학생이 게임에서 경험할 수 있는 시공간이 무한히 확대됐다. 일례로 금융교육을 게이미피케이션하여 가상의 지구에서 국가별 자원 교역을 온라인으로 하는 무역 게임을 진행한 적이 있다. 그리고 게임 중간에 학생들이 보이스피싱을 당하도록 해 두었다. 비현실적으로 매력적인 딜을 학생들에게 제공하고 이를 수락하면 계좌에서 돈이 사라지게 한 것이었다. 그리고 학생들이 게임 속 금융감독원에 신고하면 계좌가 잠기고 준비된 퀴즈에서 일정 점수 이상을 얻어야 계좌 잠금이 해제되도록 하였다.

메타버스 게이미피케이션은 물리적 공간으로서의 교실을 벗어나 한없이 넓은 세계 속으로 학생들이 이동할 수 있도록 해 주었다. 시공간이 확장되고 그 시공간에 실재감이 높아지면 그만큼 현실세계 속 학생의 사고의 폭도 함께 넓어진다.

상호작용이 활발해졌다

온라인 게임을 할 때 학생들은 상시로 소통한다. 게임의 모든 과정에서 서로 대화하며 문제를 해결해 나갈 수 있다. 이를 다르게 표현하자면 학생들은 전체 학습과정에 걸쳐 짝학습, 동료학습하며 배워 가게 되었다는 것이다.

메타버스 가상세계 실재감은 이 상호작용을 더욱 활발하게 만든다. 내가 메타버스로 진행했던 대학 기말평가에서 학생들은 서로에 대해 의견을 제시하며 평가 시간을 보냈다. 수치화된 점수를 교사가 평가해 기록하지만 그것과 별개로 학생들은 소통하며 학습하고 서로의 학습에 영향을 미치고 있었고, 교사가 점수를 몇 점 부여했는지만큼이나 동료들이 자신에게 어떤 의견을 제시해 주었는지에 높은 관심을 보였다.

데이터 수집이 용이해졌다

게이미피케이션을 온라인 도구를 이용해 진행하면 기록이 남는다. 플레이어의 활동과 그에 따른 피드백, 그리고 이후의 활동들 모두에 대한 데이터가 생성된다. 데이터를 분석하면 학습자 정보를 얻을 수 있고 교육의 효과성을 파악할 수 있다. 학습 후 결과에 대한 평가나 사후설문 이외에도 다양한 활동 로그 데이터를 통해 학습자에 대한 다양한 차원의 분석도 가능하다. 메타버스 플랫폼에서 학생들은 큰 즐거움을 느끼며 활발하게 활동하는 모습을 보이므로 메타버스에서 데이터를 수집하는 일이 용이해졌다고 할 수 있다.

메타버스 게이미피케이션의 한계

상황에 대한 플레이어의 통제감 변화

윷놀이를 하면서 윷을 공중에 던지기 위해 손에서 윷가락을 고르는 그 순간을 생각해 보자. 우리는 이 윷가락을 어떻게 잘 조절할지 생각한다. 윷을 우리가 컨트롤하고 있다고, 개입하고 있다고 생각한다.

한 기업의 직원들이 모여 오프라인 부루마블을 진행했던 적이 있다. 두 평짜리 막사를 여럿 설치하고 중앙에서 초대형 주사위를 모두가 함께 굴려서 게임을 진행했다. 이 게임이 디지털로 옮겨 가자 주사위를 굴리는 그 행위가 클릭 한 번으로 대체되었다. 이 차이에서 한계가 발생한다.

사람들은 주사위를 굴리는 그 순간에 '6이 나오도록 한번 잘 굴려 보자!'라는 생각을 하며 손놀림에 집중한다. 혹은 '직전에 여러 번 6이 나왔으니 좀 더 힘을 주어 던지면 이번엔 6이 안 나오겠지?'라고 생각하고 집중한다. 이는 심리적인 것이다. 사람들은 그런 생각을 가지고 게임에 몰입하여 참여한다. 디지털에서 사라지는 게 바로 이것이다. 버튼을 눌러 주사위를 멈출 때는 컴퓨터를 향해 기도하거나 운에 맡기는 수밖에 없다. 여기에서 플레이어가 게임에 임하는 자세가 완전히 달라진다.

인간이 오프라인의 물리적 상호작용에서만 얻는 만족감과 재미가 있다. 이것들 가운데 메타버스에 그대로 구현할 수 있는 것은 거의 없다. 결국 게임에 개입한다는 느낌과 몰입감을 받도록 하는 별도의 장치를 플레이어에게 제공해야 한다. 실재감을 주는 여러 장치를 고민하여 적용하는 게 메타버스 게이미피케이션에서 중요한 이유가 바로 이것이다.

그렇다면 이를 보완하기 위한 온라인 게이미피케이션 장치로 무엇이 있을까? 플레이어가 통제 가능한 상황 옵션을 제공하여 효능감을 제공할 수 있다. 주사위를 던질 기회를 줄 때 여러 색깔의 주사위를 제공하고 플레이어가 선택하도록 한다. 그러면 사람들은 이제 고민한다. '아까 노란색 주사위에서 6이 나왔으니까 이번엔 초록색을 골라 볼까?'

소통으로 얻을 수 있는 정보의 제약

타인의 마음을 그때 상황으로 미루어 알아내는 것. '눈치'의 사전적 정의다. 타인의 태도와 말투, 표정 등으로 눈치를 살펴 의문을 해결하는 마피아 게임 같은 추리 게임류는 메타버스에서 진행하기 어렵다.

이를 보완하기 위해서는 줌을 이용해 서로의 얼굴을 볼 수 있게 해 준다든지 한정적으로 음성만 서로 들을 수 있도록 해 주는 방법을 사용할 수 있다. 꼭 추리게임을 하는 상황이 아니더라도 아바타로 나타나 있는 서로의 존재를 이와 같은 방법으로 확인할 수 있게 해 주면 플레이어의 높아진 소통 실재감이 게임에 대한 몰입감으로 연결될 수 있다. 물론 이는 상황과 맥락에 따라 다르다.

융통성 있는 규칙 변형의 어려움

메타버스 게임은 오프라인 게임에 비해 규칙의 가변성이 현저히 떨어진다. 아이들이 오프라인에서 부루마블 게임을 하는 것을 본 일이 있다. 친구가 파산할 것임을 직감한 한 아이가 "내가 이거 오만 원 줄게!" 하는 거래를 친구에게 제안했고 성립되었다. 주변 아이들은 반대 없이 모두 상황을 긍정하고 넘어갔다. 게임 중간에 규칙의 변경이 수용된 것이다. 게임이 온라인 메타버스로 넘어오면 이제 이런 일은 일어나지 못한다. 이 생생한 즐거움과 건강한 관계형성의 기회, 이 인간적인 지점들이 없어지는 것이다.

이런 규칙의 가변성은 플레이어가 소수인 간단한 게임이라면 협의 과정을 거칠 수 있는 온오프의 프로세스를 마련하여 해결하고 고급 기술이 적용된 게임이라면 플레이어가 규칙 변경을 신청하고 다수결 등으로 승인할 수 있는 기능을 마련함으로써 보완할 수 있다.

선생님이 빠져드는 게이미피케이션 함정 BEST 3

함정 1. 복잡한 나만의 게임을 만들고 싶다!

게임을 만드는 교육자들을 만났을 때 실제로 많이 목격한 일이다. 교실 공간에서 강의식 수업을 하다가 게이미피케이션을 도입해 보고자 하는 분들은 통과의례 시행착오처럼 '멋진 게임을 만들고 싶다!'라는 열망으로 가득 차 계신다. 소중한 열정을 조금도 상하게 하고 싶지 않다. 다만 '멋진 게임'의 정의를 우리가 차근히 내린 후에 시작하자고 말하고 싶다.

수업 전체까지는 아니더라도 기존 수업의 많은 범주, 많은 단계를 게임으로 구현하고자 목표를 세우면 이것이 성공적으로 개발에 이르더라도 문제다. 복잡한 내용구조는 복잡한 게임으로 만들어질 것이기 때문이다. 게임에 참여하는 학생들이 게임 초반에 그 복잡성을 몇 번 느끼고 나면 흥미를 크게 잃어버릴 것이 틀림없다. 그러면 성공한 게이미피케이션이라 할 수 없다. 게다가 개발이 성공에 이르지 못하면 열정이 컸던 만큼 절망도 대단할 것이고 그러면 게이미피케이션에 대한 소중한 열의가 차갑게 식어 버릴 수 있다.

이 함정에 빠지지 않기 위해서는 게이미피케이션 8단계 가운데 3단계인 게이미피케이션 범위 설정을 다시 한번 해 보면 좋다. 학생들이 흥미를 쉽게 잃어버리는 부분, 학생들이 오래 기억하기를 바라는 부분, 지식 암기가 아니라 상호작용을 통해 익히기를 원하는 지식이나 태도 등 수업의 일부를 게이미피케이션 범주로 선택하자. 그래야 게임의 완성도가 높아 학습목표가 달성될 가능성이 높고 학습자의 긍정적 피드백이 이어질 수 있을 것이며 그 게임을 만든 교사의 열정도 유지될 수 있다.

게임을 개발한다는 즐거움에만 너무 빠지지 않기 위한 또 한 가지 요령은 목표 리스트를 작성해 보는 것이다. 게임의 목표를 잊고 개발에만 집중하는 것은 전문 개발사에서도 일어나는 실수다. 심지어 개발사에 게임 제작을 발주한 발주처에서 목표를 잊기도 한다. 그만큼 목표를 챙기는 것만으로도 남다른 게이미피케이션을 진행할 수 있다. 게다가 교실 속 게임이라면 학습목표는 게이미피케이션의 전제이자 조건이다. 교육목표 달성도가 곧 그 게임의 가치다.

함정 2. 플레이테스트 하기가 꺼려진다!

게이미피케이션 8단계 중 마지막 단계는 플레이테스트 및 보완 단계다. 만들어진 게임을 수업에서 본격 사용하기 전에 시연하고 이 단계에서 얻은 정보를 가지고 최종 수정까지 수행한 뒤 마무리해야 게임의 완전성이 확보된다.

게임을 만들고 나면 플레이테스트가 꼭 필요한지 의문이 들기도 하고 부끄러운 마음이 들어서 꺼려질 수 있다. 특히 학생들을 대상으로 플레이테스트를 진행할 생각을 하면 더욱 그럴 수 있다.

그런데 플레이테스트를 하지 않은 게임은 사실 미완의 상태다. 게임의 오류나 미비한 규칙들이 결국 수업에서 드러나게 되니 플레이테스트를 수업에서 진행하는 셈이 되고 만다. 그러니 플레이테스트는 절대 생략하지 않으시기를 권한다.

그리고 불완전한 게임을 가지고 학생들에게 플레이테스트를 할 때 혹시 일어날 수 있는 불미스러운 장면들이 부담스러울 수도 있을 것이다. 그런데 나의 경험에 따르면 그와 반대의 장면이 벌어진다. 학생들은 불완전한 규칙이나 퀘스트를 인지하고 "어, 선생님. 이걸 이렇게 하면 학습이 더 될 것 같아요." 하는 식으로 의견을 낸다. 이렇게 교사에게 게임의 개선점에 대해 말하는 그 순간에 학생은 이것이 왜 이상한지, 어떤 이유로 모순적인지를 판단하게 하는 그 배경지식을 보다 정확히 이해하게 된다. 게임의 불완전성이 아이들에게 학습을 일으킬 수 있더라는 것이다. 아이들은 있었어야 했던 바람직한 규칙이 무엇인지까지 어렴풋이 추측하면서 당장 하고 있던 불완전한 그 게임도 멈추지 않고 끝까지 진행시킨다. 그리고 이 불완전한 규칙을 마주한 아이들이 교사의 시도와 노력에 대해 긍정적인 마음을 갖는 것을 많이 보았다. 무엇보다도 우리는 성공보다도 실패로부터 배운다! 그러니 플레이테스트를 꺼리는 마음은 조금 낮춰 보시기를 권한다.

함정 3. 마음이 약해져서 스스로 매직서클을 깬다!

교사는 따뜻하고 다정한 교실을 항상 유지하고 싶다. 그래서 게임을 진행하는 교사에게는 마음이 약해지는 갈등의 순간이 찾아온다. 분한 마음을 누르지 못하고 우는 학생, 같은 팀 친구들에게 피해를 끼쳤다는 죄책감에 크게 절망하는 학생이 생겨나니 말이다. 이런 상황을 마주하면 교사는 우선 이 학생을 위로하고 싶어진다. 그래서 게임 규칙을 갑자기 바꾸거나 진행을 중단하거나 예외상황을 만들어 버린다.

하지만 이는 위험한 시도다! 게임의 매직서클을 교사의 손으로 일순간에 깨뜨리는 일이기 때문이다. 교사가 매직서클을 깨면 게임에 참여하던 다수의 학생이 학습 기회를 빼앗긴다. 그러니 안타까운 마음에 당장 눈앞의 상황을 해소하기보다 일단은 게임의 규칙을 유지하여 진행하고 게임이 끝난 후에 다른 방법으로 학생을 돌보시기 바란다. 그러면 울고 절망하던 그 학생에게도 배움이 남으니 교사는 놓치는 것 없이 학습목표와 학급운영을 모두 해내게 되는 셈이다.

진짜 몰입감 만들기

3장의 처음 부분에서 이야기했던 문제로 다시 돌아가 보자. '어떻게 하면 이 학생들을 수업에 자발적으로 집중하게 할 수 있을까?'

자발적 집중을 유도하기 위해 학교에서 보통 사용하는 것은 학생의 로그 정보에 따른 다소 강압적 규칙이다. 만약 30분 길이의 영상을 학생이 세 시간에 걸쳐 시청하면 영상을 켜 두고 다른 행동을 한 것으로 여겨 영상을 보지 않았다고 처리하는 경우도 있다.

내가 실제로 사용하고 있는 요령 가운데 한 가지를 소개하고자 한다.

다름 아닌 상호작용이다. 학습자를 수업 게임에 붙들어 두는 장치로 상호작용을 이용한다는 말이다. 내가 부여하는 과제가 두 명만으로도 충분히 이행 가능하더라도 모둠을 다섯 명씩 이루게 한다. 실제로 다섯 명 가운데 두 명이 전체 과제를 이끌어 나가게 되더라도 괜찮다. 나머지 세 명은 이 두 명의 행동에 부담감이나 부채감을 느낄 수도 있고 이 두 명을 붙잡아 주는 역할을 하기도 한다. 결국 학습과정을 모두 함께 완수할 수 있도록 서로가 붙잡아 주게 되는 것이다. 수업 게임의 의미, 재미, 혹은 기술적 정보와 강압적 규칙으로 학습자를 집중시킬 수 있겠지만 이것이 불완전하거나 비효과적인 때에도 학습자를 잡아 주는 틀림 없는 마지막 장치로 상호작용 구조를 비중 있게 활용해 보도록 하자.

3가지 통제

메타버스 교실 게이미피케이션 상황에서 교사가 유의해야 하는 통제의 유형에는 세 가지가 있다. 이는 공간의 비(非)실체성으로 인한 통제, 히든 커뮤니케이션에 대한 통제, 시스템 보안 문제에 대한 통제다.

첫 번째, 공간의 비(非)실체성으로 인해 꼭 필요한 통제가 있다

우선 물리적 교실 공간에서 학습자의 학년이 낮을수록 현격하게 중요해지는 게 있다. 바로 안전 문제다. 학생들이 자리에 앉아서 각자 교구를 쥐고 게임을 하는 경우라도 몰입의 역효과로 흥분이 일어나면 아이들 손에 들린 조그만 교구가 큰 사고로 이어질 수 있다. 안전문제가 발생하지 않도록 하기 위해 교사는 학생들이 규칙을 준수하도록 엄격하게 관리한다.

이와 동일한 안전 문제는 메타버스 공간에서는 일어나지 않는다. 그런데 역시 규칙 준수를 강조하고 관리하여 새로운 안전 문제가 발생하지 않도록 관리해야 한다.

게더타운에서 수업을 해 보면 아이들은 가만히 있지 않는다. 디지털 공간에서 교사는 토론 공간과 수업 공간을 구분해 두었지만 물리적으로 분화된 공간을 넘어오는 경우와 달리 디지털 공간에서 아이들은 공간 변화에 따른 태도 전환을 잘 해내지 못한다. 그러면 학습자가 엄연한 교육 공간 안에서 교육을 받지 못하는 방치의 문제가 발생한다.

그래서 교사는 메타버스 공간에서 학생들이 규칙을 준수하게 하고, 갈등상황을 예방하고 중재하는 통제에 신경을 써야 할 의무를 진다. 학습자에 대한 통제는 최소화해야 한다고 생각하고 있지만 약속된 통제의 필요에 대해서는 강조하고자 한다. 엄중한 성격의 통제를 말하는 게 아니다. 게더타운에서 교사가 전체 발언을 시작하는 서클에 들어가는 순간 모든 학생은 말을 멈추어야 한다는 규칙을 주고 이를 어기면 약간의 불이익을 감수하게 하자는 것이다. 아주 간단한 규칙이지만 잘 지켜지지 않는다. 간단한 규칙으로 분명하게 통제하여 학습과정을 안전하게 이끌어 가도록 하자.

두 번째, 히든 커뮤니케이션을 통제해야 한다

이는 오프라인이라면 아이들이 마구 달리다가 서로 부딪쳐 넘어지거나 소리 높여 서로를 비난하며 싸우는 순간의 온라인 버전이라고 볼 수 있다. 교실에서는 학생들의 다툼과 다양한 상호작용이 교사의 눈에 보인다. 하지만 메타버스에서는 공간이 크게 확장되고 우리도 모르는 수많은 사람들과 소통하게 되기 때문에 문제의 심각성이 크다.

교사가 보지 못하는 커뮤니케이션이 학생들에게 발생한다. 별도의 채팅창에서 감정적 문제를 여과없이 배출하는 대화가 이루어질 수 있다. 나이가 어릴수록 수업 외적인 평소의 감정이나 일시적인 감정에 근거한 인신공격이 일어날 위험이 있다. 나아가 아주 심각한 경우라면 모르는 누군가로부터 아이들이 성희롱 발언을 듣는 경우도 생길 수 있다. 이 모든 상황을 교사가 알 수 없다는 건 교사들에게 큰 부담이다.

사실 성희롱 문제 등에 대한 예방책은 아무것도 없는 실정이다. 제페토는 맵을 복제하여 사용할 수 있는데 기존 맵에 누가 들어와 있는지 알 수가 없다. 참고할 수 있는 것도 없다.

이를 모니터링할 의무는 메타버스 플랫폼사에 있다고 생각한다. 기업에서 이를 탐지하는 윤리적 기술을 강화해야 한다고 생각한다.

이런 실정이니 우리에게 현재 가장 실질적인 통제 방법은 교사도 학부모도 학생들에게 질문을 하는 것뿐이다. 플랫폼에 등장하는 귀여운 아바타 이미지를 보고 그 메타버스 플랫폼이 안전한 환경일 거라 여기는 경향이 있다. 하지만 그러지 말아야 한다.

안타깝게도 방법은 아직 하나다. 아이에게 자주 묻는 것이 절대적으로 필요하다. 아이에게 질문할 때는 어떤 플랫폼에서 어떤 서비스를 사용했는지 묻는 것보다도 그곳에서 누구와 무엇을 했는지, 어떤 대화를 했는지를 물어야 한다.

세 번째, 시스템적 통제가 필요하다

앞에서 이야기한 것처럼 메타버스 플랫폼 기업들은 해당 플랫폼에서 발생할 수 있는 각종 위험과 범죄를 예방, 탐지, 교정, 복구하는 윤리적 책임을 져야 한다. 메타버스 플랫폼이 만들어져 가고 있는 지금, 이 부분은 기업들의 관심사로부터 거리가 멀다. 이대로라면 폐쇄적 플랫폼이 교육계에 적합할 것이다.

완전 개방형 플랫폼에는 연령제한이 필요하다고 본다. 제작사에서 사전에 연령제한을 고지한 게더타운의 조치가 타당하다고 보는 이유다. 새롭게 개발되는 플랫폼들은 이 니즈를 반영해야 한다. 각종 범죄에 취약한 플랫폼은 어린이 청소년에게 위해가 가해지는 것에 동조하고 방치하는 셈이다. 또한 대규모 사용자가 다양한 활동을 하는 메타버스 플랫폼에는 다양한 상호작용이 발생하고 이에 대한 다양한 데이터가 누적되는데 이는 괴롭힘의 새로운 도구 혹은 자료도 더욱 다양해진다는 것을 의미한다.

앞서 언급한 히든 커뮤니케이션의 존재를 보면 "교사가 있으면 괜찮다." 하는 식의 논리에도 타당성이 없다는 것을 알 수 있다. 교실 메타버스 게이미피케이션을 위해서는 범용이 아닌 에듀케이션 버전 서비스나 연령제한이 분명한 서비스, 혹은 완전한 별도 플랫폼을 이용해야 한다고 이야기하는 이유다.

메타버스 클래스룸
과목별 수업사례

_ 수업사례 제공

국어 **이제창**, 수학 **박주연**, 사회 **엄태건**, 과학 **최섭**, 미술 **엄태건** 선생님

다양한 메타버스 플랫폼을 이용한 과목별 메타버스 수업사례를 소개합니다.
선생님들과 인터뷰를 진행하고 이를 정리하여 실었습니다.

똑똑, 노크합니다.
안네의 방

이제창 선생님

대구 영남공업고등학교 국어 교사. 2021년 여름에 1학기 교과 내용을 복습하는 중등.학교가자.com의 대형 여름캠프를 게더타운에서 진행하였고 이는 널리 알려진 첫 메타버스 수업사례로 찬사를 받았다. 꾸준히 VR 및 다양한 플랫폼을 기반으로 한 다양한 메타버스 수업사례를 개발해 나가고 있으며 학교 혹은 교사모임을 대상으로 에듀테크 및 메타버스의 수업 적용법을 강의하고 있다. 중등.학교가자.com에서 중등 총괄 기획 및 운영을 맡고 있으며 대구광역시교육청의 에듀테크지원단, GEG 대구 운영진으로 활동하고 있다.

Q. VR 활용 수업의 강점은 무엇인가요?

우선 학생들이 대단히 열광적인 반응을 보인다는 점을 꼽을 수 있겠습니다. VR 수업을 진행하려면 학생들에게 VR 기기 사용법을 알려 주는 것이 가장 첫 단계인데 학생들은 기기를 처음 접할 때 정말 신기해하고 좋아합니다. 놀라운 점은 기기를 처음 사용하는 학생들도 금세 익히고 자연스럽게 사용한다는 것입니다.

VR 콘텐츠 품질이 낮지 않느냐는 질문을 종종 받는데 전혀 그렇지 않습니다. 사실 처음에는 저도 콘텐츠가 어설픈 수준에 머물러 있을지도 모르겠다고 생각했습니다만 품질이 높은 영상 콘텐츠들이 이제 많이 나와 있습니다. 저는 〈안네의 일기〉의 저자 안네 프랑크의 집을 구현한 VR 콘텐츠를 이용했는데 공간에 들어가는 것, 책장을 밀고 당겨서 안쪽으로 들어가는 것도 경험하도록 해 두고 있었습니다. 몰입감이 상당했습니다.

한편 VR 토의 공간에서는 특별한 변화가 일어납니다. 귀여운 3D 아바타를 하고 테이블에 둘러앉아 학생들이 토의하는 모습을 보면 수줍고 표현에 소극적이던 학생이 평소의 모습과 달리 넉살 있고 편안하게 이야기 나누는 모습을 볼 수 있게 됩니다. 마치 TV 프로그램 〈복면가왕〉과 유사한 포맷의 토의 프로그램을 하고 있는 것처럼, 학생이 말하는 걸 듣고 있자면 '이 아이가 내가 알던 그 아이가 맞나?' 하는 의문을 자주 갖게 됩니다.

유튜브가 처음 활성화되었을 때 비판적으로 생각하는 사람들은 영상보다 텍스트나 이미지를 보는 게 정보 습득 속도가 빠른데 영상을 어떻게 계속 보고 있겠냐고 비판했습니다. 하지만 이제 사람들이 정보검색을 유튜브에서 하는 시대가 되었습니다. 저는 VR도 마찬가지라고 봅니다. 당장은 어떻게 매번 번거롭게 기기를 착용하고 있겠느냐 하는 생각이 들 수도 있겠지만 기기가 간소화되고 일반화되는 시점이 머지않아 올 거라 생각합니다.

1. 수업 소개

2009년 유네스코 세계기록유산으로 등재된 세계적 수필 〈안네의 일기〉를 중심으로 VR 콘텐츠와 VR 토의 공간을 활용한 고등학교 문학 수업을 소개하고자 한다. 실제로는 고등학교 독서토론 동아리 학생을 대상으로 진행한 활동이지만 여기에는 총 3차시의 문학수업으로 새로 정리하였다. 읽기 전중후 활동을 1~3차시에 각기 배치하였다.

1차시에는 읽기 전 활동으로서 〈안네의 일기〉의 사회적 · 역사적 배경인 제2차세계대전과 전체주의 등에 대한 배경지식을 높인다. 강의식 수업도 좋지만 제2차세계대전을 배경으로 한 영화나 드라마 등을 이용해도 좋다. 〈안네의 일기〉 작품의 기록과 발굴, 이후 전 세계적 출간 등에 대한 이해도를 높이며 1차시를 마무리한다.

2차시에는 읽기 중 활동으로 〈안네의 일기〉를 독서하게 하고 이를 지도한다. 상황에 따라 독서는 학생들이 과제로 수행하도록 할 수도 있다.

3차시는 읽기 후 활동으로 학생들이 VR 기기를 착용한 뒤 〈안네의 일기〉의 공간적 배경인 안네의 집을 둘러볼 수 있는 VR 콘텐츠를 이용하게 한다. 집의 다양한 공간과 사물을 천천히 살펴볼 수 있도록 안내한다. 기기를 잠시 벗어 두었다가 다시 착용하고 VR 토의 공간에서 〈안네의 일기〉의 인상 깊은 구절에 대한 감상, 작가의 삶이나 당시의 사회적, 경제적 배경에 대한 생각에 대해 토의하도록 한다.

2. 수업 개요

관련 단원

고등학교《문학》Ⅱ. 문학의 수용과 생산

관련 성취기준

[12문학01-01] 문학이 인간과 세계에 대한 이해를 돕고, 삶의 의미를 깨
　　　　　　닫게 하며, 정서적·미적으로 삶을 고양함을 이해한다.

[12문학01-02] 작품을 작가, 사회·문화적 배경, 상호 텍스트성 등 다
　　　　　　양한 맥락에서 이해하고 감상한다.

[12문학02-06] 다양한 매체로 구현된 작품의 창의적 표현 방법과 심미
　　　　　　적 가치를 문학적 관점에서 수용하고 소통한다.

수업 흐름도

차시	수업 내용 및 활동
1차시	[읽기 전 활동] 제2차세계대전의 시대적 배경에 대해 알고 〈안네의 일기〉의 출간 배경을 파악한다.
2차시	[읽기 중 활동] 〈안네의 일기〉 작품을 독서한다.
3차시	[읽기 후 활동] 안네의 집을 VR로 체험하고 VR 토론공간에서 토의하며 작품에 대한 감상을 공유한다.

3. 수업 전개 과정

읽기 전 활동 작품의 사회 · 경제적 배경 이해하기

총 3차시로 진행되는 VR 활용 세계문학 수업의 과정을 안내하고 본격적으로 수업을 시작한다. 수필 〈안네의 일기〉의 사회 · 문화적 배경인 제2차세계대전(1939~1945년)에 대해 설명한다. 전쟁의 사회 · 경제적 배경과 전쟁의 전개 과정과 나치즘 전체주의, 나치스, 홀로코스트, 유대인 수용소 등에 대해 설명한다. 〈안네의 일기〉로 초점을 좁혀, 일기가 기록된 1942~1944년 당시 13세 정도의 소녀에 불과했던 안네 프랑크의 가족 구성원과 가족의 상황, 그리고 당시 독일군이 점령하고 있던 암스테르담의 분위기가 어땠을지 짐작해 보도록 한다. 제2차세계대전을 다룬 영화나 드라마 등을 부가 학습자료로 삼아도 좋다. 이렇게 1차시를 마무리하도록 한다.

읽기 중 활동 〈안네의 일기〉 독서하기

〈안네의 일기〉는 분량이 상당하므로 전체를 독서하도록 하려면 수업 외 시간에 읽도록 과제로 부여해야 적절하다. 수업 중에 함께 읽는 경우라면 교사가 미리 일부분을 추려 두고 이를 학생들이 독서하도록 안내해야 한다. 이렇게 2차시를 보내고 차시의 중간 혹은 마무리에는 독서 상황을 확인하기 위해 사실적 이해, 추론적 이해를 확인하는 질문이나 활동을 제공한다.

읽기 후 활동　안네의 집을 VR로 둘러보기

학생들이 고글 형태의 VR 기기 오큘러스 퀘스트 2(Oculus Quest 2)를 착용한 뒤 '안네 프랑크 하우스 (Annefrank House)'에서 무료로 제공하는 VR 콘텐츠를 이용하여 〈안네의 일기〉의 공간적 배경인 안네의 집을 둘러보는 경험을 하도록 한다. 이 활동에 참여

〈안네 프랑크의 집〉
VR 콘텐츠*

하는 학생들은 새로운 학습경험에 높은 흥미를 보이며 VR 콘텐츠를 이용하는 데 깊이 몰입하여 저자의 체험을 자신의 체험처럼 느끼는 추체험 (追體驗)을 경험할 수 있다.

　독서를 하고 나면 작품을 분석적, 공감적, 비판적으로 감상할 수 있겠지만 무엇보다도 이를 자신의 삶에 어떻게 연관지어서 내면화하고 자신의 삶에 긍정적으로 작용하도록 하는지가 문학 감상, 문학 교육의 관건이라고 할 수 있다. 작가의 생활 공간, 집필 공간을 VR로 체험한 학생들은 작가의 입장을 굉장히 공감적으로 이해하고 그 입장에 보다 몰입하게 되는데 실제로 학생들은 이미 읽은 책을 다시 찾아보면서 문장들을 다시 읽고 그 의미가 새롭게 느껴진다고 말하기도 하였다.

　학생들이 의자에 앉은 자세로 VR 콘텐츠를 이용하는 경우라도 VR 콘텐츠가 재생될 때는 학생들이 현실 시야로부터 차폐되어 자신의 의자 주변 상황을 시각적으로 인지하지 못하므로 교사는 학생들이 팔이나 머리를 움직이다가 서로 부딪치는 등 안전사고가 발생하지 않도록 학생들을 주시하며 통제하도록 한다.

[안네 프랑크의 집 VR] 지하실의 모습

▶ VR 기기 사용법 교육하기

VR 기기를 켜면 '고정 경계구역'을 설정해야 한다. 기기를 착용하면 외부에 어떤 물체나 공간 지형이 있는지 확인할 수 없고 게다가 몰입하므로 실수로 넘어지거나 주변에 충돌할 위험이 있기 때문에 기기 착용자가 움직일 공간 범위를 미리 설정해 두는 것이다. 공간을 벗어나면 기기가 경고를 보내 주고 카메라가 켜지면서 착용자는 바깥 장면을 볼 수 있게 된다.

그런데 이 설정은 기기를 착용한 학생이 직접 해야 한다. 착용자의 키 등에 따라 공간 범위가 다르게 제시되기 때문이다. 그래서 교사는 학생이 이를 직접 설정하도록 그 절차를 안내해 주어야 한다. 가장 확실한 방법은 스마트티비나 크롬캐스트 등의 장비를 이용해 교사의 VR 기기 모니터를 큰 화면에 미러링하여 보여 주면서 안내하는 것이다.

■ FORCE FIELD, "anne frank house vr", https://annefrankhousevr.com, 2022.03.01. 접속.

읽기 후 활동 VR 토의하며 감상 나누기

안네의 집을 둘러볼 때 이용한 VR 기기 오큘러스 퀘스트를 이용하여 메타(구 페이스북)의 VR 회의 공간인 호라이즌 워크룸스(Horizon Workrooms)에 접속하도록 한다. 교사는 호라이즌 워크룸스에 미리 팀을 구성해 두고 회의실을 만들어 둔다. 그리고 학생들의

호라이즌 워크룸스
시작하기"

아이디를 팀원으로 설정하면 학생들이 이 공간으로 들어와 함께 토의할 수 있다. 테이블을 가운데 두고 둘러앉는 형태의 공간이 제공된다.

각자의 아바타 모습으로 둘러앉아 대화하게 되는데 토의에 필요한 아주 다양한 도구까지는 아니더라도 화이트보드 등 기본적인 토의 도구들을 이용할 수 있다. 줌이나 게더타운에서보다 훨씬 직접 대면 상황에 가깝기 때문에 학생들의 토의 몰입도가 높게 일어나는 것을 볼 수 있다. 학

〔VR 토의하기〕 호라이즌 워크룸스 학생 토의 장면

생들은 교실에서 진행하던 일반적인 토의에서보다 색다르게 높은 활기를 보이며 토의에 임하는데 이는 VR 토의 참여자가 평소의 내가 아니라 캐릭터의 모습을 한 3차원 아바타라는 점 때문인 것으로 추측된다.

실제 수업에 참여했던 학생들과 문학작품 감상을 위한 교실 토의를 이미 수차례 경험한 교사로서 이 VR 토의에 참여한 학생들이 토의에 임하는 태도나 발언의 자신감, 상호작용하는 모습이 평소와 다르다는 느낌을 강하게 받았다. 실제로 이 토의에서 학생들은 "전쟁은 그 자체로 비합리적이며 일어나서는 안 되는 것"이라는 데 의견을 모았다. 왜 안네의 주변 사람들이 낙인 찍히고 왜 숨어 지내야만 했는지 그 이유에 대해 진지한 이야기가 오고 갔다. 평소에 이 학생들에게 교사가 기대하던 것 이상의 토의가 진행되는 것을 실제로 목격하게 되었다.

▶ VR 기기 활용 수업 진행 시 유의점
VR 기기를 착용한 학생 개인이 교사가 준비해 둔 공간에 들어오기까지 일어나는 학생의 활동을 교사가 통제하는 데 어려움이 발생할 수 있다. 학생이 다른 공간으로 가거나 아예 들어오지 않았을 때 교사가 이를 파악하고 대응하기가 쉽지 않다. 기기를 낀 학생이 보고 있는 화면을 교사가 확인할 수 없기 때문이다. 교사가 강제력을 적용할 수 없으므로 학생을 교사가 의도한 공간까지 들어오도록 만들기 위해서는 교사의 수업 장악력, 혹은 수업을 중심으로 한 교사와 학생 간 관계에 의지해야 한다. 각자의 공간에 따로 떨어져 있는 게 아니라 이 사례에서처럼 학생들이 모두 한 공간에 모인 상태로 수업을 진행하는 경우라면 문제는 한결 덜하다. 또한 VR 기기 사용에 따른 어지럼증은 고등학생을 대상으로 한 나의 수업 경험에

■ https://www.oculus.com/workrooms/getting-started. 2022.03.01. 접속.

의하면 1차시 50분 정도의 시간에는 문제가 되지 않았다. 단 360도 콘텐츠라면 좀 더 유의해야 할 수도 있고 학생 개인차가 있을 수도 있다. 따라서 만약 경미하게라도 증상이 생기는 것 같다면 바로 기기를 벗고 교사에게 이야기하도록 하는 규칙을 수업 초반에 안내해야 한다.

4. 수업 소감

학생들 가운데 자존감, 자신감이 낮은 학생이 많다는 것을 항상 의식하고 걱정하고 있었다. 그런데 VR 토론 공간에서 학생들의 표현 양상이 완전히 달라지는 것을 보고 이것이 VR 아바타의 교육적 위력임을 실감했다.

자신의 생각을 펼쳐 나가는 데 어려움을 겪던 여러 학생들이 호라이즌 워크룸스에서 아바타로 친구들과 이야기 나누는 모습을 보니 평소에 학교에서 알던 모습과는 사뭇 달랐다.

여기에 줌, 게더타운과 다른 VR 토론 공간만의 힘이 따로 있었다. 줌은 아바타의 비중이 아주 낮기 때문에 현실에서의 자의식이나 타인과의 관계성이 거의 그대로 개입되는 플랫폼이다. 게더타운은 아바타가 있기는 하지만 2D이기 때문에 대면 상황과 거리가 멀고 실재감이 낮아 현실의 나 자신을 그대로 투영해 넣게 되지 않는다. 그런데 3D 토의 공간인 호라이즌 워크룸스에서는 생생한 3D 아바타가 방향키가 아닌 내 몸의 움직임에 따라 움직이기 때문에 게더타운에 비해 훨씬 대면 상황에 가까워서 아바타 그리고 주변 3D 상황에 대한 몰입도가 높다. 게더타운에 비해서 내 아바타에 좀 더 나 자신을 투영하게 된다. 친구들 또한 3D 아바타로 생생하게 움직이니 진짜 상대방 사람 같은 느낌이 있다. 게다가 옆의 아바타가 누구인지, 그의 이름을 보지 않으면 모른다. 상대방도 나를 볼 때 마찬가지일 테니 말하고 행동하기가 더욱 자유로운 것이다. 그렇다 보니 평소에 소극적이던 자신의 성격에서 벗어나 보다 자유롭게 적극적으로, 즉 평소와 다른 성격으로 말하고 행동하는 것이다.

어떤 아바타가 누구인지 금방 대응시켜 볼 수 있는 이런 소규모 교실에서도 아바타의 복면 혹은 가면 효과 같은 것이 이렇게 작용한다는 것이 신기하고 반가웠다. 기존에 진행했던 다른 교실 토론에서보다 활발하게 토론이 진행된다는 것을 지도교사로서 체감했다. 아바타의 긍정적, 교육적 효과를 톡톡히 경험한 셈이다.

사실 이 수업은 메타버스 수업개발을 위한 일선 교사들의 노력을 지원해 주신 대구광역시교육청 덕분에 한 학급 규모의 VR 기기를 확보하게 되어서 가능했던 수업이다. 이 VR 기기들을 앞으로 꾸준히 활용하면서 VR 활용 수업을 더욱 다양한 영역에서 진행하고, 앞서 이야기한 긍정적 효과들을 보다 확실하게 실험하고 확인해 나갈 예정이다.

확률변수 수학수업

1:1 온라인 피드백을 어떻게 하면 잘할 수 있을까?

박주연 선생님

마산 무학여고 수학 교사. 다양한 온라인 도구를 활용하여 학생들의 수학 성취도를 높이고 다양한 수학 활동을 기획해 학생들이 수학을 좋아하고 수학적 사고를 자연스럽게 갖추어 나가게 하는 일에 열정을 다하고 있다. 경남 매쓰프론티어 수학교육연구회 회장을 맡고 있으며 전국수학문화연구회에서 활동하고 있다.

Q. 게더타운 수학수업의 강점을 소개해 주세요

고등학교에서, 게다가 수학 과목에 게더타운을 사용한다는 점을 의아하게 여기시는 분들이 계세요. 메타버스, 게더타운 하면 재밌는 게임으로 인식되어 있어서 그런 것 같습니다. 하지만 게더타운은 수학교과에 딱 들어맞는 기능을 가지고 있는 플랫폼이에요. 바로, 압도적으로 편리한 1:1 대화 기능입니다.

줌에서는 오디오와 비디오를 켜고 1:1 대화를 하는 것이 불가능했어요. 그런데 게더타운은 교사가 자신의 아바타를 학생 아바타 곁으로 이동시켜 그 거리가 일정 거리 이하로 되면 자연스럽게 1:1 대화를 개시할 수 있습니다. 오디오와 비디오가 활성화되지요. 고등학교 수학수업에 1:1 대화 기능이 중요한 건 바로 문제해결에 따른 피드백 때문이에요.

문제해결은 대학 입시를 앞둔 고등학교 학생들의 수학수업에서 가장 중요하게 여겨지는 활동입니다. 같은 문제를 두 학생이 틀렸더라도 그 문제를 틀린 이유는 두 학생이 서로 다르기 때문에 교사가 1:1 피드백으로 학생 간 수학적 사고력과 그 속도의 개인차를 보완해 주어야 하거든요.

실제로 저희 학교에서 게더타운 수학교실 수업을 시작한 게 2021년 7월이었습니다. 작년 내내 저희 학생들은 격주 등교를 했어요. 그런데 원격수업으로 줌을 이용하다 보니 1:1 피드백을 줄 수 없다는 점, 그리고 실시간 쌍방향 수업 특유의 피로감이 결코 적지 않다는 점 때문에 학생들이 수학수업 내용에 보다 집중하는 환경을 만들어 주고 싶다는 아쉬움을 가지고 있었는데 똑같은 아쉬움을 우리 학생들도 갖고 있다는 걸 알게 되었어요. 그래서 간과할 수 없다고 생각하고 다른 플랫폼을 바로 탐색하기 시작했습니다. 그러다가 당시에 울산수학문화관에 막 문을 연 메타버스 수학문화관을 보고 정보와 용기를 얻어 바로 공부해서 학교에 도입했습니다. 학생들의 온라인 수업 만족도는 꽝

장히 높아졌습니다. 그러면서 교사의 수업 만족도도 아주 높아졌어요.

단 게더타운은 1:1 대화, 모둠토의 등 대화와 토의에 강점이 분명한 플랫폼이니 평가 등 모든 수업활동을 이 안에서 해결하려고 하면 전혀 효과적이지 않습니다. 게더타운 안에 만든 교과교실을 거점으로 두고, 평가 등 수업활동을 진행할 때는 학생들이 각 활동에 알맞은 다양한 온라인 도구들을 이용할 수 있도록 게더타운 수학교실에서 안정적으로 안내함으로써 일종의 터미널 기능을 수행하도록 하면 효과적입니다. 온라인 수업으로 수학에 고민이 깊어진 선생님들과 학생들에게 게더타운에서 만나 보시길 강력하게 추천합니다.

1. 수업 소개

실제로는 모든 수학 단원을 게더타운 교실에서 수업하고 있으나 여기에는 고등학교 2학년 학생을 대상으로 진행한 수학과 〈확률과 통계〉 '확률분포' 단원 수업을 3차시로 재구성하여 소개하고자 한다.

게더타운에 교사의 수학교실을 맵(map)으로 구성해 두고 수업을 진행하였다. 기존에 사용해 온 구글 클래스룸에 각종 공지와 학습콘텐츠를 게시하여 일목요연한 수업 게시판으로 병행활용하였고 즉시 안내할 사항이 있을 때는 메신저에 학급별로 만들어져 있는 단체 채팅방도 함께 이용했다. 학생들에게 학습내용 및 평가를 제시할 때는 패들렛, PPT, 데스모스(Desmos) 등 다양한 온라인 도구를 활용하였고, 학생들 또한 이 도구들을 활용하여 과제 및 평가에 참여하도록 하도록 하였다. 수업에 사용하는 도구가 다양하지만 이 때문에 수업 안정성이 흔들리지는 않는다. 이는 실제로 1년여 동안 고등학교 1~2학년 전체에서 안정적으로 진행해 온 방식이다.

우선 1차시에는 확률변수의 개념을 설명하고 확인문제를 수업 중 과제로 제시한 뒤 1:1 피드백하는 과정으로 수업을 진행하였다. 개념 설명은 교사가 직접 제작하고 편집한 20여 분의 동영상으로 제공하였고, 동영상 중간에 들어 있는 개념 확인문제를 학생이 각자 풀고 이를 게더타운에 연동된 패들렛으로 제출하면 교사가 1:1 피드백을 제공하였다.

2차시에는 확률변수의 개념에 대한 학생들의 이해도를 확인하고 점검하기 위해 형성평가를 진행하였다. 형성평가는 데스모스를 사용해 미리 제작하여 게더타운에 연동하였고, 수업의 시작과 끝을 게더타운에서 진행하였다.

　마지막 3차시에는 확률변수의 개념과 관련된 주제탐구 모둠활동을 진행하였다. 학생들의 토의 활동은 수학자 이름을 붙인 게더타운 토의룸에서 진행하였고 모둠활동에 대한 교사의 상시 피드백, 결과물 제출과 확인 역시 모두 게더타운에서 진행하였다.

2. 수업 개요

관련 단원
고등학교 2학년 《확률과 통계》 5. 확률분포

관련 성취기준
[12확통03-01] 확률변수와 확률분포의 뜻을 안다.
[12확통03-02] 이산확률변수의 기댓값(평균)과 표준편차를 구할 수 있다.
[12확통03-03] 이항분포의 뜻을 알고, 평균과 표준편차를 구할 수 있다.
[12확통03-04] 정규분포의 뜻을 알고, 그 성질을 이해한다.

수업 흐름도

차시	수업 내용 및 활동
1차시	확률변수 개념 이해하기
2차시	확률변수 형성평가
3차시	확률 관련 주제탐구 모둠활동하기

3. 수업 전개 과정

1단계 수업 들어가기

1차시를 시작하면서 구글 클래스룸에 공지를 올렸다. "모두 수업 종이 치면, 게더타운의 시청각실로 모이세요!" 학생들이 게더타운에 있는 수학교실 맵에 들어오면 참가자 목록에 이름과 아바타가 뜨기 때문에 출석여부를 교사가 확인할 수 있는데 방명록에 이름을 남기도록 하여서 출석확인 자료로 사용하였다.

수학교실 맵 안에 만들어 둔 시청각실은 실제로 학교 건물 안에 있는 강당 용도의 멀티미디어 이용 공간인데 이 공간을 게더타운 안으로 옮겨두었다. 시간이 되면 시청각실에서 화면공유 버튼을 누르고 수업을 시작하였다. 오늘 수업의 학습목표와 내용이 무엇인지, 어떤 활동을 수행해야 하는지 등을 실시간으로 안내했다.

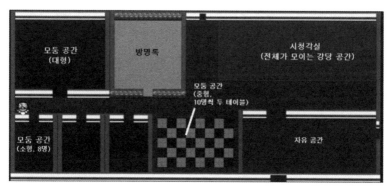

〔게더타운 수학교실 맵의 모습〕 강당 기능의 시청각실과 모둠공간을 갖춘 간단한 형태의 교실로 구성했다. 과제 제출하는 루프탑과 평가를 진행하는 해변은 별도 공간으로 있다.

"오늘은 확률변수 개념에 대해 알아보는 시간입니다. 구글 클래스룸에 선생님이 학습 동영상을 올려 두었으니 지금부터 동영상 보며 열심히 공부하세요. 그리고 영상 안에 있는 미션문제를 캡처해서 각자 풀고, 푼 것을 여기 게더타운 루프탑에 제출하세요. 영상 보고 바로 미션문제를 풀어 올리되 영상이 20분이니 늦어도 40분 뒤까지는 모두 올리세요. 그러면 선생님이 보고 피드백해 줄 거예요."

2단계 개념 학습하기

확률 변수의 개념을 설명하고 관련 문제를 풀이하는 20분 정도의 영상을 미리 만들어 두고 이것을 구글 클래스룸에 게시하여 학생들이 이를 보면서 학습하도록 하였다. 이 학습영상은 PPT를 사용하여 실시간 판서와 교사의 음성을 넣어 제작하였고 동영상 편집 프로그램을 활용하여 편집하고 완성했다.

이런 방식의 이른바 콘텐츠형 온라인 수업이 학생의 학습관리나 실시간 피드백이 되지 않는다는 점이 문제로 지적되면서 줌이라는 실시간 쌍방향 화상 플랫폼이 크게 주목받았는데, 수학과목에는 특유의 니즈가 있다.

수학은 이해해야 할 내용이 많은 편이고, 학생들의 이해속도에 편차가 있기 때문에 실시간 쌍방향 수업을 진행하고 나면 학생들로부터 실제 수업 녹화 영상을 달라는 요청이 들어온다. 자신이 이해하지 못한 부분을 반복하여 듣고 복습하고 싶기 때문이다. 또한 고등학교 수학수업에서는 문제풀이가 큰 비중을 차지하는데 게더타운의 화면공유나 줌을 이용하다 보면 수학 기호나 숫자가 학생에게 명쾌하게 전달되지 않는 경우가 있다는 게 문제된다. 이에 비록 일방향 소통이더라도 수업의 개념과 문제풀이 영상을 EBS 강의처럼 제작해 보니 깔끔하고 확실하게 문제풀이나 개념설명 내용을 전달할 수 있어서 고등학교 수학수업에 알맞다고 판단하였고, 학생들이 영상 학습을 진행한 후 각자의 문제해결 과정을 패들렛으로 제출하게 하고 교사가 이에 대한 실제적인 1:1 피드백을 제공함으로써 영상의 일방향성을 보완하기를 선택한 것이었다. 1:1 피드백을 제공할 때는 게더타운의 URL 연동과 아바타 간 대화를 이용했다.

3단계 확인문제 풀고 제출하기

앞서 학생들이 시청한 20분 가량의 영상 안에 '미션문제'라는 확인문제를 넣어 두었다. 학생들이 영상으로 학습하던 중 이 문제를 발견하면 영상을 끝까지 시청한 뒤에 각자 풀고 그 풀이 과정을 게더타운 맵의 루프탑 공간에 제출하게 하였다. 풀이 과정을 종이에 적고 이를 사진 찍어 올리든 화면을 캡처하고 패드를 이용해 펜슬로 풀이 과정을 기입해 올리든 학생이 자유롭게 방법을 선택하여 과제를 제출하게 했다.

　루프탑 공간에 과제가 제출되면 교사는 바로 확인하고 과제 수행이 미비한 학생에게 1:1 피드백을 제공했다. 게더타운은 사용자 간 거리가 가까우면 비디오와 오디오가 활성화되어 자동으로 대화할 수 있는데 이 장점을 이용하여 학생의 문제풀이 과정에 드러난 오류를 피드백하였다. 학생들의 아바타가 게더타운 맵의 어디에 있는지 교사는 확인이 가능하므로 교사가 학생 곁으로 이동하면 대화를 시작할 수 있고 확인문제에 대한 피드백을 줄 수 있다. 손들기 기능을 이용해 손을 든 학생 아바타에게 교사가 다가가 대화를 나누어도 좋다. 수학과목은 이해도에 있어서 학생 개인별 특수성이 있기 때문에 1:1 피드백의 역할이 큰데, 1:1 대화는 줌에서는 진행하기 어려웠다. 이는 대화와 토의를 아주 용이하게 개시하고 해제할 수 있는 게더타운만의 강점이다.

수업을 마치기 5분 전, 게더타운의 스포트라이트 기능을 활용해 학생들이 시청각실에 다시 모이게 한 뒤 화면공유 버튼을 눌러 실시간 영상으로 수업을 마무리하였다. 이번 시간을 정리하고 다음 수업을 안내하면서 1차시를 마무리하였다.

4단계 형성평가 하기

앞서 1차시에서 학습한 확률변수에 관한 이해도를 확인하기 위해 형성평가를 진행했다. 게더타운 맵 가운데 평가를 위한 공간인 '해변'에 학생들이 모이도록 안내하고 화면공유를 통해 오늘 진행할 형성평가 과정을 실시간으로 알렸다. 그리고 모두가 온라인 형성평가에 임하게 하였다. 형성평가에 활용한 온라인 공학 도구는 데스모스(Desmos)에서 제공하는 액티비티이다.

데스모스에서 교사는 학생들의 문항별 진행 여부를 한눈에 확인할 수 있다. 각 문제에 학생이 어떻게 응답하였는지도 실시간 확인이 가능하고 문항별로 피드백 코멘트를 달아 줄 수 있다. 학생은 자신이 이미 풀고 넘어간 문제에 교사가 코멘트를 달았다는 알림을 받으면 중간에 돌아와 다시 풀기도 한다. 데스모스는 구글 클래스룸과 연동하여 사용할 수 있기 때문에 클래스룸을 한 번 등록해 두면 이후에는 손쉽게 바로 이용할 수 있다.

약 30분 동안의 형성평가를 모두가 완료하면 다시금 학생들을 모아

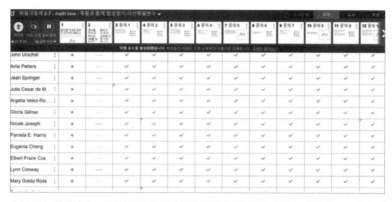

〔데스모스 형성평가 교사용 화면〕학생이 문항 풀이를 완료하면 해당 문제에 체크 표시가 나타나 교사는 학생의 진척도와 오답 여부를 실시간으로 확인하고 피드백 코멘트를 달아 줄 수 있다.

수업을 정리하고 형성평가에 따른 추후 과제와 다음 차시의 활동을 안내하고 2차시 수업을 마무리하였다.

5단계 모둠 토의 하기

3차시가 시작되면 학생들을 게더타운 수학교실 시청각실에 모이게 하고 화면공유 기능을 이용해 이번 시간 동안 진행할 주제탐구 모둠활동의 주제와 활동 내용, 결과물 제출 방법 등을 공지했다. 그리고 교사가 게더타운 맵에 마련해 둔 모둠공간으로 학생들을 이동시켜서 오디오를 켜고 서로 토의하도록 했다.

분리된 각각의 모둠공간마다 교사는 게더타운에서 무료로 제공하는 칠판기능(노트와 캔버스)을 탑재해 두었고, 학생들이 모둠공간에서 오디오와 비디오를 켜고 논의하면서 이를 이용해 메모와 그림 기록을 남기고 지우지 않도록 하였다. 이렇게 학생들이 남긴 기록은 학생관찰과 기록에 활용하였다.

또한 게더타운에는 교사의 모니터 기능이 있어서 교사가 미리 제작한 타일에 올라서기만 하면 모둠공간 안으로 들어서지 않아도 모둠 안에서 진행되고 있는 오디오와 화면을 모두 실시간 모니터할 수 있기 때문에 학생들의 토의 중간에 교사가 적절히 개입하여 도움을 줄 수 있다.

수학 과목에서 토의 등의 모둠활동은 크게 두 가지 성격으로 진행되는데 한 가지는 학생들이 수학적 관점에서 일상생활을 이해하고 수학적 사고를 일상생활에 적용해 보도록 하는 활동으로 예를 들어 제주도 김녕 미로공원에 적용되어 있는 오일러의 수학원리에 대해 탐구해 보도록 한다거나 육상 트랙마다 출발지점이 다른 이유에 대해 수학적으로 설명해 보도록 할 수 있다.

또 한 가지는 대입 논술이나 면접 기출 문제 혹은 변형 문제를 제시하고 모둠이 함께 논의하여 발표하게 하는 활동이다. 창의 · 융합형 활동을 위해 활동지를 제작해 학생들이 제시문의 지문을 모둠 단위로 함께 논의하여 해결해 보도록 한다. 이 수업에서 진행한 모둠 토의는 이 두 번째 유형이었다.

4. 수업 소감

게더타운이라는 플랫폼은 1:1 피드백을 전하는 데 탁월하다는 점 말고도 큰 장점을 몇 가지 더 가지고 있다. 무엇보다도 학생들이 높은 흥미를 보이고 자주 즐거워한다는 장점이 분명하다. 소위 수학을 잘하는 학생도, 그렇지 못한 학생도 모두 게더타운 수학교실을 좋아한다. 수학을 가장 잘하는 아이로부터 "선생님, 너무 재밌어요! 다음 시간엔 뭐 하나요?"라는 들뜬 목소리의 질문을 받기도 했고, 수학 점수가 좋지 않고 늘상 졸던 아이가 수학시간 내내 전혀 졸지 않는 낯선 모습을 보기도 했다. 수학을 대하는 학생들의 부담감을 게더타운이 크게 낮춰 주는 건 경험적으로 분명해 보인다.

또한 학생들의 공간을 무한히 확장시켜 줄 수 있다는 장점이 있다. 교사들은 수업 공간으로 활용할 맵을 구성할 때, 모둠 공간이나 강의 공간 같은 실용적 공간 외에도 학생들이 짬짬이 즐겁게 시간을 보낼 수 있는 기획공간을 보통 구성해 넣는다. 일례로 나는 미로를 체험할 수 있는 공간을 수학교실 맵에 만들어 두었다. 게더타운에서는 나의 맵과 다른 사람의 맵을 연결할 수 있는데, 수많은 선생님들의 맵을 연결하면 학생들에게 아주 다양한 학습공간뿐만 아니라, 아주 다양한 기획공간까지 모두 제공해 줄 수 있을 것이다.

이런 장점을 지닌 게더타운이 보다 많은 수업에서 이용되기를 바란다. 나아가 게더타운을 중심으로 학생들이 다양한 온라인 도구를 이용하게 되기를 바란다. 예를 들어 통계 활용 프로젝트 과제를 부여할 때 통그라미, 미리캔버스, PPT, 엑셀과 같은 여러 종류의 디지털 도구를 제시해 주고 선택적으로 이용하여 제출하도록 하면 좋다. 학생들이 자신의 취향이나 역량에 따라 도구를 선택하게 할 수도 있고 다양한 도구를 익히도록 안내하는 셈이기도 하니 바람직한 일이라 본다.

이렇게 학생들이 제출한 다양한 디지털 결과물을 교사가 정리하여 온라인에 게시해 둘 수 있다면 더욱 좋을 것이다. 모질라 허브(Mozilla hubs) 등의 플랫폼에서는 3D 전시공간을 꾸밀 수 있는데 학생들의 결과물을 판넬처럼 정리하여 부스에 전시해 두고 이 공간에 접속하도록 하는 링크를 만들어 두면 한번 만들어 둔 학습 결과물이 자료로서 오래 보관되고 차후 유용하게 이용될 수 있어 학생에게도, 교사에게도 유익하다.

마지막으로, 학생들이 하나의 도구에 익숙해지는 것도 좋지만 여러 도구의 다양한 UI를 익히고 사회에 나가는 것 또한 교육적인 일이라 본다. 대학에서, 사회에서 지금보다 더욱 많이 사용하게 될 온라인 도구들을 익숙하게 사용하는 역량은 학생들에게 아주 유용하게 기능할 것이다.

〔모질라 허브〕학생들의 수학활동 결과물(통계 포스터)을 판넬처럼 정리하여 3D 공간에 전시하였다.

#사회 #마인크래프트 #초등

선사시대 체험하기

엄태건 선생님

전북 완주 동양초등학교 교사. 마인크래프트를 중심으로 한 게임 기반 학습을 꾸준히 수업에 적용하고 있다. 마이크로소프트 혁신교사모임(MIEE)과 전북창의공학교육연구회에서 활동하며 새로운 수업 방법을 연구하며 공유하고 있다.

Q. 마인크래프트 활용 수업의 강점을 소개해 주세요

학생들이 몰입하고 즐거워하는 수업을 하고 싶어 마인크래프트를 선택했고 단순히 게임만 시켜 주는 수업이 되지 않기 위해 게임 기반 학습을 연구하며 실천한 지 6년이 되어 갑니다. 그렇게 얻은 경험을 통해 저는 마인크래프트 활용 수업에 대한 확신과 요령을 가지게 되었습니다.

교육용 마인크래프트를 수업에 활용하면 네 가지 특별한 강점을 느낄 수 있습니다. 우선 학생들이 정말 좋아합니다. 그래서 학생의 수업 참여도와 몰입도가 질적으로 달라집니다. 두 번째는 학생에게 과제를 제시할 때 하나하나 지시하며 시키지 않아도 주체적으로 과제를 탐구하며 해결해 나가는 모습을 볼 수 있습니다. 세 번째로는 학생들의 협업이 자발적으로 일어납니다. 서로의 머리와 힘을 모아 협동하는 게 필요한 상황이라는 그 판단을 학생들이 시시각각 주체적으로 하며 스스로 무리를 지었다가 개별 활동을 했다가 합니다. 네 번째로는 평가의 질이 상승합니다. 마인크래프트 수업에서 학생들이 가장 기다리고 즐거워하는 건 활동이 끝난 후 교사와 함께 모두가 만든 결과물을 함께 둘러보는 시간입니다. 즉 학생들 스스로 자기평가와 동료평가에 적극 참여하는 모습을 보여 줍니다. 타인의 결과물과 나의 결과물을 스스로 비교하며 자신에 대한 반성적, 비판적 사고를 할 수 있습니다.

제가 진행한 마인크래프트 활용 수업 사례 가운데 서바이벌 모드를 활용하여 진행한 선사시대 체험하기 수업 사례를 소개합니다. 앞서 설명한 마인크래프트 수업의 네 가지 강점은 수업에 어떻게 적용되었을까요?

1. 수업 소개

마인크래프트 에듀케이션 에디션을 활용하여 사회과 선사시대 수업을 진행하였다. 5학년 학생을 대상으로 날을 정해 4~6교시, 총 3차시 연속 수업으로 진행하였다. 1차시에는 마인크래프트 활용에 앞서 구석기, 신석기, 청동기, 철기 시대에 대한 이론 수업을 진행하였고 2차시에는 마인크래프트 서바이벌 모드에서 제공하는 맵 안에서 학생들이 제한시간 안에 각 시대를 구현해 보도록 하는 활동을 진행하였다. 그런 뒤 마지막 3차시에는 각자가 만든 결과물을 교사와 함께 둘러보면서 자기평가와 동료평가를 바탕으로 체크리스트를 작성하도록 함으로써 단원을 마무리하였다.

2차시 마인크래프트 활동에 들어가며 교사가 학생들에게 준 과제는 딱 한 가지다. "선사시대인이 되어 살아 보거라!" 구석기, 신석기, 청동기, 철기 시대마다 5~7분 정도로 일정하게 제한된 시간 안에 각 시대의 모습을 구현하도록 하였는데 만약 시대에 맞지 않는 모습을 구현했다면 감점 1점, 시대에 알맞은 도구를 구현하면 가점 1점을 계산할 것이라는 규칙을 주었다.

활동이 시작되자 학생들은 구석기, 신석기, 청동기, 철기 시대별 제한시간 안에 각 시대에 알맞은 집을 짓고 농사를 짓고 하며 각 시대의 대표적인 모습들을 마인크래프트 안에 스스로 구현해 나갔다.

2. 수업 개요

관련 단원

5학년 2학기 사회 1. 우리역사의 시작과 발전 2) 선사시대의 생활 모습

관련 성취기준

[4사02-03] 옛 사람들의 생활 도구나 주거 형태를 알아보고, 오늘날의 생활 모습과 비교하여 그 변화상을 탐색한다.

[6사03-01] 고조선의 등장과 관련된 건국 이야기를 살펴보고, 고대 시기 나라의 발전에 기여한 인물(근초고왕, 광개토대왕, 김유신과 김춘추, 대조영 등)의 활동을 통하여 여러 나라가 성장하는 모습을 탐색한다.

수업 흐름도

차시	수업 내용 및 활동
1차시	구석기, 신석기, 청동기, 철기 시대의 특징 이해하기
2차시	구석기, 신석기, 청동기, 철기 시대의 특징을 마인크래프트로 재현하기
3차시	2차시 결과물을 발표하고 친구들의 결과물을 보며 각 선사시대의 특징을 정리하기

3. 수업 전개 과정

1단계 **수업 들어가기**

컴퓨터실에서 2차시를 시작하며 이후 3차시까지 이어질 마인크래프트 활용 수업의 과정을 안내하고 마인크래프트를 활용해 수행할 핵심 과제인 "선사시대에서 살아남기!"의 내용과 시간제한, 가점 및 감점의 규칙을 설명하였다. 그리고 이 내용이 포함된 유인물을 나누어 주었는데 이 유인물에는 자신이 마인크래프트로 재현한 선사시대의 특징과 친구가 재현한 사항을 정리해 기록할 수 있는 체크리스트를 포함했다. 그런 뒤 학생들을 마인크래프트에 접속시키고 구석기 시대 미션의 제한시간이 시작됨을 알려 주어 활동을 본격적으로 시작하게 하였다.

2단계 **구석기인으로 살아 보기**

구석기 시대를 살아 보는 데 주어진 시간은 5분! 활동이 시작되면 집을 짓겠다는 생각으로 급하게 바닥이나 벽을 쌓기 시작하는 학생들이 있다. "쌤! 얘 집 지어요!" 이 순간 이미 동료평가가 시작된 것이다. 곧 학생들은 맵을 돌아다니며 동굴같이 생긴 공간을 찾아 들어가 불을 피워 두기 시작했다. 그리고 자신들이 선사시대인이 된 것처럼 몰입하기 시작했다.

〔구석기〕 맵에서 동굴을 찾아 들어가는 학생들의 모습

3단계 신석기인으로 살아 보기

새로운 시대를 알리는 5분이 시작되자 농경지부터 만들기 시작하는 학생들이 있었고 움집부터 만들기 시작하는 학생들이 있었다. 그런데 한 학생은 움집을 반(半)지하로 만들고 있었다. 이는 교과서에 있는 정보가 아니었다. 이 학생은 인터넷에서 움집의 세부정보를 검색해서 그대로 만들어 보고 있는 중이라고 했다. 사실 움집이 반지하라는 건 교사 본인도 몰랐던 사실이었다! 학생의 이런 능동적 탐구심은 어디에서 나온 걸까? 아마 가점과 감점이라는 게임의 규칙에서 나왔을 것이다. 학생의 정보 덕분에 자신과 다른 지상 움집에는 모두 감점 1점씩을 주게 될 것이었다. 덕분에 반의 모든 학생이 신석기 시대의 움집에 관한 중요한 특징을 확실히 알게 될 것이다.

한편 가점 1점을 얻기 위해 몇몇 학생들은 신석기의 대표 도구인 화덕

[신석기] 빗살무늬 토기를 땅에 꽂아 둔 모습. 학생은 토기 안에 음식을 넣어 두었다. 미적 완성도는 이 수업에서 중요한 것이 아니다.

과 빗살무늬 토기를 표현하기 시작했다. 화덕을 만들 때는 집 안 어디에 화덕을 설치해야 할지 정보를 꼼꼼히 확인하는 모습을 보였고 빗살무늬 토기를 그릴 때는 토기의 끝이 뾰족한 이유가 땅에 꽂기 위함이라는 정보를 구현하기 위해 땅에 박힌 그릇을 표현했다.

4단계 청동기인으로 살아 보기

청동기 시대 7분의 시작을 알리자마자 학생들이 신이 난 목소리로 외쳤다. "얘들아, 고인돌 만들자!" 고인돌의 주요 재료는 돌인데 실제 생활과 마찬가지로 커다란 고인돌을 만들기 위해서는 시간과 자원, 노동력이 많이 필요하다. 그래서 자연스럽게 어떤 일이 일어났을까? 자발적인 협동 학습이 시작되었다. "얘들아, 고인돌 같이 만들자!"라는 말이 여기저기서 터져 나왔고 반 전체가 몇 개의 무리를 만들어 고인돌을 함께 만들기

〔청동기〕 학생들이 무리 지어 완성한 거대한 고인돌의 모습. 가운데 높이 솟은 석벽이 고인돌이다.

시작했다. 농경사회까지는 각자 혹은 친한 친구끼리만 활동하던 학생들이 고인돌을 통해 부족에서 국가로 넘어가는 과정을 스스로 체험하게 된 것이다.

학생들은 이미 알고 있었다. 고인돌은 클수록 멋진 거라는 걸. "우리가 제일 크게 만들어야 돼!"라는 말이 또 터져 나왔다. 고인돌의 크기가 청동기 시대 지배자의 힘과 권력을 의미한다는 역사 지식을 학생들은 스스로 체험하고 있었다.

물론 몇몇 꼼꼼한 학생들은 움집을 지상으로 옮기고 화덕을 가장자리로 옮기는 등 세세한 부분까지 신경을 쓰며 가산점을 얻었다.

5단계 철기인으로 살아 보기
철기 시대를 알리는 7분이 시작되자 학생들은 본격적으로 마을을 만들

〔철기〕 청동기에 캐고 남은 석재를 이용해 구축한 마을의 모습. 창고와 제단 등을 지어 놓았으며 아바타들은 같은 옷으로 맞춰 입었다.

기 시작했다. 울타리를 만들고 청동기 시대에 캐고 남은 돌로 집과 건축물을 지으며 마을의 모습을 구현해 나갔다. 학생들은 철기 시대에 생산량이 비약적으로 늘어났다는 걸 생각하고 곡식을 저장할 창고를 만들었다. 그리고 한 집단의 학생들은 아바타의 모습을 서로 똑같게 맞추어서 다른 집단 학생들과 차이가 분명히 드러나도록 했다. 고인돌에 이어 학생들이 집단성과 공동체성을 표현한 또 하나의 순간이었다.

여기까지가 40분 동안 컴퓨터실에서 진행된 2차시 수업 활동이다.

6단계 결과물 발표와 피드백

3차시에는 컴퓨터실에서 교실로 이동하여 모두의 결과물을 교사와 함께 둘러보며 발표하고 피드백하는 시간으로 수업을 진행했다. 이 활동은 마인크래프트 활용 수업의 꽃에 해당한다. 열심히 만들고 자신이 만든 것을 친구들에게 뽐내고 싶은 마음. 그것이 마인크래프트 수업의 최대 동기로 작용하기 때문이다. 학생들은 마인크래프트를 하는 시간보다도 이 시간에 더 집중한다.

학생들 모두는 맵 곳곳에 남겨진 서로의 결과물을 살펴보기 위해 교실 앞 화면에 집중한다. 이제 교사는 맵을 켜고 각 그룹이 만들어 둔 결과물들을 순회하며 학생 전체에게 보여 주면서 피드백하고 가점과 감점 요소를 가리며 평가를 진행한다. 그러면 학생들은 2차시를 시작하며 교사가 배부한 유인물의 체크리스트에 자신이 마인크래프트로 구현한 선사시대 특징과 친구들이 구현한 선사시대 특징을 구분하여 적고 가점과 감점 사항들도 정리해 적는다.

교사가 맵을 돌아다니며 학생들의 결과물을 하나하나 보여 줄 때 학생들은 "나는 이런 이유로 이걸 이렇게 했고 저건 저렇게 했다." 하는 발표를 하고, 친구들의 결과물을 보면서 발표를 듣고 그에 대한 교사의 피드백을 들으며 체크리스트를 채워 나간다. 그러면 체크리스트는 내가 확실히 알고 표현까지 해 본 것들뿐만 아니라 친구들의 결과물을 통해 알게 된 새로운 사실들로 채워진다. 이 시간 내내 학생들은 굉장히 높은 집중도를 유지한다.

4. 수업 소감

이 수업에서 학생들이 보여 준 능동적인 탐구력, 문제해결력, 시간관리 능력, 의사소통 능력은 아주 훌륭했다. 그리고 이런 능력들을 바탕으로 상황에 맞게 협업하고 제한조건하에서 다른 집단과 경쟁을 하면서 눈에 띄게 발휘하던 창의력도 대단했다. 사실 이는 그동안 진행했던 다른 마인크래프트 활용 수업에서도 마찬가지였다.

교실에서 학생들이 무엇을 어떻게 만들어 낼지 교사가 예측하는 건 무의미하다. 교사가 미리 생각을 해 본다고 하더라도 실제 수업에서는 학생들이 활발히 상호작용하며 만든 색다른 결과물들을 만나게 되기 때문이다.

한편 교사는 모든 학생이 각자의 속도에 따라 몰입감 있게 학습해 나가는 모습을 목격할 수 있다. 그리고 사회시간에 배웠던 지식과 역량을 학생들이 얼마나 가지고 있는지를 꾸밈없이 관찰할 수 있다.

마인크래프트를 활용한 수업을 적용해 보고 싶다가도 막상 시작하려면 망설이게 된다. 마인크래프트 자체를 잘 모르거나 학생들이 들떠서 수업을 통제하기 어려울 것 같아서, 혹은 교사가 새롭게 준비해야 할 것이 많을 것 같아서 적용하기를 꺼리는 분들이 적지 않을 것이다. 하지만 일단 시작해 보고 나면 이 대단한 수업 효과에 빠져들게 된다. 결국 교사가 가져야 될 마음의 준비는 여기에서 시작된다. '마인크래프트 수업? 일단 한번 해 보자!'

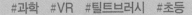

#과학 #VR #틸트브러시 #초등

소화과정 탐험하기

아침에 먹은 빵의 여정

최섭 선생님

서울 유현초등학교 교사. 서울대학교 생물교육학과에서 〈VR 기반 프로그램을 활용한 과학적 모형 구성 수업의 개발과 효과〉로 박사학위를 받았고, VR HMD 오큘러스 퀘스트 2와 코스페이시스를 중심으로 한 VR 기반 과학 학습을 꾸준히 수업에 적용하고 있다. 춘천교육대학교 VR/AR 교사연수 프로그램 개발팀인 ReCoST에서 VR 기반 학습에 관한 연구에 참여하고 있다.

※ 본 수업은 연구 목적으로 진행된 시범적 수업이며 수업 중 한국교육학술정보원(KERIS)의 〈가상현실(VR) 기술 휴먼팩터 가이드라인 연구〉*의 권고사항을 충실히 이행하며 수업을 진행하였습니다.

※ 약 14세 미만 어린이 청소년은 아직 시각 기능이 성숙한 단계에 이르지 않았고 시각정보에 따른 정신적 충격에 취약할 수 있는 등의 이유**가 있으므로, 어린이 청소년을 대상으로 VR HMD를 사용하는 경우 교사 등 보호자의 각별한 주의가 필요합니다.

참고 자료

* 한국교육학술정보원. (2019). "가상현실(VR) 기술 휴먼팩터 가이드라인 연구". 연구보고 RR2018-8.
**한국콘텐츠진흥원. (2018). "가상현실게임 이용 가이드 연구". KOCCA17-71.

Q. HMD를 사용하는 VR 과학수업의 강점을 소개해 주세요

과학수업을 VR HMD로 진행하면서 실감한 몇 가지 효과가 있습니다. 대면 강의 수업이나 수업을 영상으로 촬영한 수업에서는 얻을 수 없는 강점이 있습니다. 우선 시뮬레이션 효과가 있습니다. 실제세계를 가상으로 구현해 두고 어떤 절차나 상황처리 방법을 가르치는 가상세계에서 학습자들은 무중력 상태처럼 실제로는 경험할 수 없는 일을 경험해 보거나, 안전기기 작동처럼 실제로는 한번 결정하면 되돌리기 어려운 일을 여러 번 반복 수행할 수 있습니다. 시행착오에 부담이 없으니 자유롭게, 확실하게 학습할 기회를 얻는 셈입니다.

이런 강점 덕분에 학생들은 문제상황 속에 숨겨져 있는 원리까지 여유롭게 체득하게 됩니다. 음식물이 되어서 몸속 소화기관을 통과해 보는 VR을 체험한 학생들은 입, 식도, 위, 창자로 이어지는 소화기관이 각자 개별로 떨어져 있고 어렴풋이 이어져 있다고 생각하는 것이 아니라 확실히 연결되어 있는 하나의 연쇄적 소화기관이라는 것을 체험을 통해서 자연스럽게 알게 됩니다.

마지막으로 VR 콘텐츠는 생생할수록, 경험이 새로울수록 사용자에게 큰 감정을 불러일으키거든요. 실제로 수업을 해 보면

"우와!" 하는 소리를 여러 번 듣게 됩니다. 학생들이 VR로 지식을 학습하는 중에 놀라움, 두려움, 즐거움 등의 감정을 경험하고 이렇게 감정과 지식이 결합되면 기억에도 좋은 영향을 미치는 듯합니다.

"VR이 최고다!"라고 이야기하는 게 아니에요. 〈아바타〉를 책으로 보았을 때, 영화로 보았을 때, 게임으로 할 때 사용자가 하게 되는 경험은 각각이 완전히 다르고, 모두가 아주 좋잖아요. VR로 학습자의 체험범위를 확장시켰을 때 압도적인 학습효과를 거둘 수 있는 학습내용들이 있습니다. 초승달, 상현달 하는 이름과 모양을 보통 암기식으로 공부하게 되는 '달의 위상변화'가 그 예인데 학생들을 가상현실로 우주 속 지구에 세우고 달을 공전시키면서 지구 그림자가 변화하는 모습을 체험하게 해 주면 학생들은 자연스럽게 그 원리까지 이해하고 잊지 않거든요. 저는 학생들이 다른 과목보다도 특히 과학수업에서 VR기기를 사용하며 3D 가상공간에서 배울 때, 다른 환경에서 배울 때보다 훨씬 쉽고 자연스럽게 학습할 수 있다는 이점을 크게 누릴 수 있다고 생각하고 있습니다.

1. 수업 소개

과학과 '우리 몸의 구조와 기능' 단원에서 '우리 몸의 소화기관'을 주제로 오큘러스를 활용한 모형 구성 수업을 진행하였다. '모형'이란, 과학과에서 자연 현상을 설명하고 예측하기 위한 설명의 체계를 의미한다. 수업에서 학생들은 자신들이 이해한 내용이나 내용들의 관계를 글, 그림, 수식 등의 시각적 요소로 표상한 모형을 표현할 수 있다.

6학년 학생을 대상으로 1차시를 첫 주에 진행하고 다음 주에 2~3차시를 진행하여 총 3차시 수업으로 진행하였다. 1차시에는 VR이 우리 삶과 어떤 관련이 있는지를 소개하고, 소화기관에 대한 그림을 초기 모형으로 구성해 보는 수업을 진행하였다.

2차시에는 소화과정과 관련된 현실에서의 문제 상황을 제시하여 생각해 보도록 하였고, 모형 구성을 위한 정보를 제공하는 영상과 함께 각 소화기관의 기능에 대해서 알아보는 수업을 진행하였다.

마지막 3차시에는 15~20분간 VR HMD 오큘러스(당시 Oculus Go를 사용함.)를 착용하고 입 → 식도 → 위 → 작은창자 → 큰창자에 이르는 소화과정을 가상현실에서 탐험해 보게 하였고, 배운 내용을 바탕으로 1차시에서 표현했던 소화기관 모형을 다시 구성해 보도록 하였다. 학생들은 3차시 수업에서 교사가 만든 프로그램인 〈Digestion VR〉을 오큘러스를 통해서 체험하였고 이 체험 후에는 1차시에 표현했던 모형보다 과학적으로 정교한 모형을 구성해 나가는 모습을 보였다. 〈Digestion VR〉앱은 교사가 3D Future 사의 기술적 도움을 받아 직접 만들 수 있었다.

2. 수업 개요

관련 단원

6학년 2학기 과학 4. 우리 몸의 구조와 기능 3) 우리가 먹은 음식물은 어떻게 될까요?

관련 성취기준

[6과16-02] 소화, 순환, 호흡, 배설 기관의 종류, 위치, 생김새, 기능을 설명할 수 있다.

수업 흐름도

차시	수업 내용 및 활동
1차시	VR과 우리 삶의 관련성을 이해하고, 소화과정 초기 모형 구성하기
2차시	소화과정과 관련된 일상적 문제상황 이해한 뒤 모형 구성을 위한 정보 얻기
3차시	소화과정을 VR로 체험하기, 수정된 모형 구성하기, 구성한 모형 공유하기

3. 수업 전개 과정

1단계 수업 들어가기

1차시를 시작하며, 메타버스가 우리 삶에
얼마나 가까이 다가왔는지 동영상을 통해
알아보는 시간을 가졌다. 동영상에서는 사
람들을 모아 놓고 새로 나온 기차를 소개하
는 발표 자리에서 기차를 발표장에 AR로
들여오는 장면이 나온다. 이를 보면서, 자
신의 물건을 팔기 위해 AR로 PPT를 하고
VR로 상호작용하는 날이 머지않아 찾아올
것이라는 의견을 나누었다. 그런 뒤 "내가
생각하는 소화란 무엇일까요?", "아침에 먹

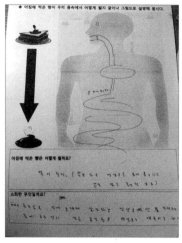

〔소화과정 모형〕 학생 작품: 초기 모형

은 빵은 어떤 과정을 통해서 소화될까요?" 등의 단원과 관련된 질문을 던
지고 이야기를 나누었다. 마지막으로 학생들에게 학습지를 주고 활동하였
다. 학습지에는 "아침에 먹은 빵은 우리 몸속 소화기관의 어떤 기능을 통해
서 어떤 순서로 소화되고, 어떤 과정을 통해서 우리 몸에서 배설될까요?"
라는 질문이 포함되어 있으며, 학생들은 소화과정에 대한 초기 모형을 글
과 그림으로 표현하였다. 이렇게 1차시를 마무리하였다.

2단계 모형 구성을 위한 정보 제공하기

먼저 "우리가 점심시간에 함께 먹은 그 밥은 과연 몇 시간 뒤에 대변으
로 나올까?"라는 질문을 통해 학생들을 소화과정과 관련된 일상적 문제

상황으로 초대했다. 그런 뒤, 학생들이 모형 구성을 해 나가는 데 필요한 자료를 제공하였는데 소화과정을 3D로 설명하는 동영상을 보여 주면서 소화기관의 구조와 기능을 설명하였다. 이 과정에서 얻은 소화기관의 구조와 기능에 대한 정보를 학생들이 학습지에 기록하면서 정리해 보게 하였다. 이렇게 2차시를 마무리하였다.

3단계 VR 기기 및 프로그램 사용법 알아보기

3~5단계가 3차시에 해당한다. 우선 컴퓨터 없이 사용가능한 독립형 VR HMD인 오큘러스 고의 기본 사용법을 동영상과 학습지로 제공한 뒤 설명하였다. 그리고 VR 기기에서 〈Digestion VR〉 앱과 그 안의 VR 콘텐츠가 어떻게 구현될 예정인지 개괄적인 흐름을 동영상으로 보여 주며 설명하였다.

4단계 VR 기기로 소화기관 탐험하기

학생들에게 VR 기기를 제공하고 〈Digest ion VR〉을 체험하도록 안내했다. 학생들은 3D 가상공간에서 실제와 가까운 소화기관을 보면서 신기해했고, "제가 빵이 되어서 삼켜지는 것 같아요!"라고 말하며 음식물의 시점으로 인간의 소화과정을 체험했다. VR

〈Digestion VR〉 콘텐츠
유튜브 영상"

기기를 통한 직접적인 체험을 통해 학생들은 '감정과 결합된' 지식을 얻게 된다. 예를 들어 학생들은 위 내부로 들어간 뒤 그곳에서 음식물이 녹는 과정을 눈으로 보고 귀로 듣고 움직임을 경험하면서, 그에 따르는 설명도 듣게 되는데 이 과정을 통해 학생들은 음식물이 위산으로 소화되는

〈Digestion VR〉의 한 장면: 대장(큰창자) 탐험하기

과정에 대한 지식에 생생한 감정을 결합시키게 된다. 앞서 2단계에서 학습지에 기록했던 소화기관의 기능에 관한 지식을 이 단계에서 확인해 보면서 놀람, 흥분, 즐거움을 포함한 감정을 결부시킨다.

5단계 **다시 모형 구성하기**: 2D + 3D

VR 기기로 소화과정을 체험한 학생들이 1차시에 표현해 보았던 소화기관 모형을 다시 만들어 보도록 하였다. 1차시에 모형을 표현해 보게 하였던 그 학습지를 동일하게 배부하고 모형을 다시 표현해 보도록 하였다. 대체로 학생들은 1차시에 표현한 모형보다 그림을 상세하게 그리고 많은 정보를 모형에 기입해 넣었는데 식도의 움직임에 관한 정보를 화살

■ 메타버스와 쓰리디퓨쳐(3D Future), (2019.05.29.), "[VR 교육] 소화과정". https://www.youtube.com/watch?v=sNWNmTb0xeA. 2022.03.01. 접속.

표로 드러낸다든지 위에서 소장으로 넘어가면서 일어나는 소화과정을 단계적으로 기록하는 모습을 보였다. 그리고 입, 식도, 위, 작은창자, 큰창자를 각기 별도의 기관으로 표현하고 각각을 통로로 연결하는 식으로 표현하기보다는 하나로 연결된 기관으로 자연스럽게 표현했다.

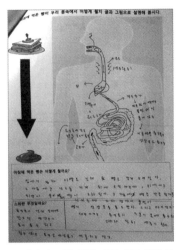

[소화과정 모형] 학생 작품: VR 체험 후 모형

그런데 이 과정은 3D로 표현하도록 해도 좋을 것이다. 구글 틸트 브러시(Google Tilt Brush) 앱을 이용하면 학생들이 3D로 표현활동을 하게 할 수 있다. 3D로 체험한 것을 종이로 된 2D 학습지가 아니라 3D로 모형 구성을 하게 하면 VR로 진행한 3D 교수 활동이 학생의 3D 표현활동으로 자연스럽게 연결, 확장되어 다양한 학습경험을 제공하는 효과뿐 아니라 학생의 기억에도 긍정적인 영향을 미치리라 기대한다.

[예] 모형 다시 구성하기: 3D (구글 틸트 브러시)

4. 수업 소감

이 수업은 당시 학교에서 확보하고 있던 HMD 기기인 오큘러스 고 (Oculus Go)를 활용하여 진행했다. 그런데 수년 사이에 오큘러스사에서 새 기기들을 개발해 출시했고 현재는 오큘러스 퀘스트 2 생태계가 자리 잡혀 있는 상황이다. 교사 본인도 현재 오큘러스 퀘스트 2 기기 수 대를 교내에 확보하여 수업에 사용하고 있다. 이를 생태계라고 부를 수 있는 건 HMD에서 이용 가능한 앱 등의 도구가 상당히 다양하기 때문이다.

오큘러스는 다양한 VR 콘텐츠를 생생하게 이용할 수 있게 해 주는 VR HMD 기기이므로 교사가 학생들에게 아주 색다른 학습경험을 제공하도록 돕는데 이를 넘어 학생들이 표현활동도 3D로 할 수 있도록 해 준다. 오큘러스 고는 컨트롤러가 1개였는데 퀘스트 시리즈부터는 2개로 늘었다. 착용자의 움직임을 섬세하게 인식하게 되었으므로 학생들이 상호작용하기에도, 3D로 표현활동을 하기에도 보다 좋은 기기가 되었다.

3D로 학습하게 하였다면 표현활동도 2D가 아닌 3D로 할 수 있도록 하는 게 바람직하다고 생각하고 있다. 실제로 수업에서 3D로 소화기관을 체험하게 한 뒤 2D인 학습지에 모형을 구현해 보도록 하면서 이질감을 느꼈다. 이것의 학습효과에 대해서는 이후 관찰, 연구해 보려 한다.

마지막으로 VR 콘텐츠에 대한 시력, 어지럼증 등의 우려가 있고 이것에 대한 연구와 개발이 아직 진행 중인 상황이므로 수업에서 VR 콘텐츠는 20분 이하로 사용하고 있으며 어지럼증 등을 느끼는 경우 지체 없이 기기를 벗도록 안내하고 있다. 이에 대한 정보를 계속 수집하고 수업적 대응을 긴밀히 하여 안전한 VR 수업의 모델을 만들어 나가고자 한다.

#미술 #마인크래프트 #초등

픽셀아트 함께하기

엄태건 선생님

전북 완주 동양초등학교 교사. 마인크래프트를 중심으로 한 게임 기반 학습을 꾸준히 수업에 적용하고 있다. 마이크로소프트 혁신교사모임(MIEE)과 전북창의공학교육연구회에서 활동하며 새로운 수업 방법을 연구하며 공유하고 있다.

Q. 마인크래프트를 활용한 픽셀아트 수업의 강점을 소개해 주세요

현대 미술의 영역은 점차 넓어지고 도구도 크게 다양화되고 있습니다. 붓이나 펜을 쓰는 손 기술이 섬세하지 못하더라도 미술을 할 수 있는 길이 과거에 비해 훨씬 많아졌습니다. 컴퓨터 그래픽도, 컴퓨터 아트나 비디오 아트도, 사진이나 영화도, 판화도 모두 미술의 영역입니다. 그런데 손 기술이 섬세하지 않은 학생들은 학교 미술시간에 자신의 작품에 실망하고 절망합니다. 어쩌면 자신만의 독창적이고 시각적인 아름다움을 좋아했던 학생이 다른 시간도 아닌 미술시간에 그림과 만들기를 못한다는 이유로 그 꿈을 포기할 수도 있을 것입니다.

이런 일을 마인크래프트 미술수업이 조금은 막아 줄 수 있을 것 같습니다. 실제로 마인크래프트에서 픽셀아트 미술수업을 해 보면 학생들의 미술 우수성 순위가 뒤바뀌는 경우가 많습니다. 그림을 잘 그렸던 학생이 손보다 자유롭지 않은 블록에 당황하는 모습을 보게 되고, 한 블록씩 쌓아가는 재미를 느끼며 그림의 기쁨을 알아 가는 학생도 만날 수 있습니다. 그렇다 보니 미술시간에 볼 수 없던 기쁜 얼굴들과 목소리들을 만나게 됩니다.

마인크래프트 미술수업의 결과물에는 손 기술이 아니라 학생의 상상력과 창의력이 고스란히 반영됩니다. 자신의 머릿속에 있던 형상이 조금씩 픽셀아트로 표현될 때 학생들은 시간과 노력의 소중함을 알게 되고 끈기를 가지며 작품을 만들어 갑니다. 그림을 잘 그리지 못해서 미술시간을 지루해하던 학생들도 이 시간에는 완전히 집중해서 자신만의 상상력을 표현합니다.

이렇게 수업에 집중한 학생들은 친구의 노력도 알기 때문에 타인의 작품도 진지하게 감상하고 평가하며 피드백할 수 있습니다. 즉 학생의 표현력과 상상력을 더욱 신장시키는 진짜 평가가 일어납니다.

1. 수업 소개

마인크래프트 에듀케이션 에디션을 활용하여 미술과 픽셀아트 수업을 진행하였다. 4~6학년 학생을 대상으로 진행했던 다양한 수업경험을 정리하여 여기에는 총 4차시 미술수업을 제안하고자 한다.

총 4차시 수업은 전체를 연속 수업으로 진행하거나, 1차시를 별도로 진행하고 2~4차시를 연속 수업으로 진행하는 것이 바람직하다. 2~3차시 동안 학생들이 3차원 픽셀아트를 표현하는데 보통 80분이 꼬박 소요된다. 그리고 두 시간 동안 만들어진 픽셀아트 결과물을 모두 함께 공유하고 피드백하는 마지막 4차시는 누락할 경우 앞선 세 개 차시의 의미가 크게 낮아지므로 가급적 2~4차시는 연속 수업으로 진행하시기를 강력히 권해 드린다.

우선 1차시에는 3차원 픽셀아트 표현하기에 앞서 평면으로 픽셀아트를 해 보도록 했다. '가장 한국적인 것'을 주제로 하고 그리기 소재로 '한복'과 '된장찌개'를 제시한 뒤 마지막에는 자유주제로 학생들이 자유롭게 소재를 선택하여 표현해 보도록 했다. 학생들의 모든 결과물을 다 함께 살펴보고 피드백하는 과정을 진행하여 학생 각자가 표현의 요령에 대해 생각해 보도록 돕는다.

3차원 픽셀아트 활동에 이어 학생들이 3차원 픽셀아트 표현하기를 해 보도록 하는 데는 2차시와 3차시 총 80분을 제공했다. 학생의 표현 활동 몰입도와 노력도가 굉장히 높은 활동이기 때문에 학생들이 표현 활동에 집중할 수 있도록 환경을 정돈해 주고, 학생들이 교사에게 질문을 하거나 도움을 필요로 할 때는 교사도 진지하게 대응할 필요가 있다.

4차시는 전체 네 개 차시 가운데 가장 중요한 차시다. 앞선 2~3차시에 완성한 픽셀아트를 학생들이 모두 돌아가며 발표할 수 있도록 하고 학생 모두가 자신의 작품에 대한 평가를 교사와 친구들로부터 받을 수 있도록 해 준다. 자신의 표현 활동에 고도의 집중력을 발휘했던 만큼 평가받는 과정에도 아주 진지할 것이고 친구의 결과물을 감상하고 평가할 때도 여전히 높은 집중력을 발휘할 것이다. 서로의 작품에 대해 이야기할 때는 혹여 정제되지 않은 표현으로 서로 상처를 주고받지 않도록 교사가 완충해 주어야 한다.

2. 수업 개요

관련 단원
5학년 2학기 미술 1. 그림으로 말해요

관련 성취기준
[6미02-02] 다양한 발상 방법으로 아이디어를 발전시킬 수 있다.

[6미02-04] 조형 원리(비례, 율동, 강조, 반복, 통일, 균형, 대비, 대칭, 점증·점이, 조화, 변화, 동세 등)의 특징을 탐색하고, 표현 의도에 적합하게 활용할 수 있다

[6미02-06] 작품 제작의 전체 과정에서 느낀 점, 알게 된 점 등을 서로 이야기할 수 있다.

수업 흐름도

차시	수업 내용 및 활동
1차시	2차원 픽셀아트 표현하고 발표하기
2차시	3차원 픽셀아트 표현하기
3차시	
4차시	2~3차시 결과물을 발표하고 친구들의 결과물을 보며 알게된 점, 느낀 점에 대해 정리하기

3. 수업 전개 과정

1단계 픽셀아트 들어가기

1차시에는 커다란 픽셀 단위로 대상에 대한 색깔과 모양을 표현하는 방법에 대한 입문 수업을 진행하였다.

픽셀아트란 무엇인지 소개하고 방법을 간단히 안내한 뒤 픽셀아트로 구현된 다양한 작품을 학생들과 함께 감상했다. 이후 직접 픽셀아트를 만들어 볼 그림을 제시하고 표현하는 시간을 가졌다. 학생들 스스로 픽셀아트를 경험해 보게 한 뒤 결과물을 공유하며 서로의 그림을 감상하고 표현 방법을 배울 수 있도록 했다.

연필로 픽셀아트를 해 본 학생의 결과물. 실수와 개선점을 피드백해 줄 수 있다.

2단계 3D 픽셀아트 만들기

마인크래프트로 픽셀아트를 표현해 보는 수업에는 80분 2차시가 꼬박 들어간다. 학생들은 자신이 가지고 있던 관찰력을 바탕으로 표현력을 최대로 드러내기 위해 굉장히 높은 몰입을 보여 준다. 학생들의 표현력이라기보다는 표현의지가 최대치로 드러나는 시간이라고 하는 게 더욱 정확한 표현이다. 종이, 크레파스, 물감 등 기존에 사용하던 재료에서 벗어나 마인크래프트에서 컴퓨터를 이용해 그리고 채색하는 활동을 진행하면 학생들은 기존 미술수업에서와 다른 표현법에 적응하기 위해 몰입하고 기존에 드러내지 않았던 관찰력과 표현력을 드러낸다. 학생들이 그림을 완성하면 교사가 모두의 그림을 공개하여 보여 주면서 그림의 특징과 개선점에 대해 피드백하였다. 교사의 피드백과 별도로 학생들은 친구들의 표현 방법을 파악하고 배우기 위해 집중하는 모습을 보였다.

한 학생은 포켓몬스터 캐릭터를 표현하기 위해 집중하여 공을 들였는데 우선 캐릭터를 공중에 띄우고 아웃라인을 꼼꼼히 그린 뒤 내부 픽셀을 하나하나 채워 넣어 채색하였다. 결과물의 완성도도 굉장히 높아 이를 본 모든 학생이 기뻐했다. 이 학생은 내성적이고 친구들과의 교류가 적은 편이었는데 이 결과물을 공유하였을 때뿐만 아니라 활동을 진행하는 와중에도 친구들로부터 "와, 진짜 잘한다!"라는 찬사를 여러 번 들었다. 마인크래프트 활동은 서로 볼 기회가 없던 새로운 능력을 보여 주고 볼 수 있는 시간을 제공해 준다.

학생들은 작품을 간단하게 표현하더라도 고민하고 공을 들여서 섬세하게 표현하고자 애썼다. 한 학생은 계란 초밥이라는 단순한 소재를 표현하고자 했는데 자신이 원하는 초밥의 질감을 표현하기 위해 수많은 질

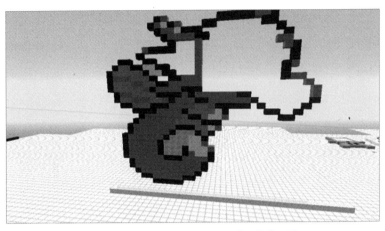
〔3D 픽셀아트〕학생 작품: 포켓몬스터(표현활동 중)

감의 블록 가운데서 고민을 길게 했다. 우선 밥 부분과 계란 부분의 질
감 차이를 표현하고 싶어 하면서 두 부분에 알맞은 블록을 고르기 위해
갖가지 블록을 적용해 보고 바꾸기를 여러 번 하였다. 초밥에 둘러진 김
을 표현할 때도 자신이 아는 김의 색을 정확히 표현하고 싶어 하면서 순
수 검은색이 아니라 검은색의 다양한 범주 가운데 특별한 색깔을 선정하
기 위해 고민했고 결국 약간 갈색이 섞인 것 같은 검정색 테라코타 블록
을 선택했다. 이것 외에도 라면을 표현한 학생은 '어떻게 하면 꼬불꼬불
한 면발을 잘 살릴 수 있을까?' 하는 고민을 아주 진지하게 하며 표현에
임하는 모습을 보였다.

3단계 픽셀아트 발표하고 피드백하기
마지막 4차시에는 앞서 모두가 만든 결과물을 공유하고 살펴보는 시간

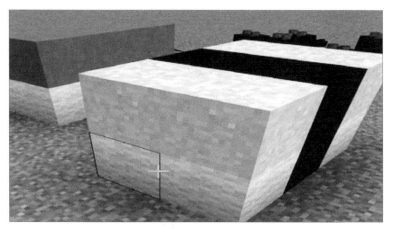

〔3D 픽셀아트〕학생 작품: 계란 초밥

을 가졌다. 마인크래프트 활용 수업에서 절대 빼놓지 않아야 하는 시간은 결과물을 전체와 함께 공유하고 피드백하는 이 시간이라는 점을 잊지 말아야 한다. 표현 시간은 줄이더라도 이 시간만큼은 절대 생략해서는 안 된다. 마인크래프트에 표현한 결과물을 타인에게 전시하고 타인의 결과물을 보면서 학습하고자 하는 열의가 학생들에게 대단하기 때문이다.

실제로 마인크래프트에서 학생들은 다른 곳에서는 보이지 않던 창의력과 표현력을 드러내고 또 이것을 각자가 최선을 다해 드러내려고 몰입하기 때문에 교사와 친구들의 한마디에도 크게 기뻐하고 보람을 느낀다. 교사가 자신의 결과물을 "계란 초밥이로구나!"라고만 알아보아 주어도 "선생님, 어떻게 아셨어요?"라고 크게 반응한다.

학생들이 열정적으로 표현한 결과물을 함께 공유하다 보면 학급 모두의 상상력과 표현력이 다 함께 확장되는 것이 느껴진다. 마인크래프트라는 표현 도구의 간편성과 3차원으로의 공간 확장성이 학생들의 상상력에 날개를 달아 준다는 것을 또한 느끼게 된다. 학생이 지닌 무한한 상상력에 압도당했던 두 작품을 소개하고자 한다.

우선 '하늘에 떠 있는 액자 프레임' 작품을 소개한다. 이것은 사실 학생이 두 시간에 마무리하지 못한 미완의 작품이다. 학생은 땅에서부터 기둥을 높이 쌓아서 공중에 큰 액자를 높이 띄워 두고 그 액자를 통해 보았을 때 프레임 안에 담길 일정 면적의 땅에 특별한 그림을 그리고 그 그림 주위에서 움직이고 있는 사람들의 모습까지 프레임 안으로 담기도록 표현한 것이라 했다. 학생은 좋은 위치를 골라 액자와 기둥을 만드는 데 두 시간을 몽땅 사용했고 프레임에 담길 지상의 모습은 채 완성하지 못했다. 하지만 교사와 친구들이 이 작품의 대단함에 대해 크게 기뻐하고 칭찬하기에는 조금도 부족함이 없었다.

다른 한 가지 작품을 더 소개하고자 한다. '3가지 관점에 따라 다르게

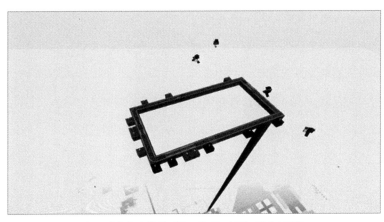

〔3D 픽셀아트〕 학생 작품: 하늘에 떠 있는 액자 프레임

〔3D 픽셀아트〕학생 작품: 3가지 관점에 따라 다르게 보이는 구조물(앞에서 보면 집, 위에서 보면 물고기, 옆에서 보면 강아지(실패))

보이는 구조물' 작품인데 사실 아이디어 구현에 성공하지 못한 실패작이다. 학생은 세 가지 관점으로 볼 때 서로 다르게 보이는 작품을 만들고 싶었다고 했다. 앞에서 보면 집이지만 위에서 보면 물고기, 옆에서 보면 강아지로 보이는 건물을 만들기 위해 노력했는데 옆에서 보면 강아지 부분에서 실패하고 말았다고 속상해했다. 이는 사실 3학년 학생의 자발적 작품이다. 교사도, 친구들도 모두 이 엄청나게 창의적인 아이디어와 그것을 어느 정도 구현해 나간 그 지구력에 찬사를 보낼 수밖에 없었다.

4. 수업 소감

손글씨가 예쁘지 않아서 손으로 공책이나 문서를 채우는 데 주눅이 들어 있던 사람들이 한글, 워드 같은 문서 파일을 이용하게 되면 자신감이 붙고 실제로 평가도 좋아지는 것처럼 미술시간에 마인크래프트를 만난 학생들은 여러모로 긍정적인 경험을 하게 된다.

크레파스, 연필, 붓처럼 손의 섬세한 표현력을 이용해야 하는 전통적인 미술수업 도구들을 다루는 데 탁월하지 못한 학생들은 미술시간마다 자신의 머릿속에는 분명히 들어 있는 어떤 이상적인 그림에 도무지 도달하지 못하는 자신의 못난 미술작품에 늘 실망해 왔는데, 이 학생들에게 3D 픽셀아트를 도와주는 마인크래프트는 손의 섬세한 표현력이 아니라 머릿속 생각과 상상력이 좋으면 좋은 결과물을 낼 수 있게 해 주는 고마운 표현 수단이 되어 주었다.

실제로 우리 반에는 미술시간마다 그림을 조금 그린 뒤에 마지막에는 종이 전체를 꼭 검게 채워서 제출하던 학생이 하나 있었다. 그 마음을 모르는 바 아니기 때문에 나무라거나 특별히 채근하지는 않았었다. 그런데 마인크래프트로 만드는 픽셀아트 시간에 이 학생의 낯선 모습을 만났다. 날개 달린 공룡 하나를 그려 완성하고 나서는 누구에게 묻거나 잠시도 고민하지 않고 시간을 꽉 채워서 공룡을 내리 두 개나 더 그렸다. 자신의 그림이 마음에 들었던 것이다. 그리기 시간이 종료되자 학생은 그제야 고개를 들어 교사에게 말했다. "끝났어요?" 교사는 학생으로부터 이 말

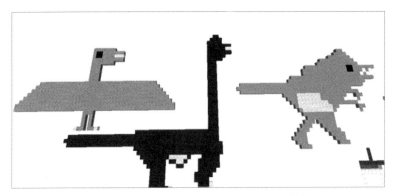

[픽셀아트] 학생 작품: 초록, 파랑, 주황 공룡 세 마리

을 들었던 그 순간을 잊지 못할 것 같다. 이런 순간이 마인크래프트 수업의 교육적 가치라고 생각한다. 학생은 어쩌면 처음으로 미술이 좋아졌을지도 모른다. 어린이의 모든 순간이 그런 것처럼 어쩌면 학생의 꿈에 빛이 반짝 들어온 순간일 수도 있다.

크레파스나 붓을 이용한 미술수업보다 훨씬 많은 학생들이 머릿속 상상력을 쉽고 멋지게 표현하는 데 이르도록 도와주는 마인크래프트를 이용한 픽셀아트 미술수업을 많은 선생님들께서 시도해 보시기를 강력히 추천드린다.

Part

5

메타버스
에듀테크의 모든 것

: 미래와 현재

_ 박기현

메타버스가 디지털 교과서에 들어왔다!

이미 학교 안에 메타버스가 들어와 있다고 말할 수 있다면 그것은 디지털 교과서에 대한 이야기다. 오프라인으로만 진행되던 학교 수업을 본격적으로 디지털화하고 온라인과 연결한 시작점이 바로 디지털 교과서다.

디지털 교과서는 서책형 교과서와 어떻게 다른가? 교육부의 정의에 의하면 디지털교과서는 "서책 교과서와 동일한 교과 내용에 용어사전, 멀티미디어 자료, 실감형 콘텐츠, 평가 문항, 보충 및 심화 학습용 자료를 아우르는 풍부한 학습자료가 부가 제공되고 학습 지원 및 관리 기능이 추가되어 있으며 에듀넷 티-클리어 등 외부 자료들과의 연계가 이루어져 있는 학생용 교과서"다.

즉 디지털 교과서는 기존의 서책형 교과서를 그대로 디지털화하는 것이 아니다. 서책형 교과서를 디지털화하여 PDF 파일 형태로 제공하는 것은 'e 교과서'라고 따로 부르고 있다. 디지털 교과서는 서책에 없는 별

디지털 교과서	학습자료	용어 사전, 멀티미디어 자료, 실감형 콘텐츠, 보충심화 학습자료, 평가문항 등
	학습 지원 및 관리 기능	수업 지원 도구, 평가문항 DB와 콘텐츠 관리 도구, 학습 진단 및 처방 기능, 학습 관리(진도, 평가 등)
	외부 자료/ 플랫폼 연계	지식백과, 에듀넷 등 교과서 외부로 연계

디지털 교과서의 콘텐츠와 기능"

도의 콘텐츠들이 부가되어 있을 뿐 아니라 평가를 포함한 관리 기능이 갖춰져 LMS(Learning management system)와의 연계를 가능하게 한다. 디지털 교과서라는 용어도 교수학습 기능을 점차 강화해 나가면서 2007년부터 본격적으로 사용하기 시작한 것으로, 이전에는 전자교과서, DT(Digital textbook)라고 달리 칭했다.

**디지털 교과서
실감형 콘텐츠
이용하기(에듀넷)**""

이처럼 PDF 형태의 'e 교과서'를 넘어 다양한 콘텐츠와 기능을 더해 별도로 개발해야 하는 디지털 교과서는 오랜 기간을 거쳐 단계적으로 개발되어 왔고 시범운영을 통해 실증하며 현장에 적용해 왔다.

2007년에 교육부가 디지털 교과서 상용화 계획을 발표했다. 그런 뒤 수많은 연구학교와 희망 학교를 중심으로 디지털 교과서가 보급되기 시작했는데 당시에는 서책형 교과서를 기반으로 한 이미지와 동영상, 게임 등 다양한 멀티미디어 자료를 포함한 수준에 그쳤었다. 그런데 지금은

디지털 교과서 탑재 실감형 콘텐츠 종류별 개수***

2021년 12월 기준

학교급	과목		실감형 콘텐츠 구분			총합
			AR 콘텐츠	VR 콘텐츠	360도 콘텐츠	
초등	사회	3학년 1학기	2	2	5	9
		3학년 2학기	6	4	1	11
		4학년 1학기	3	4	4	11
		4학년 2학기	1	4	3	8
		5학년 1학기	3	6	3	12
		5학년 2학기	10	4	1	15
		6학년 1학기	1	3	-	4
		6학년 2학기	7	7	-	14
	과학	3학년 1학기	7	3	1	11
		3학년 2학기	6	4	1	11
		4학년 1학기	8	2	1	11
		4학년 2학기	5	4	2	11
		5학년 1학기	4	5	2	11
		5학년 2학기	6	3	-	9
		6학년 1학기	5	7	1	13
		6학년 2학기	7	3	-	10
	소계		81	65	25	171
중등	사회	사회 1	8	10	-	18
		사회 2	14	3	1	18
	과학	과학 1	15	9	3	27
		과학 2	16	15	-	31
		과학 3	16	9	-	25
	소계		69	46	4	119
공통		사회	11	-	-	11
		과학	5	9	-	14
		진로	-	12	-	12
		무형유산	-	-	2	2
	소계		16	21	2	39
계			166	132	31	329

- 공룡 분류하기
- 동물의 암수 관찰
- 배추흰나비의 알과 애벌레의 생김새 관찰하기
- 배추흰나비의 번데기와 어른벌레 생김새 관찰하기
- 사슴벌레와 잠자리의 한살이
- 자석 마술쇼!
- 공기를 느껴 보고 공기의 역할 알아보기

- 공룡 발자국 탐구
- 곤충의 한살이 알아보기
- 지구와 달의 모습 비교하기

- 지구의 여러 가지 표면

■ 교육과학기술부. (2012. 02.). "디지털 교과서 개발 및 적용 추진 계획안".을 참고하여 재구성.
■ ■ 한국교육학술정보원. "디지털 교과서 실감형 콘텐츠: 콘텐츠 설치 방법". EDUNET T-CLEAR. https://dtbook.edunet.net/viewCntl/ARMaker?in_div=nedu&pg=install. 2022.03.01. 접속.
■ ■ ■ [콘텐츠명 출처] 한국교육학술정보원. "EDUNET T-CLEAR".

디지털 교과서의 콘텐츠 구분 기준[*]

시각유형	· 미시형: 눈으로 직접 관찰하기 어려운 현상을 관찰하거나 실험할 때 활용 · 거시형: 우주처럼 너무 커서 관찰하거나 측정하기 어려운 현상을 관찰할 때 활용
시제유형	· 과거형: 먼 옛날에 일어난 사실을 확인하거나 시연할 때 활용 · 미래형: 미래에 일어날 일을 예측하여 보여 줄 때 활용
반응속도	· 급속형: 반응이나 활동 시간이 순식간에 일어나서 관찰하기 어려울 때 활용 · 지연형: 반응이나 활동 시간이 너무 천천히 일어나므로 빠르게 처리하여 활용
안전여부	· 위험형: 직접 관찰하거나 체험하기에는 위험한 경우에 활용 · 불가형: 위험하지는 않지만 직접 체험하기 어려운 경우에 활용
체험강도	· 실감형: 증강현실이나 가상현실을 이용하여 보다 사실적인 경험을 제공할 때 활용 · 경험형: 먼 지역이나 경험하기 어려운 것을 다양하게 제공할 때 활용
자료활용	· 보충형: 학습내용을 개별적으로 보충, 심화하고자 할 때 활용 · 대체형: 학습내용을 특정 내용으로 변경하거나 수정하고자 할 때 활용
상황유형	· 상상형: 현재는 일어나기 어려운 일들을 상상하여 표현할 때 활용 · 가정형: 특정 조건을 제시하고 그것을 만족할 때 일어날 수 있는 일을 예측할 때 활용

다르다. 지금 디지털 교과서에는 가상현실, 증강현실과 같은 실감형 콘텐츠도 포함되어 있다!

디지털 교과서에 메타버스가 이미 한 발을 들여놓고 있다는 말이다. 오래된 일은 아니다. 2016년 12월에 교육부가 〈지능정보사회에 대응한 중장기 교육정책의 방향과 전략〉을 발표하고 디지털 교과서에 실감형 콘텐츠를 포함하겠다고 발표하면서 시작됐다. 가상현실, 증강현실을 포함한 최신 기술을 체계적으로 접목시킨 미래형 디지털 교과서를 개발하여 보급하겠다는 것이었다. 이에 2015 개정 교육과정에 따라 2018년부터 초등학교 3~4학년에게 미래형 디지털 교과서가 보급되기 시작했고 이후 연차적으로 중학교 3학년까지 사회, 과학, 영어 과목 교과서가 개발, 보급되고 있다.

디지털 교과서가 가상세계를 연결해 학교를 확장하고 증강시킨다는 점을 생각해 보면 이 교과서는 한 권의 책을 넘어 하나의 교육과정을 제시하는 매개체 역할을 하고 있다고도 볼 수 있다. 무엇보다도, 교사들이 자신의 수업에서 메타버스를 활용하는 것과 별도로 국가의 공식적 교육과정, 교육자료인 디지털 교과서에 메타버스 요소가 도입되기 시작했다는 것은 학교교육에 하나의 새로운 큰 흐름이 시작되었다는 것을 의미한다. 메타버스가 학교에 들어왔다.

■ 정영식, 성영훈 외. (2017). "미래형 디지털교과서 구현 방안 연구". 한국교육학술정보원(KERIS).

지금 학교 속 메타버스 디바이스

메타버스를 교육에 활용하기 위한 학교의 디지털 인프라에는 어떤 것이 있을까? 가장 일반적인 디바이스는 데스크톱 PC다. 학교는 컴퓨터실을 구비하고 있는데 이곳에 갖춰져 있는 수십 대의 데스크톱 PC는 다양한 문서도구 사용 및 인터넷 접속이 원활한 정도의 사양을 갖추고 있는 게 일반적이다.

하지만 메타버스 활용 교육으로 3차원 가상공간을 원활하게 이용하기 위해서는 고사양의 그래픽 카드를 탑재한 데스크톱 PC가 필요하고 몰입감 있는 가상세계를 느끼기 위해서는 전용 HMD가 필요하다. HMD 보급률이 별도로 조사되지는 않았지만 매우 적은 수량이 학교 현장에 보급되어 있을 것으로 예상된다.

교육부 한국교육개발원의 《교육통계연보(2021)》를 보면 전국 초중고 학교에 보급되어 있는 컴퓨터의 수량을 확인할 수 있다. 데스크톱 PC와 노트북, 태블릿 PC로 기기가 구분되어 있는데 따로 VR 기기 보급 수량에 대한 조사는 없으므로 개인용 실감형 콘텐츠 교육에 일반적으로 활용되는 태블릿 PC를 기준으로 살펴보면 참고가 된다. 2021년 3월 기준으로 초등학생 7.2명당, 중학생 9.2명당, 일반고 고등학생 19.8명당 1대의 태블릿 PC가 보급되어 있다. 모둠마다 기기를 한 대씩 이용할 수 있도록 하려면 초등학생은 8명, 중학생은 10명, 고등학생은 20명으로 모둠을 꾸려야 한다. 코로나19 팬데믹으로 인해 학교에 기기가 급속도로 보급되었지만 아직은 수업에서 원활히 기기를 이용할 수 없는 게 현실이다.

이처럼 현재 보급되어 있는 태블릿 PC의 숫자가 대단히 부족한 것이 현실인데, 보급이 되어 있는 태블릿 PC도 최저 사양으로 구성되어 있는 경우가 많다. 360도 VR이나 AR 콘텐츠 활용을 위해서는 태블릿에 움직임과 기울기를 감지할 수 있는 가속도 센서(G-센서 또는 기울기 센서)가 있어야 하는데 학교에 납품되어 있는 태블릿은 가격을 낮추기 위해 이 센서를 포함하고 있지 않은 경우가 상당수다.

이처럼 학교는 개인용 실감형 장비 인프라가 충분히 갖추어져 있지 않은 상황이기 때문에 메타버스 수업 진행을 해 보고자 하는 학교에서 선택하는 장비는 일반 스마트폰을 활용하는 카드보드 타입 VR 디바이스다. 저렴한 카드보드 프레임을 예산으로 구입한 뒤 스마트폰은 학생들이 각자 준비하게 하고, 직접 준비하기 어려운 학생들을 위해 교사가 여분의 스마트폰을 일부 확보하여 수업을 진행한다.

그런데 이 경우 다양한 기종의 스마트폰을 사용하게 되는데 기종마다 하드웨어 스펙이 다르고 하나의 기종이더라도 OS 버전이 달라서 교사가 전체 디바이스 세팅을 완료하고 수업을 운영하는 데 어려움을 겪는다. 또한 학생이 가지고 있는 스마트폰 화면에 금이 가 있거나 화소에 변성이 생긴 경우라면 화면을 눈에 근접시켜 이용할 때 눈 건강에 안 좋은 영향을 미칠 수 있다. 모바일 AP에 접속 가능한 학생 기기의 숫자에 한계가 있다는 점도 현장에서 손꼽히는 어려움 가운데 하나다.

한편 학생들은 이러한 디바이스와 사용자 인터페이스를 이용하는 데 아주 능숙하다. 교사가 초기 세팅 단계를 완료하고 나면 이후 도구 사용법을 지도하는 과정은 대부분의 학교에서 무리 없이 진행된다.

지금 교육 분야 메타버스 서비스

교육 분야에 현재 적용되고 있는 메타버스 서비스는 다음과 같이 세 가지로 구분해 볼 수 있다.

1. 실시간 화상 기능이 포함된 '온라인 교육'
2. VR/AR/MR = XR로 표현되는 '실감형 교육'
3. 가상공간 '관계경험에 의한 교육'

첫 번째와 두 번째 유형이 메타버스 서비스에 포함되는 데에서 "이전과 다른게 뭐지?"라는 질문이 나온다. 첫 번째 유형은 줌 수업을 생각하면 된다. 온라인 교육 서비스는 이미 오래 전부터 서비스되어 왔지만 주로 오프라인 교육의 보조 수단으로 활용되어 왔다. 그러다 코로나19 팬데믹 이후 실시간 화상회의 서비스와 결합되면서 온라인 실시간 학습 서비스로 전개가 되었는데 이는 불가항력적 외부 환경에 의해 생긴 어쩔 수 없는 변화였다. 그러니 학교에 가지 못해 실시간 화상회의 시스템으로 수업하는 것을 메타버스라고 한다면 그다지 새로운 것이 없다는 생각이 드는 게 당연하며 오히려 기존의 수업에 비해 답답하고 불편한 것이 메타버스 수업인가 하는 생각이 들 수도 있다. 두 번째 유형의 예는 박물관의 VR 체험 콘텐츠를 활용한 수업이다. 이런 실감형 교육도 이미 있었던 것으로 역시 오프라인 수업 환경에서 보조 수단으로 활용되었다. 이마저도 장비와 콘텐츠, 지원 인력 등 다양한 가용 인프라의 부족으로 학교 현장에서는 수업에 드물게 이용되었고 심지어 가정에서 학생 스스로 활용하는 경우는 찾아보기 어려운 것이 실정이었다.

현실이 이러한데도 불구하고 언론에서 "온라인 메타버스에서 다양한 교육이 이루어질 수 있다!"라는 기사를 연일 내보내는 것을 보면 믿음이 가지 않는 것도 당연한 일이다. 세 번째 유형의 예는 게더타운 등에서 진행하는 수업이다. 이를 가상 관계경험 교육이라 부를 수 있겠다. 이것이 현재 메타버스 교육으로 가장 부각되는 데는 이유가 있다.

온라인 교육은 여럿이 함께하기는 하지만 화상이나 텍스트 기반이라 실재감과 상호작용이 아주 제한적이다. 실감형 교육은 실재감을 주기는 하지만 대부분의 경우 가상세계에 혼자 들어가 체험하는 방식이다. 게다가 별도의 기기를 이용해야 하는데 그 기기가 가격, 기능, 콘텐츠 부족 등의 이유로 아직 보편적 보급이 이루어지지 않은 게 현실이다. 그렇다보니 가상 관계경험 교육을 실천하고자 하는 시도가 상대적, 절대적으로 많다.

기술이 발달하여 하나의 가상공간에 여러 명이 실재감을 느끼며 같이 상호작용하는 일이 가능해지고 그것에 초점을 맞춘 서비스들이 실제로 출시되었다. 게다가 팬데믹 상황이 겹치면서 이를 사용한 교육방법에 대한 고민이 시작되었고 많은 교육자들의 손으로 바로바로 실천되었다. 교육자들이 가상세계에서 여러 사람과 맺을 수 있는 관계와 경험의 확장으로 새로운 교육이 가능하다고 보았기 때문일 것이다. 현실에서는 체험하기 어려운 상호작용을 메타버스로 경험하는 과정에서 새로운 긍정적 교육, 학습이 가능하다고 본 것이다. 다양한 시도와 사례들이 공유되어 나갈수록 메타버스 교육에 대한 청사진도 더욱 선명해질 것이다.

지금, 메타버스 수업하자

: 메타버스라는 새로운 교육매체

학생들이 수업을 받을 때 메타버스는 교육매체로서 어떤 가치를 지닐까? 미국의 교육학자 에드가 데일(Edgar Dale)은 학습자가 글을 읽거나 그림을 보거나 할 때보다 경험을 하는 경우에 더 많은 정보를 획득한다는 이론을 펼치며 '경험의 원추(cone of experience)'라는 모형을 제시하였다. 데일의 이 모형은 미국행동과학연구소(National Training Laboratories)에서 학습 피라미드 모델로 발전*되었다. 학습 피라미드에 따르면 무언가를 학습하고 2주 뒤에 학습내용을 얼마나 기억하고 있는지는 학습 방법에 크게 영향을 받는데 읽은 것은 10%, 들은 것은 20%, 본 것은 30%를 기억할 수 있고 영상이나 실제 상황을 통해 보고 들으면 50% 정도 기억이 가능하다. 나아가 학습한 내용을 대화하거나 토론하여 말로 해 보면 70%를 기억할 수 있고 시뮬레이션, 역할극에 참여하거나 실제 경험을 해 보면서 말과 행동을 함께하면 90% 이상을 기억할 수 있다.

이는 시각적 자료가 학습에 도움을 주며 학습자가 직접 경험을 동반하면 기억에 더욱 유리하다는 점을 알게 해 준다. 따라서 시각적으로 학습하고 경험을 하며 익힐 수 있는 메타버스는 아주 효과적인 학습의 매체로 활용될 수 있다.

교수설계에 메타버스를 활용하는 일에는 어떤 교육학적 근거가 있을까? 교수학습 이론 가운데 세 가지를 꼽아 보았다. 우선 구성주의 학습 이론의 일종인 **상황학습(Situated learning) 이론**이 있다. 상황학습이란 실제와 유사한 상황에서 학습이 이루어지는 경우 학습자가 지식이 발생하고 구성되는 상황에 능동적으로 참여하여 지식과 기술에 대한 학습을 자발적으로 진행하는 것을 의미[**]한다. 그러므로 이 이론에서는 실제와 유사한 상황에서 학습이 이루어지도록 교수설계할 것을 강조한다. 여기에서 메타버스는 사용자가 지식을 형성할 수 있도록 구체적인 상황 맥락, 환경 구도를 제공해 줌으로써 학습이 효과적으로 일어나게 해 주는 유용한 도구가 될 수 있다.

두 번째로, 인간의 인지란 인간에게 내재되어 있는 사회문화적 상황과 외부 환경과의 역동적인 상호작용을 통해 만들어지는 것으로 인간의 몸과 결부되어 있는 것이라[***] 하는 **체화된 인지(embodied cognition) 이론**이 있다. 이에 따르면 메타버스는 사용자로 하여금 가상환경 및 가상의 객체와 다양한 상호작용 경험을 제공하고 이러한 상호작용 행동들은 신체를 통해 지식의 습득을 강화하는 도구가 될 수 있다.

세 번째로 **가상실재감(Virtual presence, Telepresence) 이론**을 들 수 있다. 가상실재감이란 가상환경에 자신이 존재한다고 느끼는 강렬한 감각을 의미한다. 교육에 있어서는 가상의 온라인에서 이뤄지는 학습 상황에서도 마치 실제 공간에서 학습하는 것처럼 느끼는 감각을 의미한다. "가상실재감은 몰입에 직접적으로 영향을 미치고 몰입경험이 커질수록 (다시

● Cristina Ilie Goga, Ionut Serban, (2018), "Methods used in the Educational Process: A Theoretical and Empirical Perspective" 재인용, Human Resource Management Academic Research Society, http://dx.doi.org/10.6007/IJARBSS/v8-i4/4023, 2022.03.01. 접속.

●● Duffy, T. M., & Jonassen, D. H. (1991), "Constructivism: New implications for instructional technology?", Educational technology, 31(5), 7-12.

●●● Niedenthal, P. M. (2007), "Embodying emotion", science, 316(5827), 1002-1005.

경험하고 싶다는) 미래 사용 의도에 해당하는 지속 의도가 증가"*된다.

가상실재감이란 온라인 수업에서 학생이 느끼는 교사와의 거리감에 따른 개념이다. 여기서 실재감은 "학생 자신이 물리적으로 속해 있는 환경이 아니라 학습하고 있는 온라인 환경에 존재하고 있다는 심리적 느낌을 의미"하며 여기에는 선생님과 함께 있다는 교수 실재감, 학습을 진행하고 있다는 인지적 실재감, 온라인 수업에서 다른 학생들의 존재를 인식하고 소통하며 사회적 관계를 형성하고 있다는 사회적 실재감 등이 포함**된다.

메타버스는 동료 학생들과 함께 학습하고 있다는 생생한 느낌을 제공하기 때문에 학생들의 사회적 실재감을 높이며 학생 간 다양한 상호작용이 학습에 긍정적 효과를 미칠 수 있다.

지금 메타버스 수업에 필요한 두 가지

앞서 언급했던 사례이지만 관계경험 메타버스 교육사례로 다시금 오트크래프트(Autcraft)를 언급하고자 한다. 오트크래프트는 인기 게임 마인크래프트를 기반으로 한 사이트로 자폐증(Autism) 아동과 그 가족들을 위한 서비스로 자폐증 아들을 둔 웹 개발자 스튜어트 던컨(Stuart Duncan)이 만든 서비스다. 오트크래프트는 승인된 사람만 참여할 수 있고 따돌림과 악플이 없다는 규칙을 기반으로 모두에게 안전한 가상사회를 서비스한다. 오트크래프트라는 가상사회에서 자폐 아동들은 다양한 시행착오를 수용받고 격려받으면서 타인을 존중하는 방법과 의사소통하

는 방법을 학습할 기회를 얻는다. 이 학
습이 진행될수록 자폐 아동들은 현실
사회에 부드럽게 적응하게 되고 자신을
긍정적으로 인식하게 된다. 두 세계가
상호작용하며 교육적 효과를 발휘하는
셈이다.

오트크래프트(Autcraft)의 첫 화면[■]

　이 예를 참고하여, 바로 지금 새로운 수업을 고민하는 교육자들께서
는 메타버스의 또 다른 플랫폼을 기다리거나 메타버스의 어떤 정형적 틀
에 대해 고민하기보다는 교육자 각자가 평소에 아쉬움을 느꼈던 현실상
황에 초점을 맞춰 자신이 설계하고자 하는 교수학습 상황을 메타버스에
구현해 보시기를 권한다.

　그러면 지금 메타버스 수업에 필요한 첫 번째는 교사가 관계경험에
대해 평소 가지고 계시던 문제의식이 무엇인지, 그리고 그에 대응하는
바람직한 세계의 규칙이 있다면 무엇인지를 고민해 보는 일이다.

　그 다음으로 메타버스 수업에 필요한 두 번째는 무엇일까? 교사가 자
신의 세계관을 수업으로 구현하기 위해 어떤 메타버스 플랫폼, 디바이
스, 콘텐츠를 선택할 것인지를 스스로 분별하고 선택할 줄 아는 눈이다.
어떤 서비스가 등장했을 때 이것의 강점과 단점을 파악하고 활용 여부를

● 강경숙, 김현철. (2018). "이러닝 서비스의 콘텐츠 품질, 가상실재감 및 지속사용의도 간의 구조적 관계에
　서 몰입의 매개효과 검증". 전자무역연구, 15(8), 19~40.
●● 진성희. (2020). "원격교육을 위한 수업설계 및 운영 매뉴얼". RICE²공학교육혁신연구정보센터. http://
　www.ricee.or.kr/Common/Newsletter/29/1_3_1_RICE%C2%B2-2020-15.pdf, 2022.03.01. 접속.
■ Autcraft. https://www.autcraft.com, 2022.03.01. 접속.

직접 결정하는 눈, 그리고 새로운 VR 디바이스나 앱이 출시되어 기사화되었을 때 이 제품의 사양 정보나 데모 영상을 확인하며 나의 활용 가능성을 직접 짐작해 짐작해 볼 수 있는 눈이 필요하다. 관심을 가지고 일정 시간을 보내면 보는 눈이 분명 길러진다! 이를 위해 에듀테크의 관점과 기본 용어, 흐름에 대한 기본 교양지식을 갖춰 보시기를 추천한다. 이를 위한 설명을 뒤에 제시해 두었다. 메타버스 에듀테크에 대한 교양지식이 여러분의 메타버스 수업에 날개를 달아 줄 것이라 감히 장담한다.

메타버스 수업을 확신하라! 간단 기술전망 5

개인 체험형 VR에서 동시 체험형 메타버스로

메타버스의 교육적 활용 사례에 이제 VR, AR 기술도 많이 언급된다. 과거 태양계의 구조나 인체의 신비 등과 같은 단편적 콘텐츠 기반의 수업은 직접 경험할 수 없는 일을 경험하게 해 준다는 교육적 의미가 있는데 코로나19 팬데믹이 찾아오자 직접 가 볼 수 없는 유적지를 방문하거나 역사적 건축물을 만들어 보는 활동 사례들이 메타버스 수업 사례로 언급되고 있다. 그러나 예전부터 진행되어온 실감형 콘텐츠 기반 학습과의 차이는 무엇일까?

기존의 실감형 콘텐츠 기반 학습은 주로 학생 혼자 VR 전용 디바이스를 사용하는 방식으로 제공되었다. 반면 메타버스 서비스라면 여러 명의 학생이 동시에 가상의 역사적 공간에 들어가 함께 체험하고 토론하며 학습하는 동시적 모델이어야 한다. 이렇게 여러 학생이 동시에 체험할 수 있도록 하기 위해서는 기존의 개별 학생 체험 플랫폼에서 네트워크 용량을 증대시키고 하드웨어와 소프트웨어 자원을 추가하거나 적절히 배분하는 방안을 찾아 나가야 할 것이다.

교육용 메타버스 서비스에 대한 필요

코로나19 팬데믹으로 수업 외 입학식, 졸업식 등의 학교 행사가 메타버스 플랫폼을 이용해 많이 진행되었다. 이는 메타버스의 교육적 활용에 대한 대표적인 사례로 언급되지만 행사를 위해 단순히 모이는 재미를 주는 것 외에도 이 공간에 서로 모여 어떤 학습경험을 제공할 것인가에 대한 고민이 공간에 구현되어 있어야 메타버스 교육 사례라 할 수 있다.

우선 메타버스 공간을 설계하고 구현하는 교육자에게는 메타버스 플랫폼의 유형별 특징 및 상호작용 방식을 제대로 이해하고 교과나 상황의 특수성에 적절한 메타버스 플랫폼을 선택하는 안목이 필요하다. 학생들이 새로운 서비스와 공간 경험에 대해 갖는 호기심에 기대는 수준에서 더 나아가 학생들이 메타버스에서 지식을 창의적으로 재구성하고 이해를 더욱 깊게 하며 가상세계에서의 학습을 현실세계와 연관 지어 성찰하고, 협력적이고 창조적으로 문제를 해결하거나 프로젝트를 수행할 수 있도록 수업을 설계해야 한다.

하지만 나날이 새로운 기능이 추가되는 수많은 플랫폼을 교사가 꾸준히 익혀 나간다는 건 비현실적이고 불가능하다. 따라서 교육현장에는 수업과 교육에 특화된 기능을 갖춘 메타버스 플랫폼이 필요하다. 마인크래프트가 교육용 에디션에 교사용 기능을 추가하자 이용자가 늘어났다. 수업, 교육에는 그에 특화된 기능과 안전장치가 필요하고 그런 플랫폼이 선택받을 것이다.

엄격한 개인정보 보호가 필요하다

디지털 공간인 메타버스에서는 모든 활동이 데이터화될 수 있다. 학생의 학습활동 관련 데이터는 맞춤형 학습지원을 위해 반드시 필요한 요소다. 메타버스 서비스를 활용하는 과정이라면 일반적인 학습관리 시스템에서 수집되는 학생과 교사의 활동 기록이나 성향에 관한 정보뿐만 아니라 VR 기기로 수집되는 확장된 형태의 신체 움직임 정보까지 포괄적인 데이터가 수집될 수 있다. 메타버스 서비스로 인해 수집되는 학습자 정보의 양과 범위가 확대되는 것은 개별 맞춤형 학습 등에 활용될 것을 생각한다면 긍정적인 요인이지만 수집된 더욱 방대한 데이터가 마케팅 용도 등으로 함부로 사용된다면 문제는 대단히 크다. 교육용 메타버스 서비스에서 학생과 교사의 개인정보 수집과 처리에 따른 프라이버시 문제, 신분 인증 문제를 해결하고 데이터가 교수학습을 지원하는 범주 안에서 제대로 활용되도록 하는 그 과정을 관리하는 일에 대한 필요가 높아질 것이다. 교육용 메타버스 서비스에서의 개인정보 보호에 대한 제도적, 법률적 장치뿐만 아니라 기술적 필요도 분명할 것이다.

극강의 몰입성에 대한 반감

메타버스에도 역기능과 문제점이 잠재하고 있다. 경제적 차이 등에 따라 생겨날 수 있는 정보의 격차 문제, 기술의 오남용과 디지털 공간의 확장으로 인한 범죄 발생 가능성 등 다양한 우려가 있다. 그리고 적절한 법과 규제가 빠르게 마련되기는 어렵다는 현실이 위험성을 가중시킨다.

현재 메타버스는 젊은 세대를 중심으로 확산되고 있다. 제페토의 경우, 2022년 기준 가입자 3억 명 중 80%가 10대 청소년이다. 미국에서 하루 평균 4,000만 명의 접속자를 보유한 로블록스도 전체 이용자의 55%가 청소년이다. 메타버스의 몰입성과 확장성, 그리고 편의성이 현실 세계에 대한 이해와 경험이 부족한 학생들에게 정체성 혼란과 현실세계에 대한 부적응을 유발할 가능성을 인정하고 대응해야 한다. 가상세계의 자아개념은 현실세계와 연결되어 있지만 엄연히 다른 개체라는 인식을 기반으로 현실세계의 자아개념이 형성되어야 하는데 어린이 청소년은 이 인식 기반이 약할 수 있다. 따라서 학생들이 메타버스를 어떻게 이해하고 있고 메타버스에서 무엇을 하고 싶은지, 가상세계 속 자신의 아바타에 어떠한 가치를 부여하는지 등을 주의 깊게 살펴볼 필요가 있다. 몰입성이 높을수록 성공적인 가상세계 서비스이지만 교육 분야에서만큼은 선택받지 못하는 이유로 작용할 수 있다. '적절한 몰입성'의 구현이 교육 분야 메타버스 서비스 제공자에게 필요한 과제가 될 수 있다.

무한한 자유는 위험하다

메타버스 플랫폼 중에는 크리에이터 생태계를 기반으로 직접 제작한 디지털 재화를 거래하는 경제 시스템을 갖춘 플랫폼들이 있다. 메타버스 관련 정보나 교육을 제공하는 곳에서 메타버스에서는 매우 쉽게 돈을 벌 수 있다는 듯한 내용으로 홍보를 많이 하고 있는데 이는 청소년들에게 잘못된 경제관념을 심어 줄 수 있다. 또한 비트코인이나 NFT 등의 디지털 재화를 메타버스와 연계하여 투자가 아닌 투기를 조장하는 내용들도 쉽사리 볼 수 있는데 아직 경제관념이 정립되지 않은 청소년들에게는 우려의 소지가 있다. 따라서 교육을 위해서는 메타버스에서 이루어지는 경험에 대한 교육자의 관리와 해석, 피드백이 필요하다. 그러므로 활동에 제약이 없는 자유로운 가상세계가 주는 즐거움을 일부 포기하더라도 가상세계에서 학생들이 하는 경험에 대해 교육자가 해설하고 관리할 수 있기를 교육계는 선호할 것이다. 따라서 교육용 메타버스는 교육자에게 일정한 관리 기능을 제공하는, 어느 정도 폐쇄성을 지닌 세계여야 선택받을 것이다.

메타버스
에듀테크 인트로

에듀테크, 그리고 메타버스 에듀테크

교육(Education)과 기술(Technology)을 결합한 말로, 교육과 정보통신기술(ICT)을 결합한 새로운 교육 기술과 제반 산업을 의미하는 말. 다름 아닌 에듀테크의 정의다. 이 산업에서는 교육효과를 높이기 위해 미디어, 소프트웨어, 디자인, 인공지능, 빅데이터, 가상현실(VR), 증강현실(AR) 등의 기술을 교육에 접목하여 새로운 교수학습 경험을 제공한다. 간단히 말하자면 에듀테크는 교육 분야의 스마트 기술과 제반 산업이다. 그러나 어디까지나 에듀테크는 교육의 목적을 달성하기 위해 지원되는 기술을 의미하는 것이지, 기술이 기존의 교육을 대체한다는 의미는 아니다.

메타버스는 현실세계와 이에 연결된 가상세계를 포괄하는 세계다. ASF 보고서에 제시된 표현을 빌자면 메타버스의 정의는 이렇다.

"메타버스는 가상으로 강화된 물리적 현실, 그리고 물리적으로 지속되는 가상공간의 융합이다. … 메타버스는 단일화된 실체로 존재하는 게 아니다. 어떤 하나의 실체가 아니라 가상공간이 늘어나고 3D 웹 및 그 도구들이 우리의 주변 환경에 점차 편입되어 우리의 일상생활에 녹아들어 가는 그 방식을 가리킨다."[*]

이에 따르면 메타버스는 어떤 공간이 아니다. 메타버스는 융합이다. 두 세계의 연결을 밀접하게 하는 데 초점을 맞추는 것이 메타버스 산업의 고유한 방향성이다.

정의에 등장한 두 가지 세계 가운데 '물리적으로 지속되는 가상공간'이란 무엇일까? 게임 등의 가상공간에서 사용자는 로그아웃했다가 다시 로그인할 때 새롭게 처음부터 시작하는 것이 아니라 그 이전의 이력을 그대로 이어서 활동을 계속한다. 이 세계관은 동전을 넣고 오락실에서 즐기던 갤러그 같은 아케이드게임과는 다르다. 사용자가 로그아웃한 시간 동안 다른 사용자들이 서로 관계를 맺고 환경을 변화시켜 나간 결과물로서의 세계가 다시 로그인해 들어온 사용자 앞에 펼쳐진다.

실제 가상세계의 발전은 여러 업계 가운데에서도 게임업계가 발군이기 때문에 게임에 대해 이야기했지만 게임 외에도 가상세계는 다양하다. 병원에서 노년층을 위한 인지훈련을 위해 사용하는 VR 프로그램, 새로운 문화콘텐츠 발굴을 위해 세계 문학상이란 타이틀을 단 공모전을 개최하는 미러월드 플랫폼 등이 모두 가상세계의 예다.

이런 가상세계의 다양한 정보가 현실에 연계되고 그것을 바탕으로 현실의 각종 활동이 용이해지는 상태. 그것이 바로 융합의 나머지 한쪽인 '가상으로 강화된 물리적 현실'이라는 표현의 의미다. 단적으로 증강현실 기술들을 생각하면 된다. 이케아는 IKEA Place 앱을 통해 IKEA의 제품들을 내 스마트폰 카메라가 비추는 공간 안에 배치해 볼 수 있도록 했다. 이미지 분석기술 발달로 이제 일반 스마트폰 카메라로도 공간의 넓이와 깊이가 파악되기 시작한 덕분이다.

IKEA Place 데모 영상 "이케아 플레이스 앱과 인사하세요(Say Hej to IKEA Place)"의 한 장면"

스마트폰 카메라로 집의 빈 공간을 비추면 그 공간에 이케아 가구를 배치해 볼 수 있다. 놓고 싶은 각도로 가구의 방향을 간단히 돌려 놓을 수 있다.

그러니 메타버스 에듀테크라면 그 범주 혹은 내용은 어떻게 되는 것일까? 교육적 가상공간을 구성하는 기술, 그리고 가상 공간의 정보를 교육 장면에 연결지어 주는 플랫폼 혹은 기기 등의 기술이 메타버스 에듀테크의 영역이다. 그러므로 메타버스 콘텐츠 기술, 플랫폼, 디바이스로 메타버스 에듀테크 산업을 범주화해 보고자 한다.

● John Smart(ASF), Jamais Cascio(Open the Future), Jerry Paffendorf(The Electric Sheep Company). (2007). "Metaverse Roadmap: Pathways to the 3D Web". https://www.metaverseroadmap.org/overview. 2022.03.01. 접속.
"The Metaverse is the convergence of 1) virtually-enhanced physical reality and 2) physically persistent virtual space. … There is no single, unified entity called the Metaverse—rather, there are multiple mutually-reinforcing ways in which virtualization and 3D web tools and objects are being embedded everywhere in our environment and becoming persistent features of our lives."
■ IKEA. (2017.09.13.). "Say Hej to IKEA Place". https://youtu.be/UudV1VdFtuQ. 2022.03.01. 접속.

메타버스 에듀테크 산업의 3가지 범주

우선 한번 답해 보시기 바란다. 대표적인 메타버스 플랫폼으로 잘 알려져 있는 마인크래프트, 제페토, 이프랜드의 차이를 간단히 말해 보자면 무엇일까? 게임, 커뮤니티, 회의라고 말했다면 이것이 **메타버스 플랫폼**별 서비스 차이다.

설명을 조금 더하자면 초기 메타버스 플랫폼 대부분은 대규모의 사용자들이 이미 모여 있던 게임 플랫폼을 기반으로 진화했다. 그러다가 비대면 사회가 확대되자 독자적 메타버스 플랫폼들이 출시되었다. 대표적인 메타버스 플랫폼들을 생각해 보자면 로블록스, 포트나이트, 마인크래프트 등은 게임 기반 메타버스 플랫폼이고 제페토는 게임 서비스로 진화하고 있으나 커뮤니티 기반 서비스로 시작된 메타버스 플랫폼이며 이프랜드, 게더타운 등은 모임이나 회의를 목적으로 시작된 독자적 메타버스 플랫폼이다.

이런 서비스들을 구현하기 위해 필요한 것이 있다. **콘텐츠 기술**이다. 메타버스 콘텐츠라고 하면 그림, 애니메이션, 동영상처럼 일방적으로 전달되는 내용물뿐만 아니라, 사용자와 상호작용하며 지속적으로 내용을 변화시키는 것까지를 포함한다.

가상세계 메타버스 서비스를 설계하는 기획자에게는 머릿속의 그림을 디지털로 표현해 주는 도구가 필요하다. 이런 기능을 갖춘 소프트웨어들이 있다. 2차원 디지털 그림을 그리기 위해서는 가장 간단하게는 PC의 윈도우즈에서 기본으로 제공해 주는 그림판 도구를 사용할 수 있다. 그림을 조금 더 멋있게 그리기 위해서는 어도비 일러스트레이터나 포토샵 같은 도구를 사용하면 된다. 3차원 형상과 세계를 표현하기 위해서는 조금 다른 차원의 도구가 필요한데 2차원의 그림이 수채화나 유화와 같은 것이라면 3차원은 형상, 조각과 같은 것이다. 이렇게 디지털 3차원 공간에 원하는 형상을 마치 조각을 하는 것처럼 만들어 내는 것을 3차원 모델링(Modeling)이라고 한다. 모델링 과정을 통해 3차원 형상이 만들어졌다면 이제 표면을 색칠해야 한다. 3차원 물체 표면에 색으로 칠할 수도 있고 반짝반짝하거나 오돌토돌한 질감을 더할 수도 있다. 이러한 작업은 렌더링(Rendering) 과정에서 진행된다.

이런 과정을 통해 3차원 물체의 외곽 형상이 만들어지고 색상이 입혀졌다면 이제는 필요에 따라 이 형상을 움직여 주어야 한다.

디지털 공간에서 3차원 물체를 움직이는 방법은 여러 가지가 있으나 가장 보편적인 방식으로는 키프레임 애니메이션(Keyframe animation) 방식과 다이나믹 시뮬레이션(Dynamic simulation) 방식이라는 두 가지가 있다.

메타버스 서비스를 기획했고 서비스 시나리오에 맞게 가상세계와 물체들을 콘텐츠 기술로 구현했다면 이제 이것에 접근하도록 하는 하드웨어를 사용자들에게 제공해야 한다. 현실세계와 가상세계를 연결시키는 이 메타버스 **디바이스**는 대부분이 시각적 장비다. 2021년 10월 회사명을 메타(Meta)로 바꾼 페이스북이 유튜브에 올린 "메타버스에서의 교육"이라는 영

키프레임 애니메이션
서로 다른 프레임(한 장의 그림) 30장을 1초 안에 연속으로 보여 주면 마치 그림 속의 대상들이 움직이는 것처럼 보인다. 이처럼 중요 움직임만 수 개의 프레임(키프레임)으로 제시하고 프레임 간의 장면은 적절한 동작과 위치로 이어서 그려 주는 방식이다.

다이나믹 시뮬레이션
시간의 흐름에 따라 달라지는 물체의 움직임과 위치를 물리적 역학 방정식에 따라 계산하여 얻어 내는 방식이다.

메타(Meta)의 데모 영상 "메타버스에서의 교육" 속 VR 안경"

상을 보면 학생이 가벼운 일반 안경 형태의 VR 안경
을 쓰고 가상현실로 태양계 행성들을 살펴보는 장면
이 나온다. 영화 〈마이너리티 리포트〉에서 주인공이
특수 장갑을 끼고 대형 투명 스크린을 원격으로 조작
하던 그 장면보다 더 발전된 디스플레이를 만나볼 수

"메타버스에서의
교육" 영상"

있게 된다는 예고다. 2021년 영화 〈프리 가이〉에는 선글라스 같은 AR
안경을 쓰면 현실세계에 게임세계가 증강되는 장면이 나온다.

하지만 이러한 장비들은 아직 제품화되지 않았다. 아직은 모두 영화
나 콘셉트 영상에서나 볼 수 있는 장비들이다. 그렇다면 현재 실제로 사
용할 수 있는 장비들에는 어떤 것이 있을까? 이에 대해서는 뒤쪽에 자세
히 제시해 두었다.

■ Meta. (2021.10.29.). "Education in the metaverse". https://www.youtube.com/
watch?v=KLOcj5qvOio, 2022.03.01. 접속.

3가지 범주의 역동적 결합

: 메타의 '호라이즌' 아바타에는 왜 다리가 없을까?

2021년 4월 26일 오큘러스 커넥트 6(Oculus Connect 6) 콘퍼런스에서 마크 저커버그는 구 페이스북, 현 메타에서 만든 가상현실 SNS, '페이스북 호라이즌(Facebook Horizon)'을 발표했다. 페이스북 호라이즌은 가상세계 '호라이즌'에서 세계 사용자들과 회의 등의 상호작용을 할 수 있는 소셜 플랫폼이다. 서로 음성으로 대화를 주고받거나 영화나 게임 등의 이벤트를 함께 즐길 수 있다. 마인크래프트처럼 자신만의 가상공간을 만들고 꾸밀 수 있으며 원하는 환경이나 게임을 만들어 다른 사용자들과 함께 즐길 수 있다. 그리고 메타는 4개월 뒤, 호라이즌을 활용한 업무용 플랫폼 '호라이즌 워크룸스(Horizon Workrooms)' 앱을 공개하면서 줌(Zoom)에 지친 사용자들을 겨냥했다.

호라이즌은 오큘러스 퀘스트(Oculus Quest)라는 장비를 이용하는 서비스로 VR 헤드셋을 착용하고 왼손과 오른손에 컨트롤러를 쥐고 이용하는 방식이다. 호라이즌에서는 사용자의 아바타가 상당히 사실적인 모습과 현실적인 움직임을 보여 준다.

그런데 아바타의 모습이 하반신은 없고 상반신만 허공에 둥둥 떠다니는 형상이다. 이를 플로팅 토루소(floating torsos)라고 얘기하는데 현실감을 추구하는 메타버스에 왜 이런 모습이 보이는 걸까?

이는 현실세계에서의 움직임을 가상세계로 전달하는 센서(sensor) 문제 때문이다. 오큘러스 퀘스트 VR HMD를 착용하는 경우 HMD 가장자리에 센서들이 장착되어 있어 사용자 머리의 움직임을 감지할 수 있다. 양손에는 컨트롤러를 들고 있으므로 양손의 움직임 또한 감지하여 가상세계의 아바타의 손 움직임에 반영할 수 있다. 그러나 사용자의 발에는 아무런 센서도 부착되어 있지 않아 발의 움직임을 알 수가 없다. 이런 상황에서 임의로 발의 움직임을 표현하다 보면 상반신의 움직임과 맞지 않는 부자연스러운 움직임이 나타날 수 있다. 그래서 아예 과감하게 하반신을 없애고 정확히 움직임을 감지할 수 있는 상반신만 표현하게 된 것이다. 이런 모습은 스페이셜(Spatial) 등 여타의 메타버스 플랫폼에서도 마찬가지다.

마이크로소프트에서는 자사의 클라우드 서비스인 애저(Azure)를 기반으로 자사의 홀로렌즈 MR HMD를 사용할 수 있도록 한 혼합현실 플랫폼 메쉬(Mesh)를 발표하였다. 메쉬는 다양한 현실 공간에 있는 사용자들이 협업 및 공유 홀로그래픽 체험을 할 수 있는 플랫폼이다. 메쉬 앱을 통해 혼합현실 공간 내에서 사용자가 다른 사용자와 대화하거나 3D 콘텐츠를 공유할 수 있는 가상 미팅 공간을 제공해 웹상에서 공간적인 멀티 플레이어 체험을 공유할 수 있다. 이 메쉬 플랫폼에서도 비슷한 이유로 사용자들은 공간을 떠다니는 상반신으로 표시되며 상호작용한다.

과연 메타버스 관련 산업과 시장은 현재 어디까지 와 있는 것일까? 머릿속에 조감도를 그려 볼 수 있도록 뒷부분에 메타버스 에듀테크의 세 가지 축, 다시 말해 현실세계와 연결된 가상세계인 메타버스 서비스 플랫폼, 가상세계를 시각적으로 구현하는 메타버스 콘텐츠 기술, 가상세계를 사용자에게 효과적으로 전달하는 메타버스 디바이스의 현주소에 대해 설명해 두었다.

단 전체 산업을 보는 눈을 기르는 데 있어서 먼저 생각해 보면 좋은 것

(좌) 메타의 호라이즌 워크룸스, (우) 마이크로소프트의 메쉬: 아바타의 상반신만 온전히 구현되어 있다."

이 있어서 우선 상술해 두었다. 메타버스 에듀테크의 기본적 속성에 대해 먼저 알아보자.

■ (좌) Meta Quest. (2021.08.19.). "Horizon Workrooms". https://www.youtube.com/watch?v=lgj50lxRrKQ. 2022.03.01. 접속.
(우) Microsoft Corporation. (2021). "Microsoft Mesh App (Preview)". https://www.microsoft.com/ko-kr/p/microsoft-mesh-app-preview/9p64lj74ngw0#. 2022.03.01. 접속.

메타버스 에듀테크의 기본 속성

메타버스는 갑자기 등장한 발명품이 아니다

그래픽이 화려한 온라인 게임의 역사는 깊다. 게임을 하며 플레이어들이 대화를 나누는 기능도 오래됐다. 아바타나 가상공간을 꾸미는 아이템을 판매하는 시장은 싸이월드 외에도 있었다. 현실세계를 그대로 가상공간에 다시 구축하는 일은 4차 산업혁명 이야기가 나오면서 디지털트윈이라는 이름으로 다양하게 시도되었다.

메타버스의 4가지 요소로 언급되는 가상세계, 증강현실, 미러월드, 라이프로깅 모두 이미 있던 것이라는 말이다. 그렇다면 메타버스는 무엇이 다른가?

우선 '몰입감 있는 가상의 나'가 있다. 예를 들어 영화 〈마션〉에서처럼 화성을 탐사하는 학습용 VR 콘텐츠를 이용한다고 생각해 보자. 현실에서 직접 경험하기 어려운 상황을 체험하는 데 그친다면 이는 기존과 다를 게 없다. 하지만 이 콘텐츠를 이용하는 플랫폼에서 가상의 내가 실제와 조금 다른 성격을 가지고 새로운 사람들과 팀을 이뤄 탐사를 하며 특별한 관계를 쌓아 나간다면 이는 과거와는 다른 메타버스 시대의 특징이다. "메타버스는 가상으로 강화된 물리적 현실"이라는 말을 다시 생각해볼 때 가상현실의 아바타로 인해 물리적 현실의 '나'라는 존재가 강화, 확장된다고 볼 수 있다.

가상세계가 반영하지 못하는 현실세계의 요소 가운데 우연한 만남이 있다. 현실세계에서 우리는 매일 수많은 접촉을 우연히 하게 된다. 그리고 그 접촉으로부터 우연한 생각과 결정과 사건들이 이어진다. 가상현실 속에서도 우연인 듯한 만남이 있지만 어떤 목적을 가지고 행동하던 중에 타인과 함께하게 되는 일종의 의도된 만남이 대부분이었다. 현실세계에서 타인과의 우연한 접촉이 유발시키는 창조적 생각, 결정, 사건이 가상세계에서는 지극히 한정적이었다. 이렇게 만남의 우연성에 있어서 대비적이었던 현실세계와 가상세계의 관계가 점차 허물어지기 시작했다. 가상세계의 세계관이 거대해지고 가상세계 속에서 개인의 이동과 소통이 더욱 다양화되고 자유로워지면서 만남의 우연성이 크게 높아지고 있다. 하지만 현실세계와 같은 만남의 우연성을 구현하는 것은 아직 개척되지 않은 메타버스의 영역이다.

그리고 위의 두 특징은 단적으로 게임 산업이 개인형 아케이드게임에서 여럿이 같이하는 RPG로, 그리고 초대형 MMORPG로 발달해 온 것과 마찬가지로 다양한 온라인 기술, 온라인 산업과 궤를 같이 한다.

메타버스에 VR은 필수인가

가상세계는 꼭 3차원 VR로 구현되어야 하는 걸까. 그렇지 않다. 전 세계를 떠들썩하게 만든 〈해리포터〉, 〈트와일라잇〉 같은 소설을 읽은 뒤 현실과 비현실의 혼동을 잠시라도 느껴 본 적이 있다면 3차원 VR이 가상세계의 필수조건이 아니라는 점을 이미 알고 있을 것이다. 3차원 VR은 사용자의 머릿속에 가상세계를 펼쳐 주기 위한 시각적인 인터페이스일 뿐 오직 글자로만 구성된 글이나 오디오 같은 다른 자극으로도 사용자의 머릿속에는 가상의 자아와 타인들, 그들과의 관계, 이 모두를 아우르는 하나의 세계관이 충분히 펼쳐질 수 있다. VR에 대한 이야기를 할 때 늘 함께 언급되는 화질 문제도 발생할 일이 전혀 없다.

그럼 무엇이 가상세계의 필수 요소인가? 실재감이다. 현실세계에 근접하는 실재감이 있어야 가상세계가 현실세계와 공진하며 연계된다. 실재감은 몰입감이라고도 할 수 있는데 실재감, 몰입감이 높은 가상세계일수록 현실세계와 좀 더 대등한 층위의 새로운 세계로 인식될 수 있다. 그리고 시각, 청각, 촉각 순서로 가상실재감을 주는 감각 기술의 개발이 진척되어 있는 상황이다.

그래서 시각적인 실재감과 몰입감을 주는 기술인 3차원 VR로 가상세계들이 만들어지는 것이다. 인터넷 카페 같은 텍스트 기반의 커뮤니티, 인스타그램과 같은 사진 기반의 SNS, 싸이월드 같은 2차원 가상세계보다 3차원 VR로 구성된 가상세계가 사용자에게 높은 실재감, 몰입감을 주는 인터페이스를 제공하는 데 탁월하기 때문에 메타버스 에듀테크에서도 3차원 VR은 중요하다. 필수는 아니지만 높은 효과성이 담보된다.

메타버스의 특이점은 언제쯤일까

"인간은 기계처럼, 기계는 인간처럼 되고 … 인공지능과 인간의 뇌가 하나가 될 것이다." 레이 커즈와일(Ray Kurzweil)은 《특이점이 온다》라는 책에서 인공지능이 인간의 지능을 뛰어넘는 순간을 기술적 특이점이라 칭했다. 특이점(Singularity)은 물리학에서는 블랙홀처럼 일반적인 물리 법칙을 적용할 수 없는 지점을, 수학에서는 수적 결과물이 정의되지 않는 지점을 가리키는 용어인데 레이 커즈와일이 이 책에 내놓은 미래예측이 일반에 크게 인기를 끌면서 특이점이라는 용어는 새로운 의미를 가지고 일상어 가운데 자리잡았다. 일반적으로 사용되는 특이점이라는 표현은 어떤 흐름이 과도해져서 이상 증상이 시작되는 순간 혹은 주객이 전도되는 시기, 기존의 추이로는 더 이상 미래를 예측할 수 없는 시점 등을 가리키는 말로 쓰이고 있다. 메타버스에도 특이점이 존재할까?

가상현실의 몰입감이 극대화되어서 사용자가 현실세계와 가상세계를 구분하지 못하는 순간이 메타버스의 특이점일 것이다. 현재에도 일부 사람들은 정신적으로 가상세계와 현실을 구분을 하지 못하는 경우가 있다. 컴퓨터를 사용하던 중에 리셋(Reset) 버튼만 누르면 다시 처음부터 시작할 수 있는데 이것이 현실에서도 일어날 수 있다고 생각하는 '리셋 증후군'이 이런 혼동에 따른 현상 가운데 하나다. 하지만 메타버스 특이점이 곧 사회적 문제를 야기한다고 보는 건 협소한 시각이다. 영화 〈아바타〉에서 신체장애를 가지고 있던 주인공이 판도라 행성 나비족의 몸을 얻어 이 신체를 원격조정하며 살아가던 중, 결국 기존의 자신을 버리고 나비족의 일원으로서 살아가기를 선택하는데 이처럼 현실세계가 아닌 별도의 세계가 현실세계와 동등한 층위로서 현실세계의 대체재처럼 작용하는 시대가 온다면 그 시대의 시작점이 바로 특이점일 것이다. 메타버스로 곧 모든 것이 바뀔 것이라는 과격한 예측들이 적잖다. 메타버스 특이점이 코앞에 와 있는 걸까?

가상세계 기술은 위와 같은 특이점을 지향하며 나아가고 있다고 보아도 틀린 말은 아니다. 실제로 인간에게 가상의 오감을 제공하기 위해 다양한 기술이 개발되고 있다. 시각의 경우 영화나 TV쇼와 같이 카메라로 촬영한 것은 해상도만 충분히 지원된다면 VR 디바이스에서도 동일 메커니즘으로 제공 가능하다. 하지만 일반 경치나 풍경은 다르다. 산 정상에 오르면 보이는 탁 트인 전경을 초고해상도 360도 카메라를 사용해 재생하더라도 아직은 실제와 같은 개방감까지 사용자에게 주기는 불가능하다. 이를 완벽하게 재연하는 일은 완전 자율주행보다 좀 더 늦은 시점일 것으로 보인다.

또한 VR 안경 등 디바이스 산업에서는 착용, 이용의 간편성을 더욱 높여야 한다는 과제를 아직 해결해 나가고 있는 중이다. AR 안경도 다르지 않다. 디스플레이를 제어하기 위한 각종 전자회로 및 배터리의 크기와 무게를 줄이는 것이 과제의 핵심이다. 1957년 처음 소개되었던 센소라마(Sensorama)라는 디스플레이 장비는 음료수 자판기 정도의 크기였다. 현재 HMD 즉 머리에 착용하는 VR 장비는 고글과 유사한 모습 정도로는 분명히 진화해 있다. 일반 안경 수준까지는 진화가 되어야 한다.

메타버스 에듀테크, 파괴적 혁신의 조건

메타버스 기술이 고도화를 위해 여전히 발전을 거듭하고 있고 완전을 기하기 위해 아직 해결해야 할 과제가 많지만 이미 시판되어 사용자를 확보하고 있는 기기와 서비스도 상당히 많다. 메타버스 기술에 미래과제가 많은 것과 별개로 이미 우리의 현재 생활환경 안에 메타버스 기술이 자리를 잡았다는 말이다. 교육분야의 단적인 사례로 서책 형태 교과서에 담겨 있는 내용에 각종 멀티미디어 자료뿐만 아니라 실감형 콘텐츠까지 더한 디지털교과서도 이미 개발이 되어 있고 보완과 개선이 계속되고 있다는 점을 꼽을 수 있다. 제3의 인터넷이라 불리는 메타버스 기술을 교육에 지원하는 메타버스 에듀테크는 혹시 온라인 교육 산업에 파괴적 혁신을 가져올 수 있을까?

21세기 에듀테크 분야에는 실로 대단한 일이 많았다. 2000년을 전후로 온라인 학습인 이러닝이 등장하며 에듀테크의 시대가 열렸다. 이 시기에 많은 이들은 "이제 각 분야에서 최고의 강사만 살아남고 다른 강사들은 모두 도태될 것"이라고 전망했다. 하지만 그런 일은 벌어지지 않았다. 2010년대에 접어들자 에듀테크가 더욱 본격화되었고 대규모 온라인 학습 서비스인 MOOC가 그 전망을 이어받았지만 역시 그렇게 되지는 않았다. 이러닝, MOOC와 같은 기술 기반 교육지원 서비스는 가히 혁신적이었다. 그런데 이들은 왜 이전에 조성되어 있던 시장을 없애지는 못한 걸까.

파괴적 혁신(disruptive innovation)이란 제품이나 서비스로 시장에서 완전한 우위를 점할 때 기존 제품이나 서비스를 성능 개선하여 고가의 것을 내놓는 전략이 아니라 기존에 없던 새로운 수요를 일단 저사양으로 맞춘 뒤 시장을 확실하게 잠식해 가는 방식으로 진행하는 혁신을 가리킨다. 즉 파괴적 혁신은 단순하고 저렴한 제품이나 서비스로 시장의 밑바닥을 장악한 뒤 나아가 시장 전체를 빠르게 장악하는 방식으로 진행된다. 말 그대로 기존 시장의 구조를 파괴하는 신기술의 혁신이다. 이는 미국의 경영학자 클레이튼 크리스텐슨(Clayton Christensen)의 개념이다.

과거 진공관식 라디오는 전자레인지 정도의 크기로 거실을 차지하고 있었다. 이어 개발된 트랜지스터 라디오는 크기가 매우 작아 휴대가 가능할 정도였지만 출력이 작고 수신 음질이 떨어져 외부 활동이 잦은 소수의 청소년들에게만 선택받던 기기였다. 하지만 트랜지스터 라디오는 저가 저사양의 밑바닥 시장에서부터 시장을 조금씩 넓혀 나갔고, 성능을 개선하여 출력을 높이고 방송의 수신 음질을 개선해 나갔다. 그러자 거실을 차지하던 진공관식 라디오가 어느 순간 사라지게 되었다. 트랜지스터 라디오가 파괴적 혁신을 이뤄 시장을 점령하게 된 것이다.

코로나19 속에서 에듀테크를 활용한 온라인 학습이 크게 확대되었으나 이것이 교육의 효과를 혁신적으로 개선했다고 보기는 어렵다는 게 중론이다. 교육에서 이러한 혁신적 개선이 일어나지 않은 것은 에듀테크로 인해 개선되는 교육효과, 이른바 교육 지원의 '성능'이 갖고 있는 특징 때문이다. 교육의 효과에는 측정 가능한 정량적 부분 이외에도 창의력, 협동심 등 심리적, 철학적 측면이 포함되어 있다. 이런 심리적, 철학적 측면은 에듀테크의 적용으로 교육효과가 개선되는 그 정도가 측정되기 어렵고, 따라서 증명되기도 어렵다. 따라서 에듀테크가 교육분야의 혁신을 가져오기 위해서는 학습자의 서비스 이용 프로세스를 단계별로 분리하여 기술이 효과적으로 작용할 수 있는 단계에만 집중해야 한다.

　교육 분야에서 현재 에듀테크 접목이 가장 활발한 분야 중 하나가 개인 맞춤형 학습 분야다. AI 기술을 기반으로 한 개인 맞춤형 교육은 현재 수준의 진단 및 평가 → 학습경로 피드백 → 피델리티(fidelity, 학생의 학습경로 모니터링) 단계를 거친다. 학생의 현재 학업성취 수준을 진단, 평가한 뒤, 이에 대한 학습경로를 피드백해 주고, 제시한 학습경로를 학생이 충실히 이행했는지를 확인하는 것이다. 이 3단계 과정은 AI로 완벽하게 구현 가능한 영역일 것처럼 보이지만 진단 및 평가 부분이 구멍이다. 정량적 부분 외에 학생의 학습동기를 포함한 정성적 요인이 개입되는 진단 및 평가 부분이 기술로 해결이 되지 않는 것이다. 지식 간 위계가 비교적 명확한 수학 과목 일부를 중심으로 개인 맞춤형 학습이 한정적으로 적용되고 있는데 이 또한 진단 및 평가는 사람이 진행해야 오류가 적다.

　그러므로 교육효과 가운데 철학적, 심리학적인 부분과 측정 가능한 정량적 부분을 분리하여 이 정량적인 부분에 기술을 집중한다면 그 부분에서만큼은 에듀테크에 의한 파괴적 혁신이 가능할 것이다. 한편 메타버스 에듀테크는 가상세계에서의 상호작용에 대한 방대한 데이터 확보가 가능하고 이는 정성적 요소에 대한 측정의 기반이 됨으로써 에듀테크가 불러일으킬 수 있는 혁신의 지평을 확장하는 기폭제가 될 것이다. 그러므로 메타버스 에듀테크에 있어 파괴적 혁신의 우선 조건이란 플랫폼 참여 학습자 수를 최대한 확보하고, 이 플랫폼에서 일어나게 할 학습자 간 상호작용을 효과적으로 설계하며, 이에 대한 분석기법을 개발하여 기존에 평가하지 못했던 정성적 교육효과에 대한 측정을 가능하게 하는 것이다.

메타버스 플랫폼

팬데믹에 실시간 화상 교육, 회의 등이 빈발하여 진행되면서 줌에 대한 피로감이 짙어졌다. '줌 피로감(Zoom Fatigue)'이라는 용어가 생길 정도로 많은 사람들이 디지털 상호작용에 참여하며 강력한 두뇌 활동을 하고 이로 인한 극심한 피로를 호소했다. 스탠포드 대학 커뮤니케이션학과의 제레미 베일런슨(Jeremy N. Bailenson)은 온라인 피로도의 원인으로 타인과 시선 맞추기, 자신의 모습을 지속적으로 신경 쓰는 행위, 신체 움직임 제한, 비언어적 의사소통을 인식하고 표현하는 일의 힘겨움 등을 꼽았다[*]. 원격으로 이루어지는 다양한 활동의 과제는 멀리 있는 사람과의 '소통'을 넘어 '잘 소통하는 것'이라는 점이 주요 쟁점으로 부각되기 시작했다. 줌을 대체할 플랫폼을 찾는 목소리가 높아졌다.

현재 제공되고 있는 메타버스 서비스 혹은 플랫폼은 다양하다. 줌이 화상 카메라와 마이크를 기반으로 한 웹 회의 시스템이라고 한다면 메타버

	게임/커뮤니티형	모임형
대표 플랫폼	로블록스(게임)/ 제페토(커뮤니티)	이프랜드(3D), 게더타운(2D)
특징	콘텐츠 생산자와 소비자의 사회·경제 시스템	화상 회의, 자료 공유

스 서비스라 불리는 시스템들은 2차원이나 3차원 그래픽 사용자 인터페이스를 사용하여 단순한 회의 이외의 다양한 상호작용 기능을 제공한다.

이러한 메타버스 플랫폼을 크게 게임/커뮤니티형과 모임형 두 가지로 생각해 볼 수 있다. 게임/커뮤니티형의 대표적인 사례 가운데 하나인 로블록스는 서비스 내부에서 사용자가 직접 게임을 구성하여 다른 사용자와 같이 게임을 즐기며 관련된 게임 아이템을 판매한다. 제페토와 같은 플랫폼은 자신의 아바타를 만들고 다양한 아이템으로 치장하는 데 있어서 다른 사용자가 만든 아바타 아이템을 서로 구매하고 거래하는 행위가 일어난다. 즉 게임/커뮤니티형 메타버스 플랫폼에서는 사용자가 직접 제작한 아이템들을 사고파는 거래 행위가 일어난다는 특징이 있다.

모임형 메타버스 플랫폼은 세미나 발표나 회의와 같이 상호 간의 의

● Jeremy N. Bailenson. (2021.02.24.). "Nonverbal Overload: A Theoretical Argument for the Causes of Zoom Fatigue". Technology, Mind, and Behavior. Volume 2, Issue 1. American Psychological Association. https://doi.org/10.1037/tmb0000030. 2022.03.01. 접속.

견과 내용 전달을 주 목적으로 한다. 많이 사용되고 있는 대표적인 플랫폼으로는 게더타운과 이프랜드가 있다. 한 사람이 여러 참여자를 대상으로 발표를 하는 일대다 형태의 커뮤니케이션이나 여러 명이 소그룹을 형성하여 의견을 교환하는 다대다 형태의 커뮤니케이션을 지원한다.

국내외 몇 가지 대표 메타버스 플랫폼을 강점과 약점, 주요 히스토리를 중심으로 설명하고자 한다.

제페토(ZEPETO)

https://zepeto.me

제페토는 2018년 8월에 네이버의 자회사 스노우에서 출시했던 AR 아바타 서비스로, 2020년 5월에 네이버제트(NAVER Z)라는 독립 법인으로 분리되었다. AI 기반 얼굴인식 기술을 바탕으로 '나와 닮은' 3D AR 아바타를 만들고 이 아바타로 가상세계에서 활동하며 소통할 수 있는 SNS 서비스라는 게 제페토만의 특징이다.

우선 사용자가 사진을 찍거나 스마트폰에 저장되어 있는 사진을 불러오면 AI 기술이 적용되어 사진과 닮은 아바타가 생성이 되는데 사용자는 이 아바타의 이

목구비 크기나 표정, 옷, 피부 색깔 등에 변화를 줄 수 있다. 이렇게 AI, AR 기술을 이용해 만들어진 3D 아바타로 사용자들은 가상세계 생활을 해 나간다.

제페토의 이 아바타 꾸미기 서비스는 출시 시점에 대단한 인기를 모으지는 못했는데 팬데믹으로 비대면 소통 상황이 늘면서 보다 실재감 있는 소통에 대한 갈증이 높아지자 인기가 급상승했다.

2022년 3월 초, 네이버제트에서 밝힌 바에 따르면 제페토는 2018년 출시된 후 3년 만에 가입자 3억 명을 달성했고 전 세계 200여 개 국가에 서비스 중이며 전체 이용자 가운데 해외 이용자 비중이 95%에 달한다.

원광대학교의 디지털콘텐츠공학과는 2022년 초에 학과의 월드맵을 제페토에 구현해 강의실과 콘퍼런스홀, 카페 등을 구현해 두었고 이 공간을 비대면 방식의 다양한 행사에 활용할 예정이라고 했다. 네이버에서는 2021년도 초, 신입사원을 대상으로 진행한 비대면 입문 프로그램을 제페토에서 진행했는데 재택근무로 첫 출근을 하게 된 신입사원들을 위해 제페토에 네이버 사옥을 개설했고 사옥을 둘러본 뒤 아바타 인증샷을 찍는 이벤트 등을 진행했다고 한다.

제페토를 교육적으로 활용하는 데 있어서 강점은 아바타의 활용이 아주 다양하다는 점, 그리고 한국형

맵을 제공한다는 것이다. 또한 제페토에서 나만의 공간을 만드는 일도 가능하다. 맵 저작 프로그램을 PC에 다운받으면 실내외 공간들을 만들어서 활용할 수 있다.

다만 사용자가 직접 만든 맵은 네이버 제트의 승인을 받아야 한다는 점, 그리고 자유도가 높은 3차원 공간이기 때문에 학생이 학습에 임하도록 하기 위해서는 그것을 위한 장치를 마련해야 한다는 점이 단점이다. 또한 제페토는 모바일 기반이기 때문에 PC에서의 활용이 다소 불편하고, 하나의 방을 이용할 수 있는 최대 동시 접속 인원이 16명이라는 점이 2022년 초까지 해결되지 않은 제한점이다.

로블록스(Roblox)
https://www.roblox.com/?rbxp=337380537

로블록스는 2004년에 설립된 미국 게임 플랫폼 회사명이자 플랫폼의 이름이다. 로봇(robot)과 블록(blocks)을 합성한 이름인 로블록스는 이제 메타버스 대표 서비스로 손꼽히는 브랜드 중 하나다.

로블록스는 게임을 직접 개발하지 않는 게임 회사다. 로블록스는 이용자들이 로블록스 플랫폼에서 직접 게임을 비롯한 다양한 디지털 콘텐츠를 개발할 수 있는 게임 플랫폼 서비스를 2006년에 출시했다. 레고 피규어와 비슷한 모양의 아바타를 하고 가상세계 안에서 스스로 게임을 만들거나 다른 사람이 만든 게임을 즐길 수 있다는 것. 이것이 로블록스 게임 플랫폼의 가장 대표적인 특징이다.

사용자는 자신이 제작한 게임이 로블록스에서 인기가 높아지면 게임 아이템을 판매하여 수익을 올린다. 로블록스에는 가상 화폐 로벅스(Robux)가 통용되는 경제 생태계까지 완성되어 있다. 로블록스가 "제2의 현실세계"라고 표현되는 이유다.

팬데믹으로 로블록스는 더욱 크게 성장했다. 로블록스의 하루 활성 이용자 수(DAU; Daily Active User)는 다수의 언론에 따르면 2021년 상반기에는 4,000만 명을 돌파했고 하반기에는 더욱 상승하여 이대로라면 2022년에는 5,000만 명 선도 곧 돌파될 것이다. 로블록스의 주요 사용자층인 어린이, 청소년이 팬데믹 이전보다 집에 오래 머물게 되면서 로블록스에 머무는 시간이 길어진 것이 이유다. 이들은 로블록스를 게임 플랫폼뿐만 아니라 타인과 교류하는 장으로 활용했다. 특히 어린이들 사이에서 로블록스의 인기는 가히 폭발적이다.

로블록스는 원격교육 도구로도 활용될 수 있는데, 사용자의 자유도가 높아 상호작용이나 공동작업과 같은 교육적 기능을 수행할 수 있다. 학생과 교사가 시간에 구애받지 않고, 창의성과 상상력을 발휘하여 만들고 싶은 것을 자유롭게 만들 수 있기 때문에 교사들은 교수 목적에 따라 다양한 연령의 학습자를 대상으로 한 수업을 설계할 수 있다.

특히 로블록스에서는 사용자가 직접 맵을 만들 수 있는 로블록스 스튜디오 서비스를 제공하고 있다. 이 서비스는 개발 언어로 스크립트 언어를 사용하는데 스튜디오 안에서 소스코드 작성, 간단한 모델링, 맵 제작, 서비스 테스트 등 로블록스 게임의 제작에 필요한 전부를 제공한다. 다만 아직은 자유로운 음성지원이 미비하다.

또한 로블록스를 이용하는 학생들은 서비스 활용에 아주 익숙하지만 교사들은 게임이나 상호작용을 설계하는 저작도구 사용에 대한 숙달도가 다소 낮은 편이기 때문에 교사들의 다양한 수업 활용 경험 및 연구가 공유될 필요가 있다. 한 가지 예를 들자면 로블록스에서 가장 인기 높은 게임 중 하나로 밉시티(MeepCity)가 있다. 밉시티는 특별한 목표가 있는 게임이 아니라 사용자들이 일상적 활동을 해 나가는 롤플레잉 게임인데 여기에서 학교는 사용자들에게 인기가 높은 장소다. 그저 사용자 한 명이 교사 역할을 맡고 나머지는 학생이 되어 수업 시간처럼 책상에 앉아 시간을 보내는 장소일 뿐인데, 팬데믹 상황에서 밉시티의 학교가 학생들에게 등교하는 경험을 보충해 주어 인기를 끈 것이다. 다만 아쉽게도 가상 학교에 모인 학생들에게 제공할 학습경험에 대한 설계가 없어 확보된 교육적 기회에 비해 그 효과는 높지 않았다.

게더타운(Gather.town)
https://ko.gather.town

2020년 출시된 게더타운은 2D 가상 환경을 제공하기 때문에 과거 싸이월드 미니홈피, 미니미와 유사하다는 느낌을 받게 된다. 다른 3D 기반 플랫폼에서 제공하는 그래픽에 비해 간단하고 현실과 일치한다는 느낌을 주지 못하는 2D 그래픽이지만 한편으로 이는 컴퓨터 리소스에 부하를 주지 않아 속도 저하가 없어서 사용자가 원활하게 이용할 수 있다는 강점 요인으로 작용하기도 한다.

2차원 가상공간에 걸맞게 아바타의 이동 또한 상하좌우 4개의 화살표 방향키만 가지고 간단하게 직관적으로 실행할 수 있다. 3D 가상공간에서 아바타를 움직이기 위해서는 아바타가 바라보는 방향을 제어하는 4개의 키, 아바타의 움직임을 제어하는 4개의 키를 동시에 조작하여야 하기 때문에 3D 공간과 2D 공간은 방향조정 간편성 측면에서는 차이가 꽤 크다.

게더타운의 두 번째 강점은 지역 소통이다. 이는 아바타와 가까운 거리에 있는 사용자들 혹은 정해진 일정 공간(방) 안에 함께 있는 사용자들만 서로 마이크와 카메라가 자동적으로 연결되는 기능으로 공간 오디오(spatial audio) 기술이라 불린다. 반대로 상대방과 멀어진다거나, 특정 방을 벗어나면 이 연결이 자동으로 해제된다.

이렇게 게더타운에는 다양한 집단 대화에 필요한 기능이 잘 갖추어져 있기 때문에 타인과 소통하는 데 피로감이나 불편이 아주 낮다. 줌에서와 달리, 누군가와 일대일 대화를 하고자 한다면 그 아바타 근처로 이동하기만 하면 간단히 대화를 시작할 수 있고 대화를 그만하고자 할 때는 간단히 물러나 거리를 두기만 하면 되니 아주 간편하다. 집단 토의도 구성원들이 한 공간에, 혹은 적절한 거리 안에 들어와 있기만 하면 손쉽게 진행할 수 있다. 이는 현실에서의 대화, 토의와 아주 유사한 방식이다. 그리고 사용자는 자신이 자유롭게 소통하고 있으며 자신의 소통을 스스로 통제하고 있다는 심리적 여유를 가질 수 있다. 따라서 줌과 같은 쌍방향 화상 소통이 야기하는 특유의 피로감을 피하고자 하는 경우 대안으로 게더타운이 언급되기도 한다.

한편 게더타운은 오디오와 비디오 데이터를 오픈소스 소프트웨어인 WebRTC를 사용하여 P2P로 전송하기 때문에 중간 서버를 거치지 않고 채팅 중인 사람에게 직접 전송되므로 누구도 화상 통화를 감시할 수 없다는 장점이 있다.

이런 강점을 지닌 게더타운은 초기에 특히 온라인 학회 진행 용도로 많이 활용되면서 단방향 세미나 형태의 대규모 콘퍼런스, 포스터 세션, 워크그룹 같은 소규모 대화 공간, 개인 공간 등을 제공하게 되었다.

25명까지는 시간제한 없이, 회원가입 없이 사용 가능하다. 서비스 범위에 따라 유튜브 등의 콘텐츠를 서비스 내에서 접근할 수 있고 게더타운 안에서 직접 맵을 구성할 수 있기 때문에 다양한 교육적 활용의 가능성이 크다.

이프랜드(ifland)

https://ifland.io

이프랜드는 SKT가 2021년 7월에 출시한 메타버스 플랫폼이다. SKT에는 이프랜드 이전에 'T-리얼' 플랫폼과 '점프 VR'이 있었다. 2016년경 통신업계는 VR, AR 시장에 적극적이었고 SKT는 2016년 4월에 T-리얼이라는 이름의 플랫폼을 런칭하였다. 이 플랫폼은 360도 영상 촬영 도구와 영상 압축 소프트웨어 같은 제작 툴을 제공하여 창작자들이 VR, AR 콘텐츠를 손쉽게 만들어 올리도록 했고, 최종 콘텐츠도 제공하여 사용자들이 즐길 수 있도록 했다.

2020년에 런칭한 점프 VR 서비스는 VR 기기 이용자와 스마트폰 이용자가 함께 소통하는 '버추얼 소셜 월드(Virtual Social World)' 플랫폼이었다. 가상공간에 120명 동시 접속을 가능하게 한 '버추얼 밋업(meet-up)' 서비스를 제공하여 순천향대는 2021년 3월 입학식을 가상공간에서 진행했다.

이후 7월에 출시된 이프랜드는 코로나19 팬데믹 시대의 요구에 부응하여서 기존 점프 VR의 기능 가운데 특히 모임 기능에 초점을 맞춰서 주요 화면들을 전체적으로 바꾸고 동선을 개선하여서 사용자 경험을 향상시킨 서비스라고 이야기할 수 있다.

이프랜드의 특징 가운데 아바타 꾸미기 기능이 손꼽히는데 3D 아바타에 아주 다양한 의상 및 스타일을 선택할 수 있도록 한다. 또한 이 3D 아바타가 춤을 추거나 박수를 치거나 하트를 표시하는 등 다양한 모션을 취할 수 있게 하여 사용자들이 아바타로 감정 표현을 다양하게 할 수 있도록 한다.

이프랜드의 주요 특징으로 꼽히는 또 한 가지는 모임 공간인 '랜드(land)'다. 루프탑, 콘퍼런스 홀 등 다양한 공간이 있고 공간을 선택하면 테마를 선택하여 스타일을 달리할 수 있다. 랜드 중앙에는 대형 스크린이

이프랜드에서 진행한 테크빌교육 신규입사자 교육

있는데 이를 통해 랜드 개설자는 PDF 파일이나 영상을 간단히 공유할 수 있다. 동시에 131명이 참석할 수 있기 때문에 이프랜드는 발표, 회의, 강의 등의 용도에 강점이 있는 플랫폼이다. 이런 강점을 바탕으로 이프랜드에는 자신의 콘텐츠를 음성 라이브로 진행하는 크리에이터들도 생겨났다.

SKT는 이프랜드 3D 공간에서의 텍스트 채팅 방법을 개선해 나가는 등 각종 보완점을 해결해 나가고 있으며 2022년 MWC(Mobile World Conference)에 이프랜드를 선보이며 해외 진출의 가능성을 알렸다.

포트나이트(FORTNITE)
https://www.epicgames.com/fortnite/ko/home

포트나이트는 전 세계에서 대단한 인기를 끌고 있는 글로벌 게임이다. 게임 개발사 에픽게임즈가 2017년에 '포트나이트: 세이브 더 월드'로 처음 출시했던 이 게임은 그해 9월에 '배틀로얄 모드'를 두 번째 모드로 출시하면서 인기가 크게 급상승했다. 다음 해인 2018년 1월 말에는 사용자가 전 세계 4천만 명에 육박했고,

최고 동접자 수는 200만, 게임 콘텐츠를 다루는 생방송 서비스 플랫폼인 트위치(Twitch)에서 시청자 수는 10만 명을 기록했다.

포트나이트가 미국의 10대들에게 인기가 대단한 건 게임을 넘어 세대 안에서의 소통 플랫폼으로 받아들여지고 있기 때문이다. 실제로 언론에서 포트나이트를 언급할 때 메타(구 페이스북)과 비교한다. 사용자들은 포트나이트에서 가상의 게임세계에 머물면서 음악을 듣고 영화를 보고 라이브 방송을 본다.

특히 2019년에 트래비스 스콧(Travis Scott) 같은 힙합 가수는 포트나이트 가상 콘서트로 오프라인 대비 10배 매출에 달하는 216억 원을 벌었다고 여러 언론에서 보도했다. 게임 속 공연이라는 당시의 뉴노멀(New Normal)은 불과 몇 년 사이에 일상적인 것으로 자리 잡았다. 이제는 로블록스, 마인크래프트 등에서도 콘서트 등의 행사가 추진되고 있다.

지금까지 성공한 게임은 많았다. 하지만 포트나이트에서처럼 사용자들이 게임 외 활동을 하며 머무는 건 전에 없던 일이다. 그래서 포트나이트는 '게임이 미래 인터넷 서비스의 중심 플랫폼이 될 것'이라는 주장이 가능하게 한다.

이런 게임 외 활동들은 포트나이트 내 '파티로얄(Party Royale)'이라는 평화 지대에서 진행된다. 전투를 하는 배틀 게임인 포트나이트 내부이지만 공격적 행위가 금지되는 비무장지대인 이곳에서는 공격적인 행위가 아니면 어떤 행위든 허용된다. 이곳의 '빅 스크린 원형극장'과 '메인 스테이지'에서는 유명 가수들의 공연이 계속 열리고 있다.

포트나이트의 모드 가운데 하나이자 '포크리'라는 줄임말로 흔히 이야기되는 '포트나이트 크리에이티브 모드'는 마인크래프트와 같은 샌드박스 게임 모드다. 샌드박스(Sandbox) 게임이라는 표현은 모래 상자를 가지고 노는 것처럼, 자신이 만들고 싶은 것을 만들었다가 다시 허물고 놀 수 있는 게임이라는 의미인데 장르를 불문하고 사용자가 100% 자유도로 다양한 플레이를 할 수 있는 오픈월드형 게임을 가리킨다.

이런 샌드박스 게임 모드인 포크리에 포트나이트의 교육적 활용 가능성이 있다. 포크리는 사용자가 게임 안에 자기만의 섬을 만들 수 있는 게임 모드다. 서로 다른 모습을 하고 있는 여러 종류의 섬을 선택하여 만들어 나갈 수 있다. 다른 사용자들이 만든 섬을 둘러보거나 미니 게임을 해 볼 수 있다.

포크리 모드는 학생이 상상할 수 있는 건 무엇이든 만들어 볼 수 있는 샌드박스 환경을 제공하고 리소스 라이브러리 또한 훌륭하기 때문에 학생들은 자신의 섬에 멋진 건물 등의 다양한 요소를 배치할 수 있고 갤러리를 통해 무엇이든 만들어 낼 수 있다. 게임 속의 액션과 연결 짓는 상호작용 장치도 있다.

이런 장치들을 활용하기 위해 학생들은 자신의 문제 해결력, 단계적 사고력 등을 이용하게 된다. 즉 포크리 모드는 학생들로 하여금 이 능력들을 개발시켜 나갈 기회를 제공한다.

또한 학생들은 포크리로 다양한 콘텐츠를 만들어 나가면서 어학, 과학, 디자인, 건축 등의 영역을 다루게 되는데 이는 포트나이트를 학생들의 진로와 적성을 탐색해 나가는 교육적 과정으로 활용할 수 있다는 말이 된다.

마인크래프트(Minecraft)

https://education.minecraft.net/ko-kr

정육면체 모양의 다양한 블록과 도구를 이용해 사용자가 자기만의 3차원 세계를 만들 수 있는 샌드박스 게임이라는 점이 2011년 정식 출시된 마인크래프트의 가장 기본적인 특징이다. 사용자들은 맵과 블록을 이용해 집을 짓거나 다양한 구조물을 세우거나 세상에 존재하는 갖가지 건축물들을 마인크래프트 안에 옮겨 세우고 공유한다.

마인크래프트에서 학생들이 학교를 만들고 입학식, 졸업식, 수업 등을 진행한 사례가 아주 많다. 학생들은 자신에게 필요한 공간, 혹은 만들고 싶은 공간을 직접 만들면서 활동하기 때문에 이 활동에 아주 몰입하면서, 만족감을 포함한 다양한 감정 및 생각을 함께 표현해 드러낸다.

그러므로 교육을 할 때 학생들로 하여금 미러월드를 구현해 보게 하는 것은 현실 공간을 가상의 공간으로 단순히 복제해 보게 하는 것 이상의 활동이다.

이때 발생하는 학습자의 특별한 몰입은 자신이 노력하여 이룬 것을 높이 평가하고자 하는 경향성을 의미하는 이른바 '노력 정당화 효과'로도 설명할 수 있다.

그러므로 마인크래프트로 만드는 미러월드 메타버스 활동은 현실세계를 거울에 비추듯 직접 똑같이 대응시키는 일종의 간단한 미술활동처럼 보이지만 사실 이 활동은 교육자가 전달하고자 하는 정보와 기능이 아주 효과적으로 학습되도록 하는 활동이 될 수 있다는 교육적 잠재력을 가지고 있다.

무엇보다도 마인크래프트는 초등학교 학생들에게 특히 인기가 높아 교육에 학생들이 굉장히 적극적으로 참여한다는 강점이 분명하다. 그리고 마인크래프트는 2016년 교육용 에디션(MEE; Minecraft Education Edition)을 출시하였다. 이 버전은 클래스룸 모드, 칠판 기능, 포트폴리오 기능, 코드 빌더 등 교실 수업과 프로그래밍 교육을 위한 요소들이 추가된 버전으로, 학생과 교사의 교수학습 편의성을 높여 교육용이라는 용어에 따르는 기대에 부응해 나가고 있다.

세컨드라이프(Second Life)
https://secondlife.com

2003년 린든랩(Linden Lab)에서 개발한 세컨드라이프는 메타버스의 원조로 손꼽히는 플랫폼이다. 게임이 아닌 가상공간이라는 차별성으로 초기에 널리 알려진 세컨드라이프는 아바타들이 서로 상호작용할 수 있도록 하는 채팅 등의 SNS를 운영하여 인기가 높았다. 뿐만 아니라 콘텐츠를 사용자가 만들어 수익을 올릴 수 있으며 실제 미국 달러로 교환되는 린든달러가 유통되고 다양한 경제활동이 파생되어 이슈가 되었다.

이런 특성을 가진 세컨드라이프는 특히 북미 지역에서 인기가 굉장히 높았고 다양한 기업의 판촉 및 정치

인의 선거 유세 장소로 이용되기도 했는데 교육분야에
서는 특히 미국의 여러 대학이 세컨드라이프를 교육에
적극 활용했다. 세컨드라이프 안에서 수업을 개설해
진행하기도 했고 교내 행사를 열기도 했다. 뿐만 아니
라 기업과 연계하여 인턴십이나 콘퍼런스 등을 진행하
기도 하였다.

하지만 사람들이 모여서 함께 활동하는 소위 커뮤니
티 기능 외에는 특별히 사용자들이 이점을 느끼지 못
하여서, 높았던 인기도가 계속 유지되지는 못했다.

하지만 2022년 1월, 〈스노 크래시〉의 작가 닐 스티
븐슨과 함께 메타버스 세계관의 창시자로 불리는 린든
랩의 설립자 필립 로즈데일(Philip Rosedale)이 린든랩
에 복귀하면서 세컨드라이프의 변화에 대한 세간의 관
심이 높아졌다.

메타버스 디바이스

VR에서는 디지털 가상환경에 사용자가 완전히 빠져드는 몰입적 경험 (Immersive experience)을 제공해 주는 것이 매우 중요하다. 일반적으로 컴퓨터가 사용자와 인터페이스하는 디스플레이는 컴퓨터 모니터다. 사용자에게 몰입감을 주기 위한 VR 디스플레이를 두 가지 방식으로 나눠 볼 수 있는데 한 가지는 사용자가 현재 있는 현실공간에 디스플레이를 확장하여 몰입감을 주는 방식이고 다른 한 가지는 사용자의 눈앞으로 디스플레이를 바짝 가져와 몰입감을 주는 방식이다.

전자의 디스플레이 확장 방식에는 프로젝터가 주로 사용되며 원하는 디스플레이 이미지를 사방 벽면이나 특정 물체에 투사하여 몰입환경을 만든다. 후자의 디스플레이 집중 방식에서는 사용자에게 고글이나 안경 형태의 디스플레이를 착용시키고 사용자의 눈이 밀폐된 조건에서 몰입형 가상환경을 체험하게 한다. 사용자의 머리에 착용하는 이 기기의 부류를 HMD(Head Mounted Display)라고 한다.

VR 디바이스 : 프로젝터

프로젝터(Projector) 기기를 이용해 사용자가 속해 있는 현실 공간에 프로젝션 기술로 가상의 환경을 만드는 것을 프로젝션 맵핑(Projection mapping)이라고 한다. '스크린X(ScreenX)'라는 이름으로 CGV가 카이스트와 함께 개발한 프리미엄 상영관이 프로젝션 매핑의 예다. 이 상영관은 스크린을 전면에만 두는 게 아니라 양쪽 벽면까지 포함하여 공간의 삼 면을 스크린으로 활용했다. '미디어 파사드(Media Facade)'*도 이 범주에 속한다고 볼 수 있다. 프로젝터 여러 대를 이어 붙여 와이드 스크린을 만드는 것도 같은 맥락이다. 이때 여러 대의 프로젝터를 사용하는 경우 각 프로젝터 투사면의 경계 부분에서 이미지가 매끄럽게 이어지도록 하는 작업에 관한 기술적 이슈가 있다.

VR 디바이스 : HMD

고글 형태로 머리에 착용하는 HMD(Head Mounted Display)의 기술적 이슈 가운데 가장 중요한 것을 한 가지 꼽으라면 시야각이다. 시야각(FOV; Field of View)이란 사람이 볼 수 있는 상하좌우 시야의 최대 각도를 말한다, 180도 정도일 것으로 생각되겠으나 실제로는 120도 정도다.

HMD는 고글 형태가 발전되어 안경 형태에 이른 것처럼 보이지만 이는 일부만 맞는 말이다. 아주 초기의 HMD는 안경 형태로 개발되었으나 디스플레이를 눈앞에 바로 장착한 뒤 시야각을 개선할 별도의 기술을 가하지 못하여 안경의 시야각이 매우 좁았다. 이후 눈을 덮는 고글형 HMD가 나오며 시야각이 개선되기 시작하였던 것이다.

2010년경 오큘러스(Oculus)에서 디스플레이 앞에 광학계(간단히 말하자면 돋보기)를 설치하여 시야각을 대폭 늘린 제품이 개발되면서 HMD의 몰입감이 대단히 증대되었다. 이로 인해 VR 산업이 다시 주목을 받게 되었고 VR 콘텐츠에 대한 수요가 같이 늘어나게 되었다. 오큘러스는

2014년 당시 페이스북에 약 2조 5,000억 원에 인수되었다.

현재 시야각 110도 내외의 HMD가 출시되고 있다. 대개의 경우 인간의 의식은 전방의 좁은 시야각에 집중되므로 110도 정도의 시야각이라면 어떤 공간이나 장면에 대한 현장감을 괜찮은 수준으로 제공할 수 있다. 그러면 사용자는 눈으로 보고 있는 실제 그 장면 안에 자신이 위치하고 있다는 느낌, 즉 실재감을 상당 수준으로 받게 된다. 고가의 오디오 스피커나 이어폰으로 음악을 들으면 음향이 입체적으로 제공되어 마치 연주회장에 앉아 있는 듯한 느낌을 제공하는 것처럼 말이다.

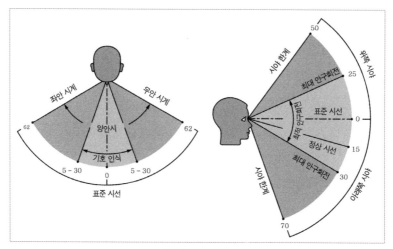

HMD와 시야각

● 미디어 파사드(Media Facade)는 매체를 뜻하는 미디어와 건축물 외면의 중심부를 가리키는 프랑스어 파사드(Facade)의 합성어다. 건축물의 외벽을 스크린으로 활용하여 프로젝터로 빛과 이미지를 투사하는 방식과 벽면에 설치한 LED처럼 스스로 빛을 내는 디스플레이 소재를 이용하는 방식이 있다. 경우에 따라 디지털 경관 조명, 미디어 보드, 미디어 월 등을 미디어 파사드라고 하기도 한다.

HMD의 기술적 특성

시야각 외에도 HMD가 하드웨어로서 고려하는 기능지표는 다음과 같다.

▼ 양안 디스플레이(Stereoscopic display)

기본적으로 VR은 실제와 같은 공간감과 몰입감을 제공해야 하며, 이를 위해서는 왼쪽 눈과 오른쪽 눈에 각각의 시점에 맞는 영상을 디스플레이 할 수 있는 양안 디스플레이 기능이 기본적으로 제공되어야 한다. 대개 HMD는 양안 디스플레이를 위해 왼쪽 눈과 오른쪽 눈에 각각 다른 디스플레이 화면을 제공한다. 양안 시차를 고려하여 좌우 양안 디스플레이에 약간 다른 화면을 제공하면 입체감을 느끼도록 할 수도 있다.

▼ 동공 간 거리(IPD; Inter-Pupillary Distance)

IPD는 양안 사이 간격을 말하며 대개 6~8cm 정도다. 이 간격이 맞지 않으면 어지러움을 느낄 수 있다. HMD의 왼쪽 눈과 오른쪽 눈 화면도 이 정도의 간격을 유지하고 있으며 많은 HMD는 사용자가 이 간격을 미세하게 조정할 수 있게 한다.

▼ 해상도(Resolution)

사실적 감각을 제공하기 위해서는 왼쪽 눈과 오른쪽 눈에 디스플레이 되는 화면의 해상도가 중요하다. 현재 시판 HMD의 제품 사양 안내서를 보면 1024× 768 같은 형식으로 표시되어 있는 경우가 많은데 이는 PC 모니터 제품 사양을 보는 데 익숙한 소비자에 맞춘 정보다. HMD는 해상도 대신 각도당 화소수(PPD; pixels per degree) 형식으로 표시하는 게 정확하다. 사람 눈의 한계를 고려할 때 60 pixels/degree 정도의 해상도면 최상이라 볼 수 있다. 이 해상도를 넘더라도 사람의 눈은 그 차이를 느끼지 못하기 때문이다. 하지만 현재의 HMD는 아직 이에 미치지 못하여 기술적 과제가 남아 있다. 예를 들어 100도 정도의 시야각을 제공하는 HMD의 경우라면 최상의 해상도를 위해서는 넓이가 6K 정도(100 degrees 시야각 × 60 pixels/degree)의 디스플레이 화면 2개가 필요하다.

▼ 주사율(Refresh Rates)

PC 모니터 업계는 사용자 눈의 피로를 줄이기 위해서 1초당 화면이 갱신되는 횟수인 주사율을 지속적으로 높여 왔으며 이 필요는 HMD에 있어서도 다르지 않다. 현재 HMD는 60Hz(초당 60회) 정도의 주사율을 제공하는데 VR 콘텐츠를 이용하는 사용자의 편안함과 사실감을 높이기 위해서는 90Hz 이상을 제공해야 하고 120Hz면 사용자 눈의 피로도를 완화하는 것으로 알려져 있다.

모든 HMD 개발사들은 시야각과 해상도, 주사율을 높이고 기기를 경량화하는 데 힘을 쏟고 있다. 사용자에게 높은 실재감을 주기 위함이고, 장시간 이용하는 데 불편함이 없도록 하기 위함이다. 실감형 콘텐츠의 대중화를 위한 기술적 선결요건이라 할 수 있다.

이렇게 해상도와 주사율이 높아지면 이에 맞추어 업그레이드 되어야 하는 부분이 있다. 바로 실감형 콘텐츠를 재생하는 계산능력(processing power)이다. 사실적 콘텐츠가 양 눈에 각각 6K의 해상도로 재생되고 주사율이 90Hz에 이른다면 일반 PC에서 6K 모니터 2대를 동시에 구동하고, 초당 90 프레임을 그려 내야 하는 컴퓨팅 파워가 따라 주어야 한다. 따라서 실감형 콘텐츠 산업이 발달하기 위해서는 디스플레이 기술에 더하여 현재보다 상당한 성능의 컴퓨터가 대중화될 필요가 있다.

구동 방식에 따른 3가지 HMD

현재의 HMD를 구동 방식으로 구분하면 PC 기반 HMD, 모바일 기반 HMD, 일체형 HMD 등의 세 가지로 나눌 수 있다. PC 기반 HMD는 콘텐츠 재생을 컴퓨터나 게임 콘솔 같은 외부 기기에서 담당하고 HMD는 디스플레이와 사용자 움직임 센싱만을 수행하는 방식으로 오큘러스 리프트(Oculus Rift)나 HTC 바이브(Vive) 같은 장비가 그 예다.

모바일 기반 HMD는 구글 카드보드나 삼성 기어 VR처럼 고성능 스마트폰을 HMD의 전면에 장착할 수 있도록 프레임을 제공하는 장비다.

PC 기반 HMD는 고성능의 외부 컴퓨팅 파워를 사용할 수 있다는 장점이 있으나 컴퓨터나 콘솔과 유선으로 연결되기 때문에 사용자의 움직임에 제약이 있다는 단점이 있다. 이와 달리 모바일 기반 HMD는 유선 연결이 없으므로 행동에 제약이 없다는 장점이 있는 반면 모바일 기기의 컴퓨팅 파워가 약하고 사용자의 머리 움직임 센싱이 느려 어지러움이 더 발생할 수 있다는 단점이 있다.

이 두 가지 형태의 장단점을 보완한 것이 일체형 HMD다. VR만을 위한 자체 하드웨어를 갖춘 일체형 HMD는 소위 '스탠드얼론(standalone)' 또는 '올인원(all-in-one)' HMD라고도 불린다.

① PC **기반** HMD

PC의 컴퓨팅 파워를 이용하고 유선으로 HMD를 연결하여 디스플레이로 이용하도록 한 제품들

▼ 오큘러스 리프트(Oculus Rift) 계열

오큘러스사는 VR이 다시금 각광을 받는 계기가 된 몰입형 HMD를 출시한 회사이다. 오큘러스사는 2007년부터 프로토타입을 만들기 시작하였고 2012년 8월에 오큘러스 리프트 DK 1(Developer Kit 1)이라는 제품을 킥스타터 캠페인으로 시장에 처음 선보였다.

개발자용 제품인 오큘러스 DK 1은 7인치 디스플레이를 장착하여 전면부가 다소 웅장한 모습을 하고 있다. 이를 업그레이드한 DK 2가 2014년 4월에 시장에 나왔다. DK 1의 디스플레이는 LCD였으나 DK 2에서는 색감을 개선하고자

OLED로 바꾸었다. 해상도는 1980×1080로 늘어났고, 시야각도 100도로 개선되어 제공되었다. 2016년 3월에는 드디어 최초의 소비자용 제품인 오큘러스 CV 1(개발명 Oculus Rift Crescent Bay) 제품이 출시되었다. 내장된 센서로 사용자의 머리 위치와 움직임을 더욱 정밀하게 VR 콘텐츠에 반영시킬 수 있게 하였고, 양안의 해상도 2K(1080×1200)를 제공하고 90Hz 주사율을 제공한다. 2019년 5월 출시된 오큘러스 리프트 S는 2560×1440의 해상도에 80Hz로 약간 낮아진 주사율을 제공하나 115도의 넓은 시야각을 제공한다. 또한 동공 간 거리(IPD)를 사용자가 직접 조절하는 소프트웨어를 제공●한다.

모델명	출시일	시야각	해상도	디스플레이	가격 / 무게	주사율
리프트 DK 1	2012.8.	90	1280×800	LCD	$299 / 220g	60Hz
리프트 DK 2	2014.4.	100	1980×1080	OLED	$350 / 440g	60Hz
리프트 CV 1	2016.3.	110	2160×1200	OLED	$599 / 470g	90Hz
리프트 S	2019.5.	115	2560×1440	LCD	$399 / 500g	80Hz

※ 해상도는 양쪽 눈에 대한 해상도다. 한쪽 눈에 대한 해상도는 가로축 숫자가 절반이 된다. 즉, 리프트 DK 1의 왼쪽, 오른쪽 디스플레이의 해상도는 각각 640×800이고 양쪽 눈을 합치면 1280×800이 되는 것이다.

● HMD용 디스플레이는 양쪽 눈에 한 개씩 한 쌍으로 제작하지만 가로로 긴 디스플레이 한 개의 왼쪽과 오른쪽을 나누어 사용하는 경우도 있다. 사용자가 착용 후 동공 간 거리(IPD)를 조절하고자 할 때 디스플레이가 한 쌍인 경우에는 기계적으로 조작하여 실제 디스플레이를 움직이게 하는데, 한 개의 디스플레이가 사용된 경우에는 소프트웨어로 조절한다.

▼ HTC 바이브(Vive)

HMD 하드웨어 시장의 양대 산맥은 오큘러스와 HTC 바이브다.

IT 기기 제조사인 HTC와 게임 제작사 밸브 (Valve)가 함께 개발한 HTC 바이브는 2016 년 4월 정식 제품이 출시되었다. HTC 바이브 는 2018년에 바이브 프로(Pro)로 업그레이 드되었고 2019년 9월에는 바이브 코스모스 (COSMOS), 2020년 5월에는 바이브 코스모 스 엘리트(ELITE), 2021년 6월에는 바이브 프 로 2(Pro 2)가 출시되었다.

다른 HMD에 비해 바이브가 가지고 있는 장점 은 사용자가 위치한 공간에 설치하는 2개의 적 외선 센서(Lighthouse 센서)를 사용하여 사용 자 머리의 움직임을 보다 정확하게 파악할 수 있다는 것이다.

이는 HMD가 가상공간 속 사용자 위치를 정확 히 파악할 수 있다는 것을 의미한다. 이로 인해 좀 더 다양한 형태의 VR 콘텐츠 제작이 가능해 졌다.

개발사인 밸브가 스팀(Steam)이라는 세계 최 대 게임 콘텐츠 플랫폼을 가지고 있다는 점도 큰 장점으로 작용한다.

HTC 바이브(Vive) *

▲ 왜 울퉁불퉁한가?
오큘러스 HMD는 바깥 면이 매끄 러운 반면 HTC 바이브는 울퉁불퉁 하다. 이는 사용자의 머리 움직임 을 감지하기 위한 센서 때문이다. HMD가 사용자 움직임을 빠르고 정확하게 감지하여 이에 연동한 화 면을 제공하지 못하면 사용자는 어 지러움을 느낀다. 센서 동조가 원 활하게 작동하도록 바이브 HMD는 서로 다른 방향을 바라보는 센서 여럿을 표면에 설치하였고 그래서 모양이 울퉁불퉁해졌다. 즉 외관의 미려함을 희생하고 사용자 반응성 을 높여 어지러움을 줄이는 디자인 을 선택한 것이다.

바이브 프로 2(Vive Pro 2)는 5K 해상도로 선명도를 높이고 120도로 시야각 을 넓혔으며 120Hz의 주사율로 높은 수준의 그래픽을 제공한다. 사용자의 제 품 착용감을 향상시키고 고품질 오디오를 갖춰 몰입감 높은 경험을 제공하는 PC 기반 VR HMD로 평가받는다.

모델명	출시일	시야각	해상도	디스플레이	가격 / 무게	주사율
바이브	2016.4.	110	2160×1200	OLED	$799 / 470g	90Hz
바이브 Pro	2018.1.	110	2880×1600	OLED	$599 / 803g	90Hz
바이브 코스모스	2019.9.	110	2880×1700	LCD	$699 / 702g	90Hz
바이브 코스모스 엘리트	2020.3.	110	2880×1700	LCD	$899 / 702g	90Hz
바이브 Pro 2	2021.6	120	2880×1700	LCD	$1399/ 850g	120Hz

※ 바이브 Pro의 가격은 컨트롤러를 제외한 헤드셋 가격임.

▼ 소니 플레이스테이션(SONY Playstation)

영화 〈매트릭스〉에서 빨간 약과 파란 약을 보여 주는 그 등장인물과 이름이 같은 "프로젝트 모피어스(Morpheus)"로 개발된 소니 플레이스테이션용 HMD가 PS VR(PlayStation VR)이라는 이름으로 2016년 상반기에 출시되었다. 플레이스테이션 4 이상의 콘솔에 부착하여 사용하는 HMD로 5.7 inch OLED 디스플레이 패널을 사용했고 해상도는 1080p(1920×1080), 주사율은 120Hz다. 2019년 연말 기준으로 5백만 대의 판매고를 기록하였으며 2021년 2월에 플레이스테이션 5를 위한 PS VR 2 헤드셋의 스펙을 발표하였다. 디스플레이는 그대로 OLED를 사용하고 해상도 2000×2040, 주사율 120Hz, 시야각 110이다. 2022년 2월에 PS VR 2의 최종 디자인을 공개하였는데 아직 출시되지는 않았다.

■ https://www.vive.com/kr/product/vive. 2022.03.01. 접속.

▼ 삼성전자 오디세이(Odyssey)

삼성전자가 페이스북과 공동으로 개발한 기어 VR의 저조한 실적 이후에 2017년 11월에 출시한 PC 연결형 전문 VR HMD 장비다. 삼성전자는 오디세이라는 브랜드로 첫 게이밍 노트북을 출시하였는데 이후 데스크톱 PC, VR HMD 등 게이밍 기기로 제품군을 확산시키면서 종합적인 게이밍 브랜드로 발전시켰다. 오디세이 HMD는 두 개의 3.5인치 OLED 디스플레이로 구성되어 있으며 616PPI(2800×1600) 디스플레이를 제공한다.

② 모바일 기반 HMD

스마트폰의 컴퓨팅 파워를 이용하고 골판지나 플라스틱으로 만든 HMD 프레임에 스마트폰을 끼워 이용하도록 한 제품들

▼ 구글 카드보드(Google Cardboard)

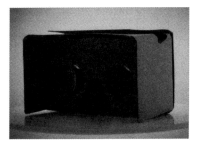

골판지 재질의 초저가 디바이스 구글 카드보드는 일반인이 손쉽게 실감형 콘텐츠에 접근할 수 있도록 VR 대중화에 기여한 제품이다. 간이형 VR 기기인 이 제품은 카드보드(골판지)로 HMD 프레임을 만들고 여기에 스마트폰을 끼워서 VR 콘텐츠를 재생하는 방식이다. 2014년에 버전 1.0이 발표된 데 이어서 2015년에는 버전 2.0이 발표되었다. 구성품은 도면이 그려

구글 카드보드(Google Cardboard) *

진 골판지 상자, 2개의 볼록렌즈, 자석, NFC 태그 스티커다. 저렴한 가격으로 VR 콘텐츠에 대한 일반인의 접근성을 크게 높였고, 최신형의 고해상도 스마트폰을 사용하면 해상도 문제가 해결되며 카드보드에 내장된 볼록렌즈를 통해 적당한 시야각도 얻을 수 있다. 그러나 저가의 볼록렌즈 주변부에서 화질 저하 문제가 발생하였고, 스크린을 터치하여 조작하여야 하는데 스마트폰이 프레임에 싸여 있어 조작성이 떨어지는 등의 문제를 안고 있다. 2014년 페이스북(현 메타)이 오큘러스를 20억 달러(2.2조 원)에 인수한 시점에 구글은 초저가 카드보드를 발표하여 시장에서 대조적인 행보를 보여 주었다.

▼ 구글 데이드림(Google Daydream)

데이드림은 구글이 카드보드 VR을 서비스한 경험을 바탕으로 하드웨어, 소프트웨어를 보완하고 생태계까지 고려한 프로젝트다. HMD 프레임을 플라스틱 재질로 하여 고급화하고 조작성을 높이기 위해 외부 컨트롤러 한 개를 포함시킨 제품이다. 데이드림은 안드로이드 OS 자체에 내장되어 있으며 컨트롤러 지원을 포함한 다양한 기능을 포함하여 안드로이드 모바일 OS 누가(Nougat) 7.1 이상에서 사용할 수 있다.

2016년 5월 구글 I/O 개발자 회의에서 발표된 데이드림은 하나의 제품을 의미하는 것이 아니고 구글이 제안한 스펙을 만족하는 인증을 통과한 제품을 통칭하는 명칭이다. 데이드림 인증을 받은 첫 번째 제품인 데이드림 뷰(Daydream View)가 2016년 11월에 출시되었다. 하지만 데이드림은 소비자나 개발자에게 널리 선택받지 못했으며 2019년 10월에 구글은 데이드림 뷰 헤드셋을 단종하며 더 이상 데이드림용 새 장치를 인증하지 않을 것이라고 발표하며 데이드림 프로젝트를 마감하였다.

▼ 삼성 기어 VR(Gear VR)

삼성과 오큘러스사에서 함께 개발한 기어 VR은 스마트폰을 보다 적극적으로 활용한 모바일 기반 VR HMD다. 스마트폰을 플라스틱 헤드셋에 장착하여 스마트폰이 프로세서 겸 디스플레이 기능을 하게 하였고 밀크 VR(Milk VR)이라는 VR 콘텐츠 마켓플레이스도 함께 운영하였다. 카드보드 형태에 비해 프레임의 내구성을 강화하고 볼록렌즈를 고급화하였으며 프레임 내에 사용자의 머리 움직임을 감지하는 헤드 트레킹 기능도 보강하여 적절한 수준의 VR 성능을 제공하였다. 그러나 구글 데이드림이 인증을 통해 다양한 스마트폰 기기들로 데이드림 생태계를 구성하였던 것과 달리 삼성의 기어 VR은 삼성 갤럭시 스마트폰만 이용할 수 있도록 하여 시장을 확대하지 못했다.

■ Google. (2016.04.01). "Google Cardboard Plastic". https://youtu.be/VkOuShXpoKc. 2022.03.01. 접속.

③ 일체형 HMD

사용자 동작이 제한된다는 PC 기반 HMD의 불편함과, 고성능을 구현하기 어렵다는 모바일 기반 HMD의 문제를 해결하기 위해 스마트폰 대신에 VR HMD 전용 하드웨어를 기기 내부에 구현하고 성능을 최적화한 제품들

▼ 오큘러스(Oculus) 계열 일체형 HMD

오큘러스 고(Go)는 2017년 10월 오큘러스 커넥트 개발자 콘퍼런스에서 처음 공개되었고 2018년 5월에 출시된 제품으로 페이스북이 퀄컴(Qualcomm)과 샤오미(Xiaomi)와 협력하여 개발한 일체형 VR 헤드셋이다. 오큘러스를 인수한 페이스북이 새롭게 떠오르는 일체형 HMD 시장에 내놓은 첫 디바이스다.
대부분의 모듈을 내장하고 있어서 외부 장치 연결 필요가 없는 일체형 헤드셋으로 퀄컴의 스냅드래곤 칩셋을 적용하여 12.67PPD(1280×1440)의 해상도, 72Hz의 주사율을 갖춘 단일 5.5인치 LCD 디스플레이, 약 100도의 시야각을 제공하였다. 안드로이드 모바일 OS가 내장되어 유튜브, 넷플릭스 등 각종 콘텐츠 이용이 가능하고 추가 앱은 페이스북에서 유지 및 관리하는 오큘러스 스토어(Oculus Store)를 통해 제공했다. 오큘러스 고는 시장에서 좋은 평가를 받았으며 퀘스트 출시 시점까지 200만 대 이상 판매된 것으로 추정된다.
오큘러스 고에 이어 오큘러스 퀘스트(Quest)가 2019년 5월 출시되었다. HMD 전면에 있는 내부 센서와 카메라들을 사용하여 6DoF(자유도)*로 보다 정밀한 위치 추적을 지원하며 패스스루(Passthrough) 기능**이 제공된다. 이후 퀘스트를 USB로 컴퓨터에 연결하여 사용할 수 있도록 한 오큘러스 링크(Link) 기능이 추가되어 PC 기반으로도 사용할 수 있게 되었다.
가격과 편의성, 향상된 그래픽 충실도 및 추적 기능으로 좋은 평가를 받은 한편 전면이 무겁고 오큘러스 스토어 소프트웨어로 이용이 제한된 점, 오큘러스 고 소프트웨어와 하위 호환성이 없다는 부정적 평가도 있었다.
뒤를 이어 오큘러스 퀘스트 2가 2020년 9월 오큘러스 페이스북 커넥트에서 발표되었고 10월부터 바로 판매가 개시되었다. 퀘스트에 비해 가벼워졌고 컨트롤러가 좀 더 인체공학적으로 변경되었다. 퀄컴의 차세대 모바일 CPU인 XR 2칩을 적용하여 이전 대비 2배 이상 높은 성능을 지녔고 해상도가 3664

×1920으로 크게 높아져 가성비가 높은 제품이란 평가를 받았다. 기본적으론 일체형 기기이지만 컴퓨터에 무선 연결(에어 링크)해 PC 기반 VR 기기로도 활용이 가능하다.

퀘스트에는 왼쪽과 오른쪽에 하나씩 두 개의 디스플레이가 탑재되었는데 퀘스트 2는 단일 디스플레이로 통합되어 두 눈의 동공 간 거리 조절에 제약이 있다.

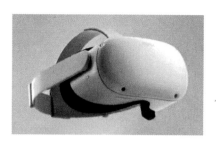

일체형 HMD: 오큘러스 퀘스트 2 (Oculus Quest 2)■

퀘스트는 펜타일 OLED의 특성상 격자 현상이 있었는데 디스플레이 종류가 OLED에서 LCD로 바뀌어 이미지 품질이 향상되었다.

모델명	출시일	시야각	해상도	디스플레이	가격 / 무게	주사율
오큘러스 고	2018.5.	100	2560×1440	LCD	$199 / 468g	72Hz
오큘러스 퀘스트	2019.5.	110	2880×1600	OLED	$299 / 571g	72Hz
오큘러스 퀘스트 2	2020.10.	110	3664×1920	LCD	$299 / 503g	120Hz

- DoF(자유도; Degrees of Freedom)는 공간에서 자유롭게 움직일 수 있는 범위를 나타내는 말이다. 위치 이동에 있어서 앞뒤로 자유로이 이동이 가능하면 1 자유도라고 말한다. 여기에 좌우로 자유로이 이동이 가능하면 1 자유도가 추가되어, 바둑판 위에 바둑돌처럼 2차원 평면상에서는 전후, 좌우 2 자유도를 갖는 다고 말한다. 3차원 공간에서 위아래 방향의 움직임 자유도가 추가되어 3 자유도의 위치이동이 가능하다. 3차원 공간에서는 회전과 관련하여서도 3개의 자유도가 있다. 마치 사람이 수직봉에 몸을 밀착시켜 회전하는 것처럼 척추를 중심축으로 회전하는 것이 1개의 자유도다. 철봉에 올라가 철봉을 배에 대고 이 축을 중심으로 회전하는 방향이 또 하나의 자유도다. 방바닥에 누워 배꼽을 관통하는 축을 중심으로 회전하는 것이 3번째 자유도다. 이처럼 3차원 공간에서는 위치이동에 3 자유도, 회전움직임에 3 자유도, 합해서 6 자유도의 운동범위가 있다. 이를 각기 x, y, z, yaw, pitch, roll이라는 명칭으로 부른다. VR에서 사용자의 위치 및 움직임 추적은 이 6 자유도 각각의 수치로 측정한다.
- ●● 패스스루(Passthrough)는 사용자가 지정된 경계 영역을 벗어나면 카메라로 외부를 보여 주는 안전 기능이다.
- ■ Meta Quest. (2020.09.17.). "Introducing Oculus Quest 2". https://www.youtube.com/watch?v=ATVGl9wOJsM. 2022.03.01. 접속.

▼ 바이브(VIVE) 계열 일체형 HMD

전문 VR 시장인 PC 기반 HMD 시장에서 경쟁하던 오큘러스와 바이브는 일체형 HMD 시장에서도 비슷한 제품을 내놓으며 경쟁을 이어 갔다. 바이브의 첫 번째 일체형 HMD인 바이브 포커스(VIVE Focus)는 2018년 11월에 출시되었다. 바이브 포커스는 VR 협업 도구인 바이브 싱크(VIVE Sync)를 포함한 제품으로 기업 시장에 진출하기 위한 시도였다. 바이브 포커스는 외부 센서를 이용하는 기존의 PC 기반 바이브 제품과는 달리 카메라를 통해 사용자의 움직임을 추적하는 독립형 모바일 헤드셋이다. 바이브 포커스는 퀄컴의 스냅드래곤 835 모바일 CPU칩을 장착하고 PC 기반 HMD 바이브 프로와 동일한 해상도인 2880×1600을 제공한다.

2019년 2월 바르셀로나에서 열린 MWC(Mobile World Congress)에서 HTC는 새로운 일체형 HMD인 바이브 포커스 플러스(VIVE Focus Plus)를 공개하였다. 컨트롤러를 6DoF 트래킹으로 업그레이드하고 IMU(Inertial Measurement Unit) 센서•를 탑재하여 일체형 기기임에도 불구하고 PC VR과 같은 수준의 우수한 트래킹을 제공하였다. 615PPI의 3K 해상도(2880×1600) 듀얼 OLED 고성능 디스플레이를 탑재하여 색감과 텍스트 가독성이 우수하다.

이어 2021년 5월에는 바이브콘(VIVECON) 2021을 통해 바이브 포커스 3를 발표했다. 포커스 3은 최고 사양에 해당하는 5K 해상도와 90Hz의 주사율, 120도의 시야각을 제공하였다. HMD의 무게중심을 조절하여 오랜 시간 착용하여도 불편하지 않게 디자인되었으며 안경을 착용하고도 이용할 수 있도록 착용부를 150mm로 넓게 제작하였다. 오디오는 듀얼 드라이버 지향성 스피커로 고음질을 제공하고 프라이빗 모드와 노이즈 캔슬링 기능의 마이크를 적용하여 소리가 밖으로 새어 나가지 않도록 하였다.

모델명	출시일	시야각	해상도	디스플레이	가격 / 무게	주사율
바이브 포커스	2018.11.	100	2880×1600	OLED	$599 / 702g	75Hz
바이브 포커스 플러스	2019.5.	110	2880×1600	OLED	$799 / 702g	75Hz
바이브 포커스 3	2021.6.	120	2448×2448	LCD	$1300 / 785g	90Hz

▼ KT 슈퍼 VR(Super VR)

KT는 2019년 7월 국내 최초 4K 무선 VR 서비스인 슈퍼 VR을 출시했다. 이 서비스에서는 VR HMD로 4K 일체형 단말기인 피코(PICO)의 G2를 채택하였다. 기존 3K 단말 화소가 616PPI(2880×1660)였던 반면 슈퍼 VR 4K의 화소는 818PPI(3840×2160)으로 VR 사용 중 느낄 수 있는 도트 현상(디스플레이 모듈에 점이 보이는 현상), 어지럼증, 멀미 등을 상당히 개선했다.

AR 디바이스

증강현실은 사용자가 눈으로 보는 현실세계에 가상의 정보나 물체를 겹쳐 보여 줌으로써 사용자의 습득 정보량을 증대시키는 기술이다. 증강현실 장비는 사용자가 현실세계를 보는 방식에 따라 머리에 착용하는 안경형과 손에 들고 보는 스마트폰형으로 나뉜다.

● IMU 센서는 이동물체의 속도와 방향, 중력, 가속도를 측정하는 장치를 말하며 자이로스코프(gyroscope), 가속도계와 지구 자기장을 측정하는 지자계 센서로 구성되어 있다. 주로 장착된 장비의 기울어진 정도와 가속도를 센싱하는 데 사용된다.

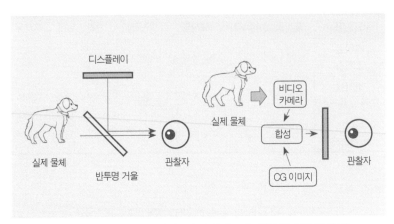

AR 디바이스 원리: 안경형(광학투시 방식)과 스마트폰형(비디오투시 방식)

안경형은 렌즈를 통해 현실세계를 그대로 바라보고 이 렌즈에 가상의 정보를 프로젝션 방식으로 디스플레이해 주는 방식이다. 안경 렌즈라는 광학계를 가지고 현실세계를 보게 되므로 이를 광학투시(Optical see-through) 방식이라고 한다. 스마트폰 형태는 스마트폰 카메라가 비추는 현실세계 이미지를 띄우는 스마트폰 화면에 가상의 정보를 덧대어 디스플레이하는 방식이다. 현실세계가 비디오 카메라를 통해 화상으로 보여지므로 이를 비디오투시(Video see-through) 방식이라고 한다.

비디오투시 방식은 손에 스마트폰을 멀찍이 들고 이용해야 하기 때문에 계속 사용하기가 어렵고 다른 작업을 하며 기기를 동시에 이용하기 어려운 면이 있어서 안경 형태의 광학투시 방식이 편리성 높은 AR 장비다. 안경 형태의 AR 장비에는 아직 경량화라는 과제가 있다.

▼ 구글 글래스(Google glass)

구글 글래스는 안경 형태로 설계된 AR HMD, 즉 스마트 안경이라고도 불리는 장비이다. 구글 글래스는 눈앞에 위치하는 작은 디스플레이에 정보를 표시하고 사용자는 음성 명령인 "오케이 구글(OK, Google)"을 통해 기기를 동작시키고 인터넷과 통신한다. 2012년 6월에 데모 버전을 선보인 뒤, 2013년 4월 '글래스 익스플로러(Glass Explorer)'라고 불리는 개발자들에게 프로토타입을 1,500달러에 판매하기 시작했고 2014년 5월에 일반에 공개했다. 640×360 디스플레이, 720p(1280×720), 500만 화소 카메라를 갖춘 이 헤드셋은 기존 개인 정보 보호법을 위반할 수 있다는 우려에 사용이 제한되기도 하였다.

2015년 1월 구글은 구글 글래스 생산을 중단하고, 일반 소비자가 아닌 산업체 소비자로 대상을 전환하여 2017년 7월 '구글 글래스 엔터프라이즈 에디션'을 발표했으며 이어 2019년 5월에는 '엔터프라이즈 에디션 2'를 발표했다. 이후 제품인 엔터프라이즈 에디션 2는 8백만 화소 640×360 광학 디스플레이, 4K UHD 30Hz 비디오, 80 FOV를 지원하며 999달러 가격으로 출시되었다.

구글 글래스는 기능에 비해 가격이 다소 높았지만 우리나라에 정식 수입되지 않아 가상현실 개발자들에게는 호기심의 대상이어서 누군가 해외에서 들여오면 찾아가 착용해 보고 착용샷을 SNS에 올리게 하는 이른바 핫템이었다.

▼ 엡손 모베리오(Epson MOVERIO)

엡손은 하드웨어 특유의 현실적 제약으로 사용자를 확대하지 못하고 프로젝트를 일시 중단한 구글 글래스 이전부터 모베리오 시리즈를 출시해 산업체 시장 기반으로 업그레이드 제품을 꾸준히 출시해 시장을 넓혀 가고 있다.

모베리오는 2011년 엡손이 퍼스널 시스루 시어터(Personal See-through Theater)라는 이름으로 제작한 양안식(Binocular) 스마트 글래스 BT-100을 시작으로 2014년에 BT-200, 2015년에 산업용 제품인 BT-2000을 선보인 바 있다. 2017년 1월에는 BT-300을 새롭게 선보였다. 2021년에는 일반 소비자들을 대상으로 한 새로운 AR 글래스 모베리오 BT-40, 그리고 BT-40S를 출시하였는데 향상된 OLED 기술로 풀 HD 1080 디스플레이, 34도의 시야각(안경 형태라 시야각이 작음.)을 제공했고 출시 가격은 각각 579달러, 999달러였다.

▼ 메타 2(Meta 2)

콜롬비아 대학에서 신경과학과 컴퓨터과학을 전공하고 있던 메론 그리베츠(Meron Gribetz)가 2013년에 실리콘밸리에 메타(Meta)라는 이름의 AR 전문회사를 세웠다. 2013년에 AR 헤드셋으로 킥스타터 크라우드펀딩 캠페인을 시작하였고 2016년에 테드(TED)를 통해 메타 2를 선보였다. 헤드셋에 배열된 여러 개의 센서, 즉 센서 어레이로 사용자의 손동작 제스처를 인식하고 이로써 기

메론 그리베츠의 메타 2
시연 테드 영상"

기를 동작하는 자연스러운 사용자 인터페이스로 주목받았으나 949달러라는 높은 가격에 대한 저항선을 뛰어넘는 폭넓은 응용분야를 찾지 못하고 2019년에 폐업하였다.

이 회사의 이름이 '메타'였으니 회사가 조금만 더 지속되었다면 메타버스 시대에 주목을 받았을 것이고, 페이스북은 2021년에 회사명을 메타로는 바꾸지 못했을 것이다. 메론 그리베츠는 현재 두뇌 네트워크의 균형을 재조정하는 디지털 약을 제조하는 이너 코스모스(Inner Cosmos)사의 설립자 겸 CEO다.

▼ 마이크로소프트 홀로렌즈(Microsoft Hololens)

안경과 헬멧의 중간 정도 형태로 디자인된 마이크로소프트의 홀로렌즈는 마이크로소프트에서 개발 및 제조한 HMD 장비로 윈도우즈 10 컴퓨터 운영 체제에서 윈도우즈 MR 플랫폼을 실행하는 장비다.

2010년에 출시되었던 마이크로소프트의 엑스박스(Xbox) 게임 콘솔에는 키넥

AR 글래스: 마이크로소프트의 홀로렌즈 2""

트라는 입력장치가 있었다. 여기에는 사물과의 거리를 측정할 수 있는 카메라 센서가 내장되어 팔이나 몸을 움직여서 게임을 조종할 수 있었다. 키넥트 개발에 참여했던 핵심인력들이 '프로젝트 바라부(Project Baraboo)'에 참여하여서 사물을 인식하고 그 위에 가상의 정보를 더해 주는 AR HMD, 홀로렌즈라는 야심작을 완성하게 된 것이다.

프로토타입 버전인 디벨롭먼트 에디션(Development Edition)은 2016년 3월에 3,000달러의 가격으로 출시되었고, 10월에 정식 제품을 출시하면서 보안 기능이 포함된 기업용 제품군은 5,000달러에 출시되었다. 다음 버전인 홀로렌즈 2는 2019년 2월 MWC(Mobile World Congress)에서 발표됐고 3,500달러 가격으로 시장에 공급되었다. 이후 경량화 및 성능개선 과제를 해결해 나가

▼ 혼합현실 기술과 일상생활

혼합현실 기술이 일상에 들어오면 어떤 장면이 만들어지는지 생각해 보자. 혼자 달리기를 하는 사람을 위해, 증강현실 안경을 착용하면 사용자의 앞쪽에서 함께 달리는 가상의 주자가 나타나 사용자를 이끌어 주기도 하고 경쟁도 하며 지루하지 않게 달리기를 계속하도록 동기부여해 주는 운동 앱이 있다고 해 보자.

사용자가 달릴 때 안경이 위아래로 흔들리는데 이때 안경 속에 있는 가상의 주자도 위아래로 함께 흔들릴 테니 사용자는 어지러움을 느낄 수밖에 없다. 오르막이나 내리막을 뛸 때는 고스트러너가 땅 위로 날아가는 것처럼 보일 수 있다.

하지만 안경의 센서가 사용자 앞쪽의 땅바닥을 인식하고 여기에 맞춰 가상의 주자를 표시해 준다면 훨씬 현실감을 주는 혼합현실이 된다. 그런데 현재의 기술로 이런 기능의 안경을 개발하면 달리면서 착용하기에 매우 부담스러운 크기와 무게가 되므로 이는 현재 혼합현실 기술의 과제다.

■ TED. (2016.04.12.). "A glimpse of the future through an augmented reality headset(Meron Gribetz). https://www.youtube.com/watch?v=H9ZOpQzjukY&t=2s. 2022.03.01. 접속.

■ ■ Microsoft Hololens. (2019.02.25.). "Introducing Microsoft HoloLens 2". https://www.youtube.com/watch?v=eqFqtAJMtYE. 2022.03.01. 접속.

고 있을 것으로 보이며 3년 동안 아직 후속 제품은 나오지 않았다.

사물과의 거리를 인식하는 센서가 장착된 홀로렌즈를 출시하며 마이크로소프트는 혼합현실(MR, Mixed Reality)이라는 용어를 강조하였다. 즉 구글 글래스처럼 현실 위에 그저 가상정보를 표시하는 수준의 증강현실과는 차원이 다르게 실제 물체를 인식하여 그 위에 가상의 정보를 얹어 주는 혼합현실이라는 개념을 강조하며 기술적 우위를 나타내고자 한 것이다.

메타버스 콘텐츠 기술

메타버스에서 활용되는 실감형 콘텐츠의 제작 방식은 크게 두 가지다. 하나는 실제 장소나 물체를 360도 전방위로 촬영하여 콘텐츠를 구성하는 것으로 소위 '360 콘텐츠'라 불리고 다른 하나는 3D 컴퓨터 그래픽 기술을 이용하여 만드는 'CG 콘텐츠'다.

360도 촬영 기반 실감형 콘텐츠

제작 과정

촬영 기반 실감형 콘텐츠는 콘텐츠화하기 원하는 사물이나 장소를 360도 전방위로 촬영하여 제작하는 것이 일반적이다. 이런 콘텐츠 제작과정은 촬영과, 촬영본을 이어붙이는 스티치(stitch) 두 단계를 거친다. 하지만 요즘은 하나의 360도 카메라에 렌즈가 여러 개 장착되어 있고 지원 소프트웨어에서 스티칭 작업을 자동으로 진행할 수 있게 되어 있어서 전문가가 아닌 일반인의 콘텐츠 제작이 손쉬워졌다.

촬영

카메라 위치를 기점으로 360도 전 영역을 촬영하는 단계다. 일반적으로는 공 표면을 둘러싸듯 카메라를 배치하되 인접한 카메라들의 촬영 영역이 서로 겹치게 하여 스티칭 작업이 용이하도록 하는 게 일반적이다. 촬영에 사용되는 개별 카메라에는 다양한 제품이 있으며, 고프로(GoPro)

카메라처럼 소형의 카메라를 여러 개 장착할 수 있는 360도 촬영용 리그(카메라 받침대)도 시중에 나와 있다. 카메라는 고화질이면서 렌즈의 크기가 작은 것이 좋으며 촬영각이 큰 카메라를 사용하면 카메라의 개수를 줄일 수 있다. 여러 렌즈가 모여 있는 공 모양의 카메라, 단일 렌즈가 360도 회전되는 카메라 등도 나와 있다.

스티치(Stitch)

스티치 작업은 복수 개의 카메라로부터 촬영된 영상을 하나의 고해상도 파노라마 영상으로 만드는 작업이다. 각 카메라 렌즈의 광학적 특성 차이와 렌즈 왜곡, 색상 및 떨림 정도 차이 등으로 인해 촬영 영상의 접점을 찾기가 쉽지 않다. 더욱이 동영상이라면 영상 간 시간 일치성(싱크; sync) 또한 맞추어야 한다. 이런 세밀한 기술적 과제를 해결하면서 스티칭을 빠르게 진행하기 위해서는 전문 소프트웨어가 반드시 필요하다.

소프트웨어의 주된 기능은 촬영 영상을 스티칭하고 각 영상에 겹쳐진 면은 섞듯이 블렌딩(blending)하여 흠 없는(seamless) 360도 영상을 만드는 것이다. 과거에는 이 작업에 전문 소프트웨어를 사용해야 했는데 요즘은

비오라마(Veorama)사의 비디오 스티치 프로그램 사용 방법 설명"

360도 카메라에 부가된 지원 소프트웨어에 이 기능들이 포함되어 있다. 촬영된 기존 영상에 새로운 요소를 추가한다거나 영화에서 보는 것처럼 촬영에 없던 사람이나 자동차를 만들어 넣는 등 VR 콘텐츠를 풍성하게 만드는 일은 포토샵과 같은 별도의 편집 소프트웨어로 작업해야 한다.

CG 기반 실감형 콘텐츠

촬영 기반 실감형 콘텐츠와 CG 기반 실감형 콘텐츠의 가장 큰 차이는 실감형 콘텐츠에서 상호작용성을 얼마나 쉽게 제공할 수 있느냐 하는 것이라 할 수 있다.

촬영 기반의 실감형 콘텐츠는 촬영을 통해 고정적으로 만들어 놓은 가상공간이기 때문에 사용자와 가상공간 사이에 상호작용성을 부여하기 쉽지 않다. 또한 촬영된 피사체들의 입체성이 떨어지고 피사체들도 정해진 동작만 하기 때문에 사용자와 상호작용하며 교류하는 것은 불가능하다. 그러나 CG 기반의 실감형 콘텐츠는 영상을 실시간으로 만들어 내는 것이기 때문에 게임처럼 사용자의 즉흥적인 입력에 대하여 VR 콘텐츠가 다양한 반응을 하도록 만들 수가 있다는 것이 큰 강점이다.

예를 들어 방송국 조정실을 촬영하여 VR 콘텐츠로 만드는 경우, 촬영

■ Veorama. (2020.06.27.). "Getting started with VideoStitch Studio(Complete Workflow)". https://youtu.be/MhC42-t8nEg. 2022.03.01. 접속.

기반 콘텐츠라면 사용자가 공간을 둘러보기만 할 수 있겠지만 CG 기반 콘텐츠라면 사용자가 다양한 기기를 작동해 볼 수도 있을 것이다.

현재 제작되고 있는 대다수의 CG 기반 실감형 콘텐츠는 게임 엔진*을 사용하여 제작된다. 게임 엔진은 VR 콘텐츠가 요구하는 고품질의 CG 영상과 콘텐츠에 상호작용성을 부가하기 위한 다양한 제어 방식을 제공하며 콘텐츠 제작이 빠르고 쉽게 이루어지도록 UI 등의 편의성을 이미 잘 갖추고 있기 때문이다.

게임 엔진 개발사들은 VR의 시장성을 염두에 두고 발 빠르게 대처하여 게임 엔진에서 HMD 등의 VR 장비를 지원할 수 있도록 업그레이드해 왔다.

게임 엔진의 특징

일반적으로 게임 엔진은 굉장히 복잡하고 큰 규모의 소프트웨어 패키지이지만 게임 엔진이 제공해야 하는 가장 기본적인 기능은 고품질 실시간 렌더링, 타이밍을 고려한 애니메이션과 시뮬레이션 플레이, 그리고 각종 사용자 입력이나 가상공간에서 발생하는 각종 이벤트에 맞추어 콘텐츠 개발자가 지정해 놓은 태스크(task; 과업) 처리다.

▼ 실시간 렌더링

렌더링(Rendering)이란 컴퓨터 프로그램을 이용하여 2D 또는 3D 형상으로부터 영상을 만들어 내는 과정을 말한다. 렌더링 프로그램에서 2D 또는 3D 모델을 불러오면 공간을 구성하는 물체의 기하학적 모양 데이터와 위치 데이터, 시점, 텍스처, 매핑 조명, 셰이딩 정보 등이 포함되어 있다.

영화 수준의 고해상도 영상을 만드는 렌더링은 자연 현상을 시뮬레이션하는 작업이기 때문인데, 통상적으로 한 프레임을 계산하여 만드는 데 수 분이 소요되는 것이 보통이다. 1초의 영상을 만들기 위해서는 30프레임 이상이 필요하므로 1초의 영상을 만들기 위한 컴퓨터 계산 시간만 고려해도 1시간을 쉽게 넘길 수 있다.

그러나 오래전부터 게임 등의 분야에서는 이런 고품질의 렌더링 기술이 아니라 초당 30프레임의 영상을 렌더링하는 기술, 즉 실시간 렌더링 기술에 대한 연구와 개발을 계속해 왔다. 이는 품질을 낮추는 대신 생산 속도를 크게 높이는 기술이다. 유명한 게임의 홍보 영상들은 영화처럼 훌륭한데 이는 고화질 렌더링 방식으로 만들어진 것이고, 실제 게임 속 영상들은 실시간 렌더링으로 만들어진 것으로 화질의 차이를 확연히 느낄 수 있다.

그러나 근래에 들어 GPU(Graphic Processing Unit, 복잡한 수학계산을 빠르게 처리하는 하드웨어) 등의 하드웨어와 관련 소프트웨어의 발달로 실시간 렌더링 영상 품질도 비약적으로 발전했다. 과거와 달리 게임 엔진을 이용해 만든 현재 시점의 게임 영상들은 기존의 애니메이션 영상과 비교하여도 크게 떨어지지 않는다.

이와 같이 게임 업계를 중심으로 한 실시간 렌더링 기술이 비약적으로 발전해 왔기 때문에 현재 시장에서 선두를 달리고 있는 상용의 게임 엔진들은 모두 최상의 렌더링 품질을 낸다. 또한 상용 게임 엔진 이외의 오픈소스 게임 엔진들도 상용 엔진만큼은 아니지만 GPU 등의 최신 하드웨어 성능을 이용하여 아주 고품질의 영상을 만들어 내고 있다.

이와 같은 상황을 고려해 본다면 CG 기반의 실감형 콘텐츠 제작 환경은 아주 사실적인 영상을 실시간으로 생성할 수 있는 토대를 이미 갖추고 있다고 할 수 있다. 다만 최상의 영상 품질을 위해서는 양안에 초당 90프레임 정도의 영상을 생성해야 하기 때문에 높은 컴퓨터 성능과 콘텐츠의 최적화가 필요하다. 모바

● 게임 엔진은 게임을 구동시키는 데 필요한 다양한 핵심 기능들을 담은 소프트웨어로 주로 렌더링과 물리 엔진, 각종 인터페이스를 포함한다. 여러 가지 다양한 게임들을 작동시키기 위한 기본 모듈이므로 엔진이라고 부른다.

일 기반의 VR 장비는 컴퓨팅 파워가 일반 PC에 비하여 상대적으로 약한 스마트폰을 사용하는 VR 디바이스이므로 최고 영상 품질을 필요로 하는 CG 기반 콘텐츠를 재생하는 데에는 적합하지 않다고 할 수 있다.

▼ 애니메이션/시뮬레이션

게임 엔진은 실시간 렌더링과 더불어 콘텐츠에 등장하는 캐릭터나 물체의 애니메이션도 실시간으로 재생해 내야 한다. 단순히 연속된 프레임의 디스플레이가 아니라 콘텐츠 제작자가 설정한 타이밍에 맞게 재생을 할 수 있는 메커니즘을 제공해야 한다. 현재의 게임 엔진은 이런 기본 기능을 안정적으로 제공하고 있을 뿐만 아니라 사실적 애니메이션이 가능하도록 물리 엔진*을 탑재하여 시뮬레이션 기반의 애니메이션 기능도 함께 제공하고 있는 것이 일반적이다.

▼ 기타

이밖에 게임 엔진이 지원하는 기능으로 대표적인 것으로 오디오 엔진과 AI 지원이 있다. VR 콘텐츠에서 사실적인 영상뿐만 아니라 사실적이고 입체적인 오디오가 없다면 사실감이나 현장감이 크게 반감될 것이다. 게임 엔진으로는 다양한 오디오 소스를 이벤트에 맞추어 재생할 수 있고 3차원 공간상의 특정 지점에 오디오 소스를 배치시킬 수도 있어서 3차원 오디오 렌더링(3차원 공간감을 느낄 수 있는 소리를 만들어내는 기술)도 가능하다.

AI는 고급 사양 게임에 흔히 등장하는 자립형 에이전트/캐릭터(Auto nomous agent/character), 즉 NPC 구현에 반드시 필요하기 때문에 거의 모든 게임 엔진이 제공하고 있는 기능이며 지속적으로 발전하고 있다. AI 기능을 이용하여 VR 콘텐츠 제작자는 다양한 시나리오를 기획 제작할 수 있다.

게임 엔진의 종류

실감형 콘텐츠 제작에 사용 가능한 게임 엔진은 상용, 오픈소스, 인하우스(proprietary) 엔진(공개하거나 판매하지 않고 자체적으로만 사용하기 위해 만든 엔진)을 포함하여 종류가 매우 다양하다.

특히 상용의 게임 엔진은 앞서 언급한 기본적인 기능 이외에 UI 등 다양한 제작 편의를 제공하고 개발에 필요한 수많은 개발 관련 리소스를 제공하므로 VR 콘텐츠 제작 시간을 크게 단축할 수 있다. 게다가 게임 업계에서는 일찍부터 HMD 등의 VR 디바이스를 지원했기 때문에 VR 콘텐츠 테스트를 손쉽게 진행할 수 있다.

또한 대부분의 상용 게임 엔진이 윈도우즈, 맥OS, 리눅스 등의 데스크탑 OS와 안드로이드, iOS 등의 모바일 OS를 모두 지원하는 크로스 플랫폼(cross-platform) 형태의 엔진이기 때문에 개발된 콘텐츠의 보급 및 유통에도 아주 편리하다.

▼ 에픽 게임즈(Epic Games)사의 언리얼 엔진(Unreal Engine)

현재 가장 사실적인 실시간 렌더링 품질을 제공하고 있는 것으로 평가되고 있는 게임 엔진은 에픽 게임즈사의 언리얼 엔진이다. 1998년에 처음 출시된 이후로 지속적으로 발전되어 온 엔진으로 언리얼 토너먼트 같은 수많은 대작 게임 개발에 사용되어 온 엔진이다. 고품질의 게임이나 VR 콘텐츠 제작을 위한 기반이 잘 갖추어져 있는 것으로 평가되고 있는데 엔진 사용의 난이도가 높아

● 물리 엔진이란 게임 등에서 물체의 움직임을 사실감 있게 표현하기 위하여 중력이나 관성 등 물체에 작용하는 물리적 현상을 동역학과 같은 물리적 이론에 의해 시뮬레이션하여 처리하는 소프트웨어다. 물리 엔진은 게임에서만 쓰이는 것은 아니고 영화의 특수효과나 3D 영상 분야에서도 많이 사용된다.

서 숙련된 콘텐츠 개발자를 필요로 한다는 단점이 있다. 소스까지 공개되어 있기 때문에 전문 개발자가 있다면 응용분야에 맞는 최적화에 유리하다.

▼ 유니티 소트트웨어(Unity Software)사의 유니티 3D(Unity 3D)
2005년 처음 출시된 유니티 3D는 모바일 단말기가 대중화되자 발 빠르게 모바일 단말기 지원을 시작하여 시장 점유율을 급격히 높인 게임 엔진이다. 다른 게임 엔진에 비하여 제작을 간단하게 진행할 수 있는 개발환경을 제공하고 있어서 프로그래밍 지식이 없는 아티스트들이나 기획자들이 쉽고 빠르게 게임 개발을 진행할 수 있다는 장점이 있다.

비디오, 애니메이션 등의 기존 디지털 콘텐츠와 CG 기반 실감형 콘텐츠가 다른 점은 기존의 디지털 콘텐츠가 정적이면서 사전 기획된 완성된 형태라고 한다면 CG 기반 실감형 콘텐츠는 콘텐츠를 매개로 사용자와 사용자, 또는 사용자와 콘텐츠가 상호작용하며 스토리를 함께 만들어 나가는 역동적 형태다. 둘 간의 차이는 크다.

현재 정부 관련 여러 부처들에서는 정책적으로 메타버스 콘텐츠 활용 촉진을 위한 정책에 교육 분야 활용 가능성을 포함시키고 있으며 산업적으로는 웨어러블 기기 기반 실감형 콘텐츠 제공 사업을 위해 디바이스 기술을 선점하기 위한 글로벌 기업들의 치열한 경쟁이 진행되고 있다.

실제로는 게임 산업 분야에서 가상현실과 증강현실 기술을 가장 먼저, 가장 널리 도입하여 활용 중이며 교육 분야에서는 교육과정에 활용할 수 있는 모듈 단위의 자료들을 제작하여 유상 판매하는 기업들이 늘어 가고 있는 상황이다.

교육 분야의 신기술 도입을 전망하는 호라이즌 레포트(Horizon Report)*에서는 학습용 도구로서 실감형 콘텐츠의 가능성이 매우 높다고 전망했다. 다양한 장점과 활용성을 가지고 있는 메타버스 콘텐츠는 게임, 영화를 넘어 다양한 분야로 확대될 것으로 예상되는 가운데 교육 분야에서는 차세대 교육지원 기술로 크게 각광을 받을 것으로 예상된다.

● Malcom Brown et. al. (2020). "2020 EDUCAUSE Horizon Report: Teaching and Learning Edition". EDUCAUSE. https://library.educause.edu/~/media/files/library/2020/3/2020_horizon_report_pdf. 2022.03.01. 접속.

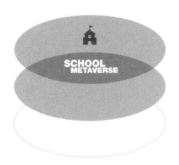

SCHOOL
METAVERSE

메타버스를 여행하는
미래교육자를 위한 안내서

송은정

교육데이터과학자, 동국대 AI융합교육전공 교수

기술과 매체를 교육에 활용하여 학습과 수행을 돕는 시도는 끊임없이 계속됐습니다. 우리는 불확실한 미래를 바라보면서도 항상 스스로 만들어 갈 수 있는 변화의 가능성을 엿봅니다. 미래교육으로 향하는 수많은 도전 속에서 메타버스는 과연 어떤 역할을 할 수 있을까요. 이 책은 메타버스를 통해 이루어지는 상호작용, 그리고 이를 통한 인지와 수행들이 커뮤니케이션의 본질과 역할을 숙고하게 하고 더 나아가 교육의 변화를 이끌어 가는 실마리가 될 수 있음을 일깨워 줍니다.

이 책 《스쿨 메타버스》는 메타버스와 교육에 대해 크게 다섯 가지 측면에서 이야기를 들려 드립니다. 먼저 1장에서는 메타버스의 개념, 시나리오에 대한 소개를 통해 메타버스 세계로의 입문을 돕고, 교육 활용에 대한 가능성을 보여 줍니다. 이어서 2장에서는 메타버스 기반 수업과 관련된 교육적 이슈들을 다루며, 3장에서는 메타버스 교실설계에 대하여 게이미피케이션 관점을 중심으로 상세한 가이드를 제시합니다. 그리고 4장에서는 다양한 메타버스 플랫폼을 활용한 학교급 및 과목별 실제 수업사례들을 소개합니다. 마지막으로 5장에서는 메타버스와 관련된 에듀테크 산업 및 기술의 영역을 안내하고 있습니다.

이 책은 메타버스와 교육의 결합에 대해 의미 있는 담론들을 다루었습니다. 하지만 변화에 필요한 모든 근거와 동력을 책 한 권으로 찾기에는 한계가 있을 수 있으므로, 앞으로도 메타버스에 기반한 교육 혁신과 관련하여 더 많은 연구와 실천이 이루어지기를 기대합니다. 그러면 이 책은 미래교육의 숲을 울창하게 만드는 소중한 마중물이 될 것이라고 말해도 될 듯합니다.

책이 나오기까지 많은 분의 도움을 받았습니다. 먼저 《스쿨 메타버스》를 기꺼이 발간해 주신 테크빌교육 이형세 대표님께 깊은 감사의 마음을 전하고 싶습니다. 그리고 저자들과 맺은 결실의 기쁨을, 책을 만드는 데 언제나 헌신적이신 테크빌교육 한아정 님을 비롯한 편집팀분들과 함께 나누고 싶습니다.

이 책은 우리 앞에 이미 다가와 있는 미래를 더 가깝고 실감나게 보여 주는 망원경이 되기를 자처하고 있습니다. 미래교육의 여정에 계신 수많은 교육자들에게 이 책이 작게나마 힘이 되기를 바랍니다. 그리고 저자들이 전하는 화두를 디딤돌 삼아, 더 새로운 학교를 만들어 가시는 그 자리를 독자의 몫으로 남겨 둡니다.

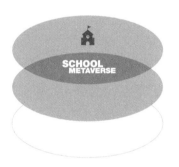